本书为国家自然科学基金青年项目（71802100）“关系型融资视角下供应链金融集成服务商的运营策略研究”的部分研究成果

供应链金融价格风险测度及管理研究

王建　著

南京大学出版社

图书在版编目(CIP)数据

供应链金融价格风险测度及管理研究 / 王建著. — 南京：南京大学出版社，2024.4
ISBN 978 - 7 - 305 - 28034 - 4

Ⅰ. ①供… Ⅱ. ①王… Ⅲ. ①供应链管理—金融业务—研究—中国 Ⅳ. ①F252.2

中国国家版本馆 CIP 数据核字(2024)第 053787 号

出版发行 南京大学出版社
社　　址 南京市汉口路 22 号　　邮　　编 210093

书　　名 供应链金融价格风险测度及管理研究
GONGYINGLIAN JINRONG JIAGE FENGXIAN CEDU JI GUANLI YANJIU
著　　者 王　建
责任编辑 武　坦　　编辑热线 025 - 83592315

照　　排 南京开卷文化传媒有限公司
印　　刷 广东虎彩云印刷有限公司
开　　本 787 mm×1092 mm 1/16 印张 11.75 字数 257 千
版　　次 2024 年 4 月第 1 版
印　　次 2024 年 4 月第 1 次印刷
ISBN 978 - 7 - 305 - 28034 - 4
定　　价 58.00 元
网　　址:http://www.njupco.com
官方微博:http://weibo.com/njupco
微信服务号:njuyuexue
销售咨询热线:(025)83594756

前言

供应链金融作为供应链管理和贸易金融的融合创新，通过优化供应链内部的资金流管理，降低资本占用成本，极大缓释了供应链节点企业的融资约束问题。2017年10月，国务院办公厅印发的《关于积极推进供应链创新与应用的指导意见》明确将供应链金融作为六大重点任务之一，提出积极稳妥发展供应链金融。这是国家层面对供应链金融未来发展方向的直接定调：积极创新推进供应链金融服务实体经济的同时，强化风险管理，守住风险底线。

尤需指出的是，近年来，随着中美贸易冲突以及突如其来的新型冠状病毒感染疫情，中小微企业经营状况持续恶化，部分企业出现生产停摆、收入锐减、资金紧张等多重困难，进出口行业面临供应中断、订单不足、渠道不畅等诸多问题，生存压力较大。为此，国务院常务会议多次提出"鼓励发展订单、仓单、应收账款融资等供应链金融产品"。中国银保监会[①]相继下发了《关于推动供应链金融服务实体经济的指导意见》和《关于加强产业链协同复工复产金融服务的通知》，进一步明确了供应链金融在服务实体经济和加强产业链协同方面的重要作用。2020年9月，中国人民银行等八部委联合印发《关于规范发展供应链金融支持供应链产业链稳定循环和优化升级的意见》。作为国内首份供应链金融指导文件，明确和提升了供应链金融的政治定位和发展内涵。供应链金融是指从供应链产业链整体出发，运用金融科技手段，整合物流、资金流、信息流等信息，在真实交易背景下，构建供应链中占主导地位的核心企业与上下游企业一

① 2023年3月，中共中央、国务院印发了《党和国家机构改革方案》。在中国银行保险监督管理委员会基础上组建国家金融监督管理总局，不再保留中国银行保险监督管理委员会。5月18日，国家金融监督管理总局揭牌。这意味着，银保监会正式退出历史舞台。

体化的金融供给体系和风险评估体系，提供系统性的金融解决方案，以快速响应产业链上企业的结算、融资、财务管理等综合需求，降低企业成本，提升产业链各方价值。

纵观国内供应链金融的发展史，不难发现风险管理始终是保障供应链金融可持续发展的基石和永恒的主题。本书的主要内容源于笔者的博士毕业论文《考虑物流企业金融属性的供应链金融集成风险管理》以及所指导的硕士生王慧敏的毕业论文《行业经济不确定性对大宗商品价格波动的影响研究》。全书共分为8章。

第1章为研究背景部分。立足国内供应链金融的现实环境，以商业信用和资产支持融资理论为基础，提出了考虑物流企业金融属性的供应链金融，该业务是在传统物流金融基础上依据物流企业和银行双方的比较优势展开的内部分工的二次优化，其本质已经脱离了银行信贷，而是将银行信贷资源以商业信用的形式在供应链内部的二次配置。进一步，通过追溯物流企业供应链金融的发展脉络发现，物流企业金融属性的渐次体现的过程亦是物流企业由功能性企业向平台型甚至生态型企业升级的过程，是供给侧改革的微观实践。最后，总结出流程性、自偿性和组合性三大特征，物流金融、贸易金融以及供应链管理的三重属性。

第2章基于Markowitz风险分散理论，从金融时间序列一般规律出发，分析价格随机波动现货质物的收益率统计特征，模型化收益率序列尖峰厚尾、波动集聚性和自相关特性，建立刻画质物组合间非线性相关结构的二元Copula-GARCH族模型，研究不同秩相关系数下两组质物组合（铜和螺纹钢、铜和铝）对数收益率间的条件相关性，通过样本外滚动预测方法进行动态组合VaR预测；构造以样本内收益率的条件波动率和Copula函数模拟生成新质物组合的数据生成方法，拓展研究不同相关性对组合VaR的影响；给出置于多风险窗口质物组合的VaR计算解析式，提出长周期预测视角中考虑资金成本的动态质押率模型效率损失检验以及基于Kupiec模型精度检验全面回测模型。实证结果显示：捕捉质物收益率下尾部相关结构变化的Clayton-Copula能够合理预测两组真实质物组合风险和模拟质物组合风险，且能更好地发挥组合分散风险的能力。

第 3 章将上述二元质物组合的长期风险预测研究拓展至更具一般性的多元质物组合，克服现有长期风险预测中视为基准的时间平方根法则带来的风险错估问题，提出一类更具普适性的基于蒙特卡罗模拟法的质物组合长期风险预测方法。异于股票、债券等金融资产组合基于短期风险预测优化框架，给出了采取积极和保守投资策略，建立基于均值 CVaR 质物组合优化框架，引入改进均值方差优化框架进行对比分析。为准确测度质物组合长期 CVaR，建立 ARMA-EGARCH-EVT 族模型以及多元 t-Copula 模型，刻画现货质物收益率呈现出的自相关性、"尖峰厚尾"以及波动集聚性等典型事实特征以及质物间的非线性相关结构；从模型层面（风险窗口，置信水平和模拟次数）和研究对象层面（样本长度、组合规模）进行敏感性分析以验证模型的稳健性和结论的可靠性。

物流企业供应链金融风险控制的核心在于现货资产的长期价格风险预测，而长期风险预测的关键又在于资产多期波动率的预测。而波动过程持续性产生的长记忆特征体现出更为缓慢的均值回复过程作用于资产波动率的期限结构进而影响多期波动率的建模和预测。基于此，第 4 章沿用长期风险视角下的均值 CVaR 框架，提出了考虑长记忆特征的多元质物组合的长期风险预测方法，以长江有色 1＃铜、A00 铝，以及广州黄埔 180CST 燃料油为样本的实证研究表明：现货资产的波动过程存在显著的长记忆特征，忽视长记忆特征的 GARCH 和 IGARCH 模型会带来多期波动率预测的错估，从而最终影响质物组合的有效前沿；进一步，为了厘清长记忆程度与质物组合风险期限结构间的关系，维持其他参数不变，通过数据生成过程模拟生成得到两组长记忆程度不同的质物组合，研究发现，长记忆参数更高的质物组合拥有更高的期望收益和更低的风险水平。这再一次说明，质物资产波动过程的长记忆特征对于资产组合的选择的重要性。

鉴于宏观经济下行时期质押资产价格的普跌现象使得基于风险分散策略的资产组合理论可能面临的失灵问题，第 6 章提出了基于套期保值的风险对冲策略的视角，建立考虑物流企业风险厌恶异质性的动态套期保值比率模型，以实现对于宏观经济波动引致的系统性风险因素的有效对冲；其次，在系统性风险因素的刻画层面，第5章立足国内供应链金融实践中面临的高频数据获得性引发的“小样本问题”与长期风险预测并存的现实，同时考虑到现有波动率模型长于统计意义的描述，疏于背后经济含义的挖掘的局限性，分别以低频周期内的已实现波动率和宏观经济景气预警指数作为宏观经济波动的代理变量，建立混频数据抽样回归GARCH-MIDAS-RV和GARCH-MIDAS-Xv模型，刻画作为系统性风险因素的长期波动成分，有效规避了现有同频数据建模方法对于高频数据有效信息的损失，同时增强了模型的经济解释。以铜的期现货为样本的实证研究表明：现货资产的波动过程体现出显著的逆周期特征，而且宏观经济波动引致的长期波动部分对于整体波动的影响显著；以稳健损失函数为基础，借助DMW检验和MCS检验，GARCH-MIDAS模型在不同的样本外预测期限内，均体现出较好的预测能力；基于GARCH-MIDAS的动态套期保值，无论是经济下行区间还是样本外区间均取得了较好的套期保值效果，随着风险厌恶程度的提高，动态套期保值效率越高。

第7章则在考虑宏观经济不确定性的基础上，兼顾了行业特征的异质性，进而构建了GARCH-MIDAS-CU(h)价格波动预测模型，并对比行业经济不确定性模型CU(h)与现有的经济政策不确定性指数EPU预测期铜价格波动的效果，证实了行业经济不确定性模型预测期铜价格的效果更优，而且加入行业经济不确定性CU(h)后，提高了GARCH-MIDAS-RV价格波动预测基础模型的预测准确性。

与现有供应链金融的相关著作相比，本书立足物流企业开展供应链金融业务的现实实践，其风险控制的关键在于真实贸易背景下交易商品（组合）及其衍生的现金流的控制。基于此，本书系统性构建了长期风险视域下的供应链金融价格风险管理的方法，提出了以质物组合优化为核心的风险分散策略和资产期现套期保值为核心的风险对冲策略。

本书是对笔者及其团队在供应链金融风险管理理论与方法方面研究工作的总结，也是我国物流与供应链金融服务创新理论研究和实务运作领域的重要补充。期待本书能够对供应链金融风险管理领域研究的学者以及物流企业、银行等供应链金融从业者提供一定的理论指导和参考建议。

在学术成长的道路上，笔者要特别感谢西南交通大学的博士生导师何娟教授给予的指导关怀和帮助，感谢江苏科技大学经济管理学院各位领导的精心培养和同事的大力支持。

王 建

2024 年 3 月

目　录

第1章 绪 论

1.1 研究背景

供应链金融作为供应链管理和贸易金融的融合创新，通过优化供应链内部的资金流管理，降低资本占用成本，极大缓释了供应链节点企业的融资约束问题。在宏观经济新常态的市场环境下，综合实力较强的物流企业，尤其是新兴的供应链公司依靠其广泛的购销、信息渠道以及雄厚的资金实力，积极为上下游客户提供供应链金融服务。根据艾瑞咨询发布的《中国供应链金融数字化行业研究报告》，2022年我国供应链金融的市场规模达到36.9万亿元，2027年将超60万亿元。事实上，广阔的市场空间，相对丰厚的利润，使得供应链金融成为物流企业由传统物流服务的“价格红海”向供应链集成服务的“价值蓝海”升级发展的可行路径之一，亦是当下供给侧改革的微观实践样本。那么究竟是何因素孕育了物流企业发展供应链金融的土壤？

首先，供应链上下游节点企业个体理性和团体理性的冲突，削弱了商业信用(Trade Credit)在缓释中小企业融资困境方面的作用。具体而言，企业为了实现个体财务策略的最优，即最短的现金循环周期，往往采取向上游供应商延迟订购时间和延迟付款，并加速向下游企业转移库存，同时压缩应收账款账期的个体理性的原始冲动，从而损害上下游的财务利益，最终导致整个供应链团体的非理性。而且，这一激进的财务策略将进一步削弱上下游中小企业经营波动的缓冲空间，降低再融资能力，紧张的流动性将导致企业更容易受到流动性冲击而引发信用风险事件。因此，依靠供应链内部的商业信用，或许并不足以有效解决供应链内部金融资源分配不均衡的状况，尤其是在供应链管理意识相对薄弱的发展中国家，甚至还会加剧这一状况，进而导致“三角债”(Chain Debts)问题卷土重来。

其次，中小企业历史信用信息积累的不足以及有效抵押物的匮乏，导致风险评价体系和风险控制体系缺失，加之我国信贷人权利保护相对薄弱，银行的收益成本比很难得到改善。这一系列现实因素催生了银行和物流企业合作开展的以存货质押为代表的传统供应链金融业务。正如平安银行(原深圳发展银行)与中欧国际工商学院供应链金融课题组在其专著中所言，国内供应链金融源于零星个案中对存货类动产不得已的接受。该业务模式下，物流企业只承担委托监管职能，因此银行与物流企业实际上仅构成了一种"弱同盟"关系。在借款企业利益诱惑下，物流企业极易被动地与借款企业合谋，出现重复质押、过度质押等道德风险的短期机会主义行为，从而使得银行与物流企业间的"弱同盟"关系被轻易瓦解。因此，业务实践中，诸如羊绒变羊毛、彩电变砖头等此类风险事件始终伴随着供应链金融的发展而从未间断过。尤其是近十年来，随着我国宏观经济增速的回落，经济结构调整的深化，钢铁、煤炭、有色金属等大宗商品原材料的需求萎缩，价格急剧回落，从而导致我国华东地区钢贸供应链金融、青岛港融资铜等一系列违约事件的集中爆发[①]。这再一次引起业界以及监管层对供应链金融业务模式及其风控制度的反思。事实上，过度依赖对质押存货的控制，而疏忽对贸易背景真实性的考核，也即割裂了商流、物流、资金流和信息流的统一，这就极易出现"信息孤岛"，诱使借款者通过重复质押、过度质押实现过度融资，进而将资金挪用于房产、股市等高风险领域。

再次，我国供给侧结构性改革全面启动，以"自贸区"为代表的深层次改革带来的政策红利，国内动产担保物权相关法律、制度的日趋完善，以及以大数据技术作为支撑的智慧供应链金融的快速崛起，为物流企业作为供应链集成服务提供商，深度参与供应链金融，进一步扫清了制度和风控技术的障碍，释放了更为广阔的市场空间。其中最值得欣慰的是，我国动产登记公示制度取得突破性进步，中国人民银行征信中心成立了中征动产融资统一登记平台，目前已实现了应收账款质押与转让、存货/仓单质押、保证金质押、租赁、所有权保留、租购、留置权、动产信托业务登记等动产融资业务的全覆盖。2020 年 9 月，央行会同工信部、银保监会等八部委发布《关于规范发展供应链金融支持供应链产业链稳定循环和优化升级的意见》，明确提出了建立统一的动产和权利担保登记公示系统，并加强数字化和要素标准化建设。中国银行业协会和中国仓储与配送协会也致力于打造全国统一的存货（仓单）融资服务体系[②]。这对于明确供应链金融业务中债项支持资产的权属关系，防范和缓释重复质押具有重要意义。

表 1－1 列示了近年来国家层面发布的供应链金融的相关政策。

---

① 上海银监局 2011 年公布的一则数据显示，截至 2011 年 6 月末，上海用于质押的螺纹钢总量为103.45万吨，是螺纹钢社会库存的 2.79 倍，整个钢贸供应链金融重复质押现象严重，截至 2012 年 8 月，这场仓库失位形成的风暴中，涉及有争议货权的货值约达 10 亿元之巨。而在 2014 年的青岛港融资铜事件中，波及青岛地区 17 家银行的有色金属融资业务 148 亿元卷入其中。

② 为响应国务院常务会议精神"支持企业以应收账款、仓单和存货质押等进行融资"，2020 年 5 月 9 日，中银协和中仓协联合在线发布"存货（仓单）融资服务体系建设阶段性成果及战略规划"，为中小企业存货（仓单）融资带来全面解决方案。

表1-1 近年来国家层面发布的供应链金融的相关政策

序 号	发文单位	发文题目	文 号	发文时间
1	国务院办公厅	《关于积极推动供应链创新与应用的指导意见》	国办发〔2017〕84号	2017年10月
2	银保监会办公厅	《关于推动供应链金融服务实体经济的指导意见》	银保监办发〔2019〕155号	2019年7月
3	中国银保监会	《关于加强产业链协同复工复产金融服务的通知》	银保监办发〔2020〕28号	2020年3月
4	商务部等八部委	《关于进一步做好供应链创新与应用试点工作的通知》	商建函〔2020〕111号	2020年4月
5	银保监会浙江监管局、浙江省商务厅	《关于深化供应链金融服务促进产业链资金链畅通的通知》	浙银保监发〔2020〕24号	2020年4月
6	上海票据交易所	《关于供应链票据平台试运行有关事项的通知》	票交所发〔2020〕58号	2020年4月
7	中国人民银行	《关于规范发展供应链金融支持供应链产业链稳定循环和优化升级的意见》	银发〔2020〕226号	2020年9月
8	中国银保监会 中国人民银行	《关于推动动产和权利融资业务健康发展的指导意见》	银保监发〔2022〕29号	2022年9月

正是基于此，本书立足商业信用和资产支持融资理论的视角，梳理物流企业供应链金融的发展脉络，提出了考虑物流企业金融属性的供应链金融业务的概念、特征、比较优势以及风控要点，得出了考虑物流金融属性的供应链金融的几大规律：① 物流企业金融属性的日趋体现过程正是物流企业由功能型企业向平台型以及生态型企业升级跃迁的过程；② 异于银行主导的物流金融业务，考虑物流企业金融属性的供应链金融，其本质已经脱离了银行信贷，而是银行信贷资源以商业信用的形式在供应链内部的二次配置，具有典型的贸易金融属性；③ 考虑物流企业金融属性的供应链金融具有流程性（物流、信息流、资金流以及商流的统一）、自偿性和组合性三大特征，贸易金融、物流金融和供应链管理三大属性缺一不可；④ 考虑物流企业金融属性的供应链金融风险控制核心在于真实贸易项下交易商品（组合）及其衍生的现金流的控制，并提出了基于组合优化的风险分散策略和基于套期保值的风险对冲策略。

1.2 相关理论综述

近年来,随着国内物流与供应链金融实践的快速发展,相关基础理论研究也日益丰富,比如冯耕中(2007)从法律特性、核心思想、业务模式和未来发展几个方面系统分析了物流金融业务的创新活动。进一步,李毅学、汪寿阳和冯耕中(2010)全面比较分析了中西方物流金融的发展轨迹,构建了物流金融的内涵和基本结构,提出了物流金融学科的理论研究框架。与二者不同,胡跃飞和黄少卿(2009)基于国内银行业的实践,探讨了财务供应链管理向供应链金融转变的发展过程,并从学理上界定了供应链金融的内涵和外延。姜超峰(2015)则立足国内供应链金融实践,分析了大数据背景下供应链金融的发展特点。上述研究极大地丰富了国内物流与供应链金融的理论研究,厘清了物流金融和供应链金融的概念和理论框架。以此为基础,为探寻考虑物流企业金融属性的供应链金融的理论框架,本部分着重于分析两个领域的文献:一是关于商业信用的文献,该部分用以论述考虑物流企业金融属性的供应链金融产生的理论基础;二是资产支持融资和质押物定价的文献,该部分主要用以探寻考虑物流企业金融属性供应链金融的风险管理基础。

1.2.1 商业信用理论

信贷配给制度下,由于历史信用信息积累的不足和有效抵押物的缺乏,供应链节点上的中小企业普遍存在不同程度的信贷配给问题,导致供应链内资金流循环效率低下。作为中小企业融资的重要渠道,商业信用是信贷配给制度下,金融资源在供应链内部的再分配[Meltzer(1960);Petersen and Rajan(1997);Nilsen(2002);Frank and Maksimovic(2005);Love et al(2007);Cull R et al(2009)],亦是企业让渡金融资源,实现扩大销售,转移库存成本的过程(Uesugi and Yamashiro, 2004)。因此,商业信用具有双重功能(属性),一是交易属性,二是融资属性。商业信用早期的文献更多是从交易属性的角度进行阐释,比如商业信用可以促进交易成本的降低(Ferris, 1981),针对不同信用评级的企业实施价格歧视(Brennan, Maksimovic and Zechner, 1988),尚未建立市场信誉的中小企业以提供商业信用的方式为其产品提供质量保证(Long, Malitz and Ravid, 1993),并且有助于交易双方建立长期的战略合作关系(Wilson and Summers, 2002)。因此,商业信用已经成为企业拓展交易渠道不可或缺的重要工具。然而,在金融市场发展欠缺,信贷歧视严重的发展中国家,商业信用融资的功能甚至超过了交易本身。

围绕商业信用对于中小企业融资约束的缓释作用,涌现出大量研究成果。相对于外部银行信贷渠道,由供应链上交易主体提供的商业信用至少具有以下优势:信息优势(Biais and Gollier, 1997)、担保物的变现优势(Frank and Maksimovic, 2005),

以及防范交易对手的改变资金用途的机会主义行为引发的道德风险问题。其中，Burkart and Ellingsen(2004)将商业信用视为一种实物融资，相对于银行贷款，可以有效防止借款企业转移融资用途；Fabbri and Menichini(2010)则基于供应商在交易商品变现价值的优势和相对于银行等外部信贷机构的信息优势，提出了两种动机下的商业信用：交易商品的流动性动机(Liquidation Motive, LM)和借款者激励动机(Incentive motive, IM)，并给出了相应的融资限额。相较于前两者，Uesugi and Yamashiro(2004)则以日本的大型贸易公司(综合商社)为实证样本，系统性分析了商业信用与流动资金贷款的两类差异：主体差异(Institutional Difference，即提供主体不同带来的差异)以及产品功能性的差异(Instrumental Difference)。实证研究发现，即使是同一机构分别提供商业信用和贷款，二者也会表现出显著差异；而普通贷款即使是由不同主体提供也并无显著差异。据此，得出了产品差异是决定商业信用和流动性贷款之间差异的主要因素。

与上述文献不同，Cunat(2007)则从风险定价的视角出发，发现商业信用相比银行信贷而言较高的融资利率(以“2—10 net 30”合约为例，年化利率超过40%)，并不仅仅在于供应商的资金成本比银行更高，更在于供应商为下游客户提供的流动性保险和违约风险溢价。与上述观点类似，Boissay and Gropp(2007)以法国企业为实证样本，研究发现商业信用可以帮助存在融资约束的企业渡过超过1/4的流动性冲击，这进一步证实了商业信用在供应链内部由大企业向小企业进行分配的观点。那么是否一定说明大型企业的商业信用可以有效缓释小企业的融资约束问题呢？Choi and Kim(2005)的研究表明，在经济下行时期，由于宏观流动性冲击，企业间的商业信用确实体现出逆周期特征，无论是大型企业还是小企业的净信用供给量(应收账款余额—应付账款余额)均有所增长，但是并无显著的证据表明，大型企业所发挥的作用更大，这说明在面临宏观流动性冲击时，依靠上下游企业间的商业信用或许并不能完全有效解决小企业的融资瓶颈问题。

事实上，商业信用的提供者并非局限于金融资源丰富的核心企业，自身存在资金约束的中小企业也会提供商业信用(Wilson and Summers, 2002)，尽管提供商业信用得到的应收账款可以通过质押或保理的方式获得外部机构的融资(Burkart and Ellingsen, 2004)，但是其原因则更大程度上取决于非金融属性。一方面商业信用被视为竞争的工具，是身处竞争性行业的中小企业开拓市场的主动行为(Fisman and Raturi, 2004；Van Horen, 2005)；另一方面，商业信用源于交易对手强势地位的被动接受(Fabbri and Klapper, 2008；Giannetti et al, 2011)。此外，商业信用还是尚未建立品牌信誉的小企业向下游客户提供产品质量保证的一种信号传递，而且对于供应链中的下游大型企业而言，比如制造业的终端生产企业，通过商业信用构建的财务关联可以有效缓释上游零部件配套企业的道德风险问题，增强复杂生产链条的稳定性(Kim and Shin, 2012)。

其中，Klapper, Laeven and Rajan(2012)以PrimeRevenue的3 000个商业信用

合同为样本，分别从市场地位或者说议价能力和产品质量保证(Quality Warranty)两个非金融属性的角度分析了为什么评级最高的大企业获得的信用期限最长。因为如果仅仅是因为市场地位，那么大企业完全可以要求直接的现金价格折扣，但这意味着放弃了产品的质量保证，更为重要的是，直接采取现金折扣可能违反法律，比如美国的克林顿法案，而且极易被竞争对手发现，引起价格战，从而对整个行业不利。商业信用则相对而言更具弹性，而且对于商业信用的提供方而言，通过设定提前支付折扣，能够激励低信用的客户提前付款，从而降低违约风险。

Fabbri and Klapper(2016)则以世界银行对中国 2 500 家企业的调查数据为样本，从小型供应商的视角去分析为什么向不存在融资约束的大企业提供商业信用。首先，源于大企业的强势市场地位，商业信用不是主动提供，而是由于长账期的被动形成；其次，商业信用作为小企业的一种竞争策略(Competitive Device)，是主动提供的行为，尤其是产品高度同质化的竞争性行业或者是创新型企业的新产品刚推出市场时。换言之，对于企业本身缺乏市场地位，产品又尚未形成品牌，缺少认可度时，商业信用是比直接的价格折扣更为合适的竞争策略。

而且根据世界银行的调查(Klapper and Randall, 2010)，在经济下行尤其是在金融危机时期，由于需求萎缩导致市场竞争进一步加剧，小企业会继续提供商业信用。这也许是商业信用存在逆周期特征的部分原因。而其代价就是不断增加的财务压力，从而使得自身的金融脆弱性(Financial Vulnerability)增强。比如 Murfin and Njoroge(2015)的研究发现，中小供应商是以牺牲自身的发展为代价，通过削减其他支出来实现对下游大型客户商业信用的供给。换言之，商业信用对存在信贷约束的中小企业的投资活动存在明显的挤出效应(Crowding out Effect)。国内学者刘小鲁(2012)也趋向于认为市场地位的悬殊致使商业信用丧失二次分配的效率，反而具有恶意拖欠和违约风险特征。因此，在核心企业缺乏供应链管理意识的情形下，供应链内部的商业信用并不能有效解决上下游企业的融资困境，反而进一步加剧供应链内部的金融资源分配不均衡状况。

那么究竟由谁担任银行信贷资源的二次分配职能？正如 Hoffmann(2009)以及 Pfohl and Gomm(2009)指出，物流企业以供应链集成服务提供商的角色深入参与供应链内部交易，在交易商品的变现和借款企业的经营信息层面同样具有比较优势。根据商业信用的竞争性假说理论[Fisman and Raturi(2004)；余明桂和潘红波(2010)]，商业信用可以作为一种有效竞争手段。基于此理论，在同质化竞争异常激烈的物流行业，物流企业通过主导供应链金融，将原有的仓储、运输等基础物流服务拓展为供应链集成服务，提高客户的转换和退出成本，从而构筑竞争性壁垒，大幅提升自身的行业竞争地位。

1.2.2 质押担保对信用风险的缓释作用

物流企业在深度参与供应链金融业务时，如何利用自身的优势来开展风险管理？

事实上，中国的供应链金融天然具有资产支持融资的属性，这源于以存货质押为基础的业务模式[①]。Stiglitz and Weiss(1981)指出，质押资产源于银企信息不对称产生的信贷配给行为。质押资产与贷款利率合同条款组合既可以作为一种事前的信号甄别机制减轻逆向选择问题，同时又可以作为防范借款人事后道德风险问题的保险机制。具体而言，质押担保资产在信贷合约设计中的理论假设主要可以划为两类：其一是事前理论，该理论认为质押担保资产可以实现借款者真实风险水平的分离。拥有低风险投资项目的借款者会选择提供质押资产，以换取更低的风险溢价也即更低的利率水平，因此，在该理论假设下，质押担保往往意味着更低的风险，也即二者为负相关关系(Bester，1985，1987；Besanko and Thakor，1987；Boot，Thakor and Udell，1991；Jiménez et al，2006)。其二是事后理论，该理论将质押担保作为最优贷款合约设计的组成部分，以应对贷后的市场摩擦，比如道德风险(Boot and Thakor，1994)，合约强制约束能力的有限性(Cooley et al，2004)以及企业经营业绩披露成本的高昂(Boyd and Smith，1994)。因此，该理论认为，高风险的借款企业更容易被要求提供质押担保。换言之，在事后理论中，质押担保与贷款风险之间呈正相关关系。那么两种理论假设看似矛盾的结论，又有何种适用条件？Berger et al(2011)的研究表明，事后理论对于质押担保贷款的风险具有决定性因素，而事前理论更适合于短期的银企借贷关系。Berger et al(2016)进一步研究指出，质押担保贷款风险的理论基础是事前理论还是事后理论，取决于质押资产的流动性和类型。流动性越高，相应的风险溢价越低，事后违约率也更低。但是整体而言，质押担保贷款总是伴随着低风险溢价和高违约率。Cerqueiro et al(2016)同样指出，高质量的质押担保可以得到更高的贷款额度和更低的风险溢价，如果外部的法律制度变革或者政策变化使得信贷人获得质押资产优先受偿权受损，那么银行在提高利率和降低信贷额度的同时，还会放松对于借款企业和担保资产的监管强度，使得事后的违约率更高。

不同于事前和事后两种理论假设，质押担保资产在信贷合约设计中还存在效率损失和“Lazy Banks”两种理论假设。其中，Inderst and Mueller(2007)提出了效率损失理论。该理论认为，不完全竞争性市场中，同业竞争的压力，使得银行难以获得超额利润，往往会拒绝一些现金流较低的次优项目，从而造成效率损失。而具有信息优势的本地银行可以通过降低利率提高质押物价值的方式提高银企双方的期望收益，从而减少这一效率损失。实际上，效率损失的理论假设建立在本地银行在关系型借贷(Relationship Lending)中所掌握的“软信息”(Soft Information)优势，通过提高质押担保资产换取利率的降低。Manove et al(2001)则提出了“Lazy Banks”理论，该理论指出，信贷合约设计中，质押担保资产的使用会降低银行甄别企业融资项目的优劣时所付出的努力程度，进而使得低质量的项目也会获得贷款。

因此，质押担保资产的属性往往是决定业务风险的关键变量[Jimenez and

---

① 业务实践中，如果物流企业采用输出监管模式，也即派出监管员前往借款企业的仓库监管，此时，借款企业并未转移对于资产的占有，因此应为抵押资产。

Saurina(2004);Benmelech and Bergman(2009)]。而具体到供应链金融业务中,质押物不再是土地、厂房等不动产,而是交易商品以及由此衍生出的应收款项等。正是基于此,Giannetti et al(2011)认为交易商品的属性是商业信用使用的关键因素。最为理想的交易商品莫过于既具有良好的变现价值同时又难以被转移用途。而目前国内关于供应链金融风险的研究也多集中于质押物价格风险的测度以缓释借款企业的信用风险,并提出了以质押率为核心的关键控制指标,比如李毅学等,He et al。

需要指出的是,选择质押担保对于借贷双方而言,均会产生额外的成本支出,从而有损整个债务市场的融资效率。首先,对于金融机构而言,贷前质押资产的评估,贷后的监管以及借款企业违约后的资产强制回收和处置均会产生成本。其次,对于借款企业而言,抵质押占用的资产存在机会成本,其放弃了原本可以投入生产经营的用途;对于周期性较强的资产而言,其价值的变动尤其是经济下行时期,价值的快速贬损会大幅降低借款企业的融资额度,从而进一步放大银行信贷的顺周期效应。因此,无论是信息技术的进步抑或政策层面的创新所带来的信息不对称的改善均可以显著降低对抵质押担保资产的依赖,从而降低借贷双方的成本,提高融资市场效率(Berger et al, 2011)。这在某种程度上也为现如今基于大数据风控技术的在线供应链金融快速发展提供了理论注解。

1.3　考虑物流企业金融属性的供应链金融的概念及其发展脉络

异于银行主导下的物流金融业务,物流企业主导下的供应链金融,其本质已经脱离了银行信贷,而是将银行信贷资源以商业信用的形式在供应链内部进行二次配置。物流企业作为供应链集成服务商,已然融入供应链中,代替供应商成为商业信用的实际提供者,扮演了“影子银行”的角色①。所以,作为非金融机构的物流企业,在为客户提供供应链金融服务时,体现出了金融服务的职能。在此,将作为供应链金融服务提供主体的物流企业称之为具有金融属性的物流企业,而此时的银行已然成为物流企业开展供应链集成服务的附属机构。事实上,物流企业金融属性的发展脉络或者金融属性的日趋凸显体现了物流企业服务能力的跃迁。具体而言,物流企业金融属性渐次体现的过程,也正是物流企业由功能型企业向平台型甚至生态型企业升级跃迁的过程。在该过程中,在提升供应链资金运转效率的同时,大幅改善了物流企业自身

① 根据国务院办公厅印发的《关于加强影子银行监管有关问题的通知》(国办发〔2013〕107 号)规定,我国影子银行主要包括三类:一是不持有金融牌照且完全无监管的信用中介机构,包括新型网络金融公司、第三方理财机构等。二是不持有金融牌照,存在监管不足的信用中介机构,包括融资性担保公司、小额贷款公司等。三是机构持有金融牌照,但存在监管不足或规避监管的业务,包括货币市场基金、资产证券化部分理财业务等。目前,我国物流企业开展供应链金融业务主要归于前两类。

的盈利结构，这正是当下我国实施供给侧结构性改革的应有之义。因此，物流企业的供应链金融创新可以视为我国宏观经济供给侧改革的微观实践。

1.3.1 存货质押模式

当物流企业只能提供仓储、运输以及配送等基本物流服务时，尚未具备供应链管理意识，也就不具备物流、信息流以及资金流的供应链集成服务能力。此时我们将其称为功能型企业。纵使物流企业参与了银行主导的供应链金融服务中的基础业务单元——存货质押业务，所提供的委托监管服务亦只是其仓储服务职能的延伸，并未涉及真正的金融服务，也就无法体现出金融属性。

1.3.2 融通仓模式

随着综合服务能力的提升，物流企业开始具备平台服务能力，比如区域性物流园区等。对于该类企业而言，通过与银行等金融机构的合作，为客户提供比存货质押更高层级的融通仓服务，其中就包括授信担保、额度分解等金融服务职能，换言之，也就具备了金融属性。但是，融通仓其本质仍停留在物流金融阶段，其服务对象主要针对单个企业，而并未向其上下游延伸，这就导致其服务容易脱离真实的贸易背景，容易产生质物权属纠纷问题。因此，该阶段更大程度上属于商品融资的范畴，缺乏供应链管理以及贸易金融的属性。

1.3.3 供应链金融生态圈模式

随着服务能力的进一步提升，物流企业发展为供应链管理企业，瞄准供应链各节点企业的非核心业务，全方位提供集商流、物流、信息流以及资金流于一体的供应链集成服务，致力于打造供应链集成服务生态圈，成为生态型企业。这类企业无疑具备了比融通仓更为强大的金融服务能力。该类企业与金融机构密切合作的同时，还依靠自身作为上市公司在资本市场募集资金的实力，成立诸如小贷公司、融资担保公司等准金融机构。因此，该类企业体现出了更强的金融属性，亦代表了当前互联网时代供应链金融发展的趋势。

考虑物流企业金融属性的供应链金融是银行与物流企业在传统物流金融（存货质押）基础上，依据双方的比较优势进行的内部分工的二次优化。以采购执行业务为例，物流企业主导的供应链金融业务的基本流程如图 1－1 所示：① 实力雄厚的大型物流企业或者供应链上市公司依靠自身的信用评级获得合作银行授信额度；② 物流企业通过考察借款企业贸易合同的真实性以及交易商品的属性，给予借款企业与合同金额额度相同的授信额度，并要求借款企业向合作银行指定保证金账户缴存一定比例的保证金，物流企业委托银行监控保证金账户（只允许资金流入，不允许流出）；交易商品和保证金共同作为质押担保物，缓释借款企业的主体违约风险；③ 合作银行开立与采购合同额度等同的银行承兑汇票支付给供应商；

④ 物流企业全程控制交易商品(包括在途和在库);⑤ 随着前期销售款的回笼,借款企业追加保证金分批赎回采购商品;⑥ 合同结束,借款企业偿还授信本息,物流企业释放所有商品。

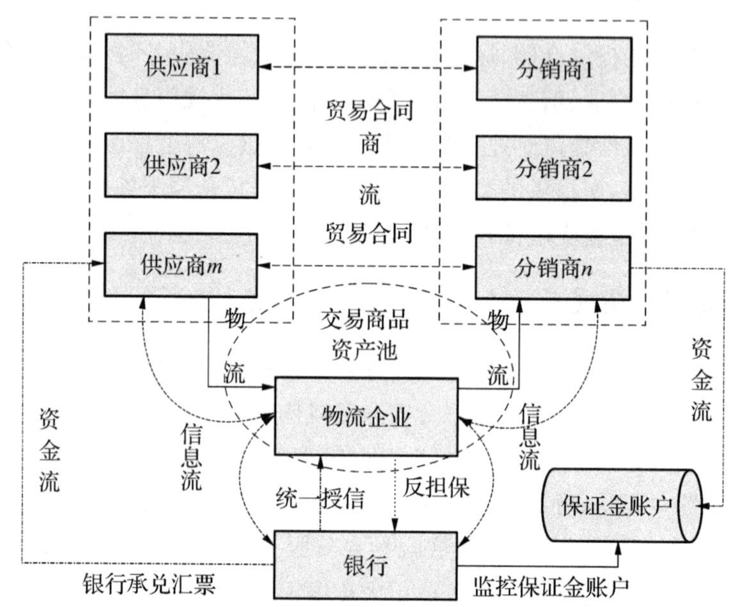

图 1-1　考虑物流企业金融属性的供应链金融业务流程

通过分析物流企业主导的供应链金融业务流程,不难发现考虑物流企业金融属性的供应链金融同时具有流程性、组合性以及自偿性三大特征。

1. 流程性

流程性,是供应链金融区别于流动贷款最本质的特征,亦是自偿性和组合性的前提。所谓流程性实际就是指商流(真实的贸易背景,是物流、信息流和资金流产生的基础和前提),物流(交货流程,实现对交易商品的控制),资金流(支付、偿付款流程,实现交易中资金流的封闭运转)以及信息流(避免信息孤岛形成,确保交易流程的可视性和高效率)的统一,简言之即四流合一。换言之,供应链金融业务的流程性,是物流企业提供供应链金融集成服务(组合性)的载体,更是风险管理(自偿性)的基础。依托流程性,易于挖掘盈利机会,更有助于预警风险。事实上,供应链金融违约风险事件产生的原因是四流间的相互割裂。

2. 自偿性

供应链金融业务自偿性的实现,源于其自身的流程性。根据《巴塞尔协议Ⅱ》第244条的规定,自偿性贸易融资活动中,交易商品的销售收入是借款企业唯一的还款来源,其资产负债表不存在实质性资产,缺乏独立的还款能力。因此,不同于传统的抵质押贷款以土地、厂房等交易外部的资产作为担保,物流企业主导的供应链金融业务以交易不同环节所对应交易商品的不同状态(保证金、预付款项、存货以及应收款项)作为担保,来确保融资本息的偿还。

3. 组合性

组合性是指供应链金融产品的组合性,供应链金融包含融资产品(比如保证金类、预付款类、存货类以及应收账款类等和结算产品(根据结算工具或结算方式的不同可分为银行承兑汇票、商业承兑汇票、信用证等)以及其他附加产品(比如物流企业提供的基础物流服务)。供应链金融业务的组合性特征,为物流企业带来融资收入的同时,还能带来仓储、运输等传统物流业务的增加以及保证金存款派生的利息收入,这也正是物流企业将供应链集成服务作为“价值蓝海”的应有之义和自然体现。除此之外,供应链金融组合性的特征还具有较强的正外部性,缓释借款企业融资约束的同时,其集成化服务能力有助于促进整条供应链管理效率的提高。

1.4 考虑物流企业金融属性的供应链金融的比较优势

与传统流动性贷款、银行主导的供应链金融以及供应商提供的商业信用三种融资模式相比,考虑物流企业金融属性的供应链金融模式是在三者基础上的扬弃式探索。本部分分别从信息优势、质押物变现优势和供应链管理优势三个维度进行分析,结果如表 1-2 所示。

表 1-2 四种融资模式的优势对比

	传统银行信贷	供应链金融(银行)	商业信用(供应商)	供应链金融(物流企业)
信息优势	弱	弱	强	强
质押物变现优势	弱	较弱	强	强
供应链管理优势	无	弱	较弱	强

1.4.1 信息优势

所谓信息优势,是指物流企业在同一成本下获得更为精确的信息,抑或者获得同样信息的情况下所支付的成本更低。物流企业获得借款企业的信息成本要小于银行,因为物流企业是供应链上下游企业交易的部分参与者(Partial Insider),甚至是内部参与者(Insider),而银行并不参与供应链内部的具体交易,是外部参与者(Outsider)。而在物流企业主导的供应链金融业务中,比如采购执行业务,物流企业自动参与借款企业的日常交易活动,成为借款企业的实际供应商,与此同时,委托合作银行监控企业的保证金账户,掌握企业现金流信息。借助于这一信息优势,物流企业确保贸易背景真实性的同时,对借款企业的违约概率做出更准确的判断,进而设定更为合理的利率水平,从而有效缓释银行供应链金融业务中由于信息不对称带来的逆向选择问题，同时规避了传统物流金融实践中的双层委托代理制度下借款企业与物流企业合谋导致的重复质押等道德风险问题。

1.4.2 更高的质物变现价值

在交易商品的变现价值方面，物流企业同样比银行更具优势①。物流企业长期深耕于质押商品所处的行业，能获得更及时、准确的市场信息，因此可以获得比银行更高的变现价值，这就可以保证企业违约发生时，物流企业能够获得比银行更低的违约损失率。

1.4.3 供应链管理效率的提升

随着物流和信息流层面的日臻完善，继续投入的边际效用开始递减，而资金流层面效率的低下成为制约供应链效率进一步提升的短板，至此旨在缩小资金流与物流、信息流差距的供应链金融应运而生。基于此角度，供应链金融可以视为继物流、信息流之后的供应链管理的高级阶段。因此，真正的供应链金融天然地带有供应链管理的属性。相对于供应商提供的商业信用，物流企业主导下的供应链金融通过交易商品在途和在库的控制，为供应链上存在融资约束的节点注入流动性，缩短了供应链各节点企业的现金循环周期，实现了供应链财务策略的团体理性，从而提高了供应链管理的效率。

通过上述分析，可以发现考虑物流企业金融属性的供应链金融具有三大属性(要素)：其一，贸易金融属性。物流企业通过参与企业的真实交易，来确保贸易背景的真实性，从而规避传统物流金融业务中的重复质押等道德风险问题。其二，物流金融属性，抑或资产支持融资的属性。其风控的本质在于以质押商品的变现价值缓释借款企业的主体信用风险。其三，供应链管理属性。物流企业站在供应链管理的角度为供应链中交易主体注入流动性，实现供应链团体财务策略的最优。

1.5 考虑物流企业金融属性的供应链金融集成风险管理

长期以来，风险评价体系和风险控制体系的同时缺失是信贷配给制度下中小企业融资难的根本原因。众所周知，信用风险，又称违约风险，包括主体信用风险(决定违约率，PD)和债项信用风险(决定违约损失率，LGD)。风险评价体系的缺失源于企业历史信用信息积累的不足，风险控制体系的问题则在于企业缺少有效的抵质押资产。二者的同时缺失，使得中小企业高违约率和高违约损失率成为必然。

---

① 在抵质押担保贷款市场中，信息不对称不仅仅存在于借款者的主体信息评级中，抵质押资产的价值评估同样是信息不对称的重要来源。抵质押资产的异质性越强，其价值评估的信息不对称的程度越高，相应的支付的风险溢价就越高(Stroebel, 2016)。因此，广义而言，物流企业在质押物价值评估和变现价值上的优势同样也是源于信息上的比较优势。

因此，对于任何一项金融创新业务而言，其信用风险管理的关键在于对违约率和违约损失率的控制。违约率的大小取决于借款企业的资信水平，如果借款企业利用信息不对称隐瞒了相应信息，违约率就会上升；违约损失率则取决于质押资产的属性，借款企业违约时，如果质押资产具有较好的流动性和市场需求，违约损失就会降低。因此，首先，通过发挥信息优势，获得借款企业全面的财务信息，以降低信息不对称带来的违约率的错估；其次，通过对抵质押资产及其衍生的现金流的控制，降低违约损失率，从而实现对信用风险的有效缓释。

对于供应链金融业务而言，融资供给主体（物流企业、银行抑或电商平台等）的预期收益由两部分组成：① 借款企业履约时可以得到的利息收入，主要取决于借贷双方信息不对称的程度，也即借款企业的主体评级；② 借款企业违约时，融资本息的回收率，主要包括回款账户的现金流以及作为担保物的质押商品的变现价值和保证金。二者共同决定了供应链金融业务的经济强度。基于此，可将供应链金融业务风控技术归为两类：

（1）大数据授信技术支持的供应链金融。

当供应链金融服务的收益更大程度上取决于借款企业正常履约时的本息收益时，供应链金融交易商品对应于金融属性较弱[①]、质押价值较低的实物商品贸易以及服务贸易，比如产业链下游的生活消费品，该类商品作为质押物的价值难以体现，相应的主体信用风险的缓释作用被稀释和弱化。因此，此类业务模式更接近于信用贷款，风控的重点体现在主体的信用风险上。依托于大数据技术，通过将借款企业的历史交易数据转化成信用信息，对借款企业进行信用评级，从而进行合理的风险定价；贷后则通过对往来账户的实时跟踪，实现对交易回款的封闭控制。目前电商平台开展的供应链金融，以阿里蚂蚁金服、京东金融为代表，则是依托于此类风险管理技术，其本质在于通过大数据技术缓释借贷双方的信息不对称而产生的信贷配给以及逆向选择和道德风险。业务实践中，中信银行形象地将其称为“数据质押”，风控理念由原有单一的“控货”模式转变为“信息交互＋货权控制＋资金流管理”的全新理念，实现对业务的风险管控。

（2）自偿性授信技术支持的供应链金融。

当借款企业主体评级较弱，供应链金融服务的收益更大程度上取决于债项下交易资产的缓释时，对应于交易商品金融属性较强、质押价值较高的实物商品贸易。其风险控制可以通过对交易商品及其衍生的现金流的控制，降低违约损失率。这也正是物流企业开展供应链金融的比较优势或者切入点。一般而言，生产资料的金融属性更强，比如钢材、铁矿石以及煤炭等大宗商品，该类商品普遍单位产品价值高，而且理化属性相对稳定，产品生命周期较长，更适合作为质押物，以缓释借款企业的主体

① 商品的金融属性，可以体现为商品价格波动中并不由实际供需（商品属性）决定的部分。此外，商品的金融属性亦是商品作为一项资产差异性的体现。不同的商品在稀缺性、流动性以及易存储性等方面存在的差异，使得不同商品存在强金融属性和弱金融属性的差异。

信用风险。因此，物流企业往往将该类商品用于采购执行业务活动。比如，怡亚通的广度供应链金融业务，瑞茂通的煤炭供应链金融业务等。

假设借款企业项目成功的概率为 p_s，其中 s 为物流企业掌握的借款企业的综合评级信息 $s \in [0,1]$。相应地，借款企业成功和不成功时所获得现金收入分别为 x_h，x_l，进一步假设在项目成功时借款企业偿还本息 $R_h = L(1+r)$。项目不成功时，借款企业无法偿还贷款本息，物流企业获得质押商品的变现价值和保证金收入 $R_l = C + x_l$，抵补贷款本息损失。需要指出的是，现有理论研究中常假设借款企业在项目不成功时获得的现金流 x_l 为零。因此借款企业违约时，物流企业损失程度取决于质押商品的变现价值以及初始保证金的比率。

借款企业利润期望：

$$\begin{aligned} E(\pi_1) &= p_s(x_h - R_h) + (1-p_s)(x_l - R_l) \\ &= p_s(x_h - R_h) - (1-p_s)C \end{aligned} \tag{1-1}$$

物流企业的供应链金融服务利润期望：

$$E(\pi_2) = p_s R_h + (1-p_s)(x_l + C) - L(1+i) \tag{1-2}$$

式中，i 为物流企业的资金成本。

借款企业利率与质押物价值的边际替代率 MRS 可以表示为：

$$MRS = \frac{\partial R_h}{\partial C} = \frac{p_s - 1}{p_s} < 0 \tag{1-3}$$

进一步，边际替代率与项目成功的概率（借款者的风险大小）二者之间的变动关系：$\frac{\partial MRS}{\partial p_s} > 0$。因此，物流企业获得的利息收益与质押物变现收入的边际替代率为负，而且低风险的企业更愿意通过提高质押商品的数量来获得更大程度的利息折让。这可以说明两个方面的问题：其一，物流企业可以通过增加质押物来提高违约收益 R_l，同时降低利率，实现降低 R_h，即弱化借款企业主体评级的要求，提高了对其债项评级的要求，从而降低了传统流动贷款中的效率损失，扩大了借贷双方的交易可能性边界；其二，物流企业基于盯市频率和变现价值的优势，可以设定比银行更高的融资折算率（体现为更高的质押率和更低的保证金比例），从而更大程度上降低利率，增强对低风险企业的吸引力。

正如图 1-2 所示，物流企业主导的供应链金融实践中，集成风险管理的重心并非借款企业的异质性引起的主动违约概率的评级，而是依托于真实贸易背景下资产池中的交易商品的债项缓释。而且需要指出的是，本书提及的集成风险管理的对象即引起借款企业违约的一切风险因素，并不包括物流企业自身的操作风险因素。正是基于此，本研究将交易商品组合的集成风险因素划分成非系统性风险因素（资产本身的属性或者行业景气因素引起）和系统性风险因素（宏观经济因素）。考虑到交易商品的现货交易形态的流动性较弱，提出了长期风险视域下以质物组合优化为核心的风险分散策略和以套期保值为核心的风险对冲策略。

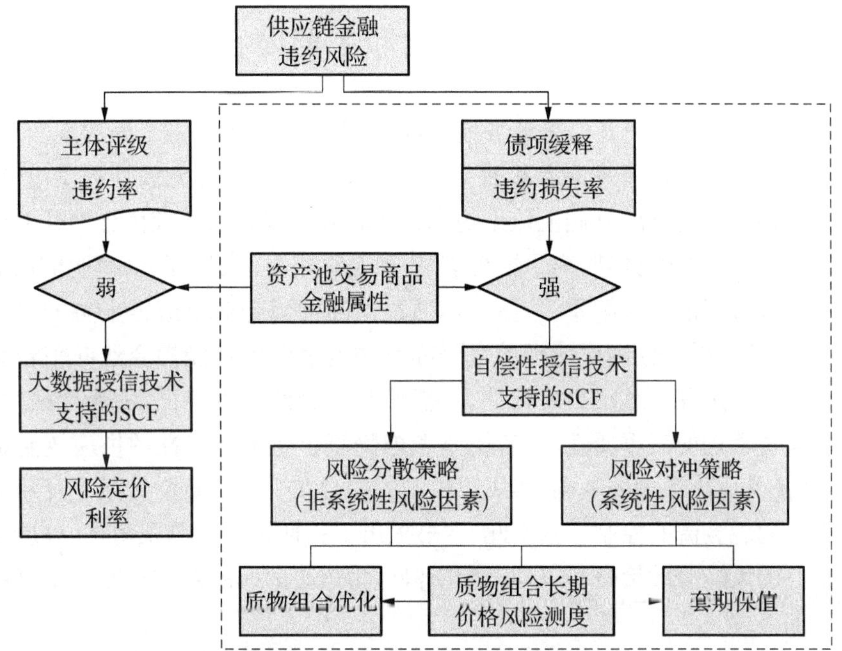

图 1－2 考虑物流企业金融属性的供应链金融风险管理框架图

(1) 风险分散策略——质物组合的优化。

与传统物流金融业务中从属者的角色不同，在考虑物流企业金融属性的供应链金融业务中，物流企业作为平台商甚至整个生态圈的搭建者，服务的对象(交易对手)由单一的出质企业向供应链上下游以及多个供应链网络拓展，在其交易池内，物流企业拥有不同类型的交易商品作为反担保措施，为更好地发挥交易商品的信用风险缓释功能，控制业务的集成风险，就有必要通过构建资产组合，并对其优化以实现质押物价格风险的分散。这为物流企业在风险限额下开展供应链金融业务而非简单的缩量避险提供了量化参考。

(2) 风险对冲策略——套期保值。

当质物资产金融属性较为显著时，物流企业可以要求借款企业通过期货市场实现质物资产的套期保值，以合理对冲现货市场质物的价格风险，从而保证授信的自偿性。尤其是当前经济增速放缓背景下，大宗工业品需求回落明显，交易池中的质物资产普遍面临价格的快速回落问题，一旦交易商品价格下跌以及可能带来的集中抛售问题会进一步增加商品变现的难度，从而进一步放大供应链金融业务的违约风险，这就严重削弱了通过质物组合实现风险分散的效率。该种情形下，如果借款企业无力追加保证金或者质物时，在期货市场持有与现货资产相反的头寸可以对冲现货市场的价格风险，从而降低物流企业的违约损失率。

1.6 研究思路和主要内容

不同于银行主导的物流金融业务模式，本书立足国内供应链金融的现实环境，以商业信用和资产支持融资理论为基础，提出了考虑物流企业金融属性的供应链金融，该业务是在传统物流金融基础上依据物流企业和银行双方的比较优势展开的内部分工的二次优化，其本质已经脱离了银行信贷，而是将银行信贷资源以商业信用的形式在供应链内部进行的二次配置。进一步，通过追溯物流企业供应链金融的发展脉络发现，物流企业金融属性渐次体现的过程亦是物流企业由功能性企业向平台型甚至生态企业升级的过程。总结出流程性、自偿性和组合性三大特征，物流金融、贸易金融以及供应链管理的三重属性，二者既是考虑物流企业金融属性的供应链金融的盈利基础，亦是其风险管理的基础，其风险控制的关键在于真实贸易背景下交易商品组合及其衍生的现金流的控制。基于此，本书提出了长期风险预测视角下，以质物组合优化为核心的风险分散策略和以动态套期保值为核心的风险对冲策略。本书的剩余章节安排如下：

第 2 章为二元质物组合的长期风险预测，基于风险分散策略的思想，建立二元 Copula-GARCH 族模型，分别研究了不同秩相关系数下的两组真实质物组合（铜和螺纹钢以及铜和铝）的对数收益率间的条件相关性，进而运用蒙特卡洛模拟方法进行样本外滚动预测风险值 VaR，引入历史模拟法和 EWMA 方法进行对比，提出一类新的数据生成方法，以铜和螺纹钢的收益率的条件波动率和 Copula 函数生成四组不同秩相关系数的模拟质物组合，解决现货数据匮乏带来的“小样本”问题，以验证模型的普适性，提供了一种混合质押物风险管理的新框架和新模式，实现从业务风险把握到数值模型实现的创新。

第 3 章为多元质物组合的长期风险预测及优化。相较于二元质物组合优化中基于时间平方根法则的长期风险预测方法，本章提出了一类更具普适性的蒙特卡洛模拟方法。在此基础上提出了长期风险预测视角下的多元质物组合优化框架。而且相较于改进后的均值方差框架，该框架在积极型投资策略抑或保守型投资策略下，均体现出了更好的能力。

第 4 章则重点考虑了长记忆特征情形下的多元质物组合的优化问题。本章沿用长期风险视角下的均值 CVaR 的质物组合优化框架，重点解决以下三个层面的问题：其一，质物资产的波动过程是否存在典型的长记忆特征？其二，如果长记忆特征真实存在，那么其如何影响组合内各资产的波动率期限结构以及资产间的相关结构，换言之，忽视长记忆特征的存在又会对质物资产多期波动率的建模、预测以及资产组合相关结构的刻画产生怎样的影响，最终如何作用于资产组合的有效前沿？其三，组合内资产的长记忆程度如影响组合的有效前沿，以厘清长记忆程度与质物资产风险期限结构的关系。

第 5 章基于中国供应链金融实践中多以具有强周期属性的大宗商品作为质押资产这一典型事实，将外部宏观经济波动引致的系统性风险因素考虑进质押资产的长期价格风险预测中。进一步，分别以已实现波动率和宏观经济景气指数作为宏观经济波动的代理变量，建立不同的 GARCH-MIDAS 模型，以期有效解决高频价格数据样本的小样本与长周期预测之间的难题。以螺纹钢为样本的实证结果表明：现货资产的条件波动率以及长期波动部分体现出显著的逆周期特征；宏观经济波动对于现货质押资产的整体波动影响显著，而且存在周期的不对称效应；通过稳健损失函数检验，GARCH-MIDAS 模型在不同的样本外、预测期限内，均体现出较好的预测能力，尤其是季度和半年度的长周期预测。所得结论为银行以及物流企业的供应链金融风险管理决策提供了量化基础。

第 6 章则聚焦于宏观经济下行时期，宏观经济基本面作为外部系统性风险因素引起的质物资产价格的普遍下跌，极易引发组合优化这一风险分散策略的失灵问题。基于此，本章提出了考虑物流企业风险厌恶异质性的动态套期保值策略，以实现对系统性风险因素的对冲。模型构建层面，将低频周期内的已实现波动率和宏观经济预警指数的条件方差作为衡量外部系统性风险因素的代理变量，通过混频数据抽样回归过程，建立 GARCH-MIDAS 模型和 DCC-MIDAS 模型，实现了质物资产期现货长期波动率测度和动态相关结构的刻画。

第 7 章构建了 GARCH-MIDAS-CU(h)价格波动预测模型，并对比行业经济不确定性模型 CU(h)与现有的经济政策不确定性指数 EPU 预测期铜价格波动的效果，证实了行业经济不确定性模型预测期铜价格的效果更优，而且加入行业经济不确定性 CU(h)后，提高了 GARCH-MIDAS-RV 价格波动预测基础模型的预测准确性。通过系统、科学的文献综述回顾，发现大量的文献更侧重于用 EPU 衡量外部经济不确定性，因为 EPU 数据的获取很便捷，但是这些文献忽略了一点，有些经济政策不一定会对大宗商品价格产生影响，进而没有很好地区分 EPU 的应用场景，导致实证结果并不理想。进一步证实了本书构建的行业经济不确定性模型 CU(h)的可行性。

第 8 章给出了本书的结论，指出研究的不足和下一步的研究展望。

第 2 章

二元质物组合的长期风险预测

2.1 引 言

面对业务实践中风险管理的现实需求，国内外学者对供应链金融的研究主要集中在风险决策领域，且多通过供应链融资中的决策优化来达到风险管控的目的。其中最具代表性的是 Buzacott and Zhang(2004)通过对供应链中存在资金约束的零售商的分析发现，银行只有同时考虑利率、贷款限额(质押率)以及借款企业的资产负债状况，才能合理地控制风险，实现较高的收益。以此为基础，Srinivasa and Mishra (2011)发现，供应链中制造商和零售商均存在资金约束时，从供应链整体的角度进行集中决策对于商业银行和企业而言均是最好的选择；Chen and Cai(2010)则将第三方物流企业引入存在资金约束的零售商的供应链融资决策中。除此之外，Caldentey and Haugh(2009)引入弹性的金融套期保值的思想，用于供应链采购合同风险的控制；Lee and Rhee(2010,2011)，Yang(2011)研究了贸易信用对企业存货决策的影响，以及贸易信用和贷款额度的关系。国内学者于洋和冯耕中(2003)，胡海青(2012)等，窦亚芹等(2012)以及关旭等(2012)也围绕供应链金融业务的风险进行了较为系统的研究。但是，上述研究并未就质押物的价格风险展开定量研究。有鉴于此，He et al (2012)，李毅学等(2011)研究了单一质物的价格风险测度，但并未针对质物组合风险展开研究，这主要囿于银行在开展质押业务时往往以单一质物为主。随着业务快速推进，业务模式不断衍化，银行为分散风险，同时增加业务的灵活性和吸引力，有必要针对混合质物开展质押业务。事实上，近年来出现的一系列供应链金融风险事件，尤其是近期上海钢贸供应链金融的银企纠纷，很大程度上源于商业银行尚未构建合理质物组合来分散质物价格风险，从而集聚了过高的贷款集中度风险。

近几年国内外学者对供应链金融质押物的组合开始进行积极的探索研究，如 Draughon(1991)，Corbett et al(1999)等。需要指出的是，上述学者并未进行大样本的实证分析，以验证模型的有效性。事实上，自 Markowitz(1952)提出投资组合理论以来，分散化投资已成为最为重要的风险管理策略之一。作为衡量风险分散化效应的相关性系数可谓是投资组合理论的核心，然而其只能刻画资产之间的线性相关关系，而对广泛存在的非线性关系尤其是引起极端损失的尾部相关无能为力。Copula 函数却可以在不限制各变量条件边缘分布的情况下，刻画多个变量之间的条件相关关系，尤其是尾部相关结构，其参数估计简单，而且可以引入以 GARCH 族模型为代表的条件波动率模型刻画边缘资产收益表现出的波动集聚性和时变性等特征，因此，广泛应用于资产相关结构的刻画、风险的测度、组合的选择优化以及资本的配置。代表性文献见 Jondeau(2006)，Huang(2009)等。上述研究成果对于运用 Copula 理论和 GARCH 族模型研究质物组合的条件相关性和风险测度以及风险资本的配置具有重要的理论和现实意义。

值得注意的是，上述学者多是基于 Copula 理论和 GARCH 族模型研究股指、债券以及大宗物品的期货风险，绝大多数风险测度研究均是两周以内的短期风险(尤以一天为主)，即以过去一段时间序列数据为样本，预测未来一天内的日风险价值。与股票、期货等金融资产不同，存货质押业务中的现货质物的流动性较前者弱，导致银行风险持有期延长，因此存货价格风险决策的核心在于预测其长期价格风险，即以过去一段时间序列样本预测未来 N 个月后或更长时间的风险价值，其关键技术在于解决：一是业务层面，风险持有期限与金融产品期限的问题；二是模型层面，数据频率与预测频率的问题，即以现有的短期数据样本如何去预测未来长期(多期)的风险，抑或小样本决策问题。

基于以上认识，与现有研究相比，本章主要贡献在于，引入 Markowitz 分散化投资思想，建立二元 Copula-GARCH 族模型，缓释供应链金融实践中单一质物所带来的与日俱增的集中度风险。① 建立 ARMA-GARCH 族模型以及二元 Copula 模型(简称“二元 Copula-GARCH 族模型”)，刻画现货质物收益率呈现出的自相关性、“尖峰厚尾”以及波动集聚性等典型事实特征以及质物间的非线性相关结构，通过样本外滚动预测方法进行动态 VaR 预测，并引入传统历史模拟法和基于正态分布的 EWMA 方法与之对比；② 鉴于 Kendall 秩相关系数 τ 较线性相关系数描述范围更广、经济意义更明确，选取弱相关组合(铜和螺纹钢)和强相关组合(铜和铝)两类不同 Kendall 秩相关系数质物组合，分析不同 τ 值下 VaR 的差别；③ 给出一类新的数据生成方法，以样本内收益率的条件波动率和 Copula 函数模拟生成四组相关性由弱到强的模拟质物组合，拓展研究不同相关性对组合 VaR 的影响，避免现货数据库不完善带来的“小样本”问题，进一步验证模型的普适性；④ 异于目前未考虑贷款资金成本的单一质物的静态质押率研究现状，依据物流企业自身风险偏好水平，综合考虑宏观经济环境、借款企业资信水平、质物流动性等，将 He et al(2012)单一质物动态质押率的研究成功推广至质物组合价格度量，既定质押期内置于多风险窗口下，协调处理业务层面产品期限与风险持有期限的问题；⑤ 提出考虑贷款资金成本的质物组合动态质押率模型，从效率损失的角度检验组合分散风险的能力；⑥ 引入时间平方根法则解决动态质押率设定的核心——长期风险预测难题，得出长周期 VaR 计算解析式，处理短周期数据频率与长周期风险预测频率问题。

2.2 模型设定

2.2.1 基于 ARMA-GARCH 族模型的边缘分布确定

1. 条件均值的确定

文中以对数收益率定义质物 i（$i=1,2$）每日收益率如下：

$$R_{i,t}=\ln(P_{i,t})-\ln(P_{i,t-1}) \tag{2-1}$$

金融计量研究中，往往将收益率假设如下：

$$R_{i,t}=\mu_{i,t}+\varepsilon_{i,t}=\mu_{i,t}+\sigma_{i,t}z_{i,t}$$

其中，

$$z_{i,t}\sim N(0,1) \quad \text{or} \quad \sqrt{\frac{v}{v-2}}z_{i,t}\sim t(v) \tag{2-2}$$

式中，$\mu_{i,t}$ 为条件均值，$\sigma_{i,t}$ 为条件波动率，$\varepsilon_{i,t}$ 为残差项，$z_{i,t}$ 为新息项（Innovation，实证研究中，称之为标准残差项），服从均值为 0、方差为 1 的独立同分布。为了描述收益率的尖峰厚尾特征，除了引入标准正态分布来刻画 $z_{i,t}$ 外，还引入自由度为 v 的正规化 t 分布。对于条件均值 $\mu_{i,t}$ 的确定，采用实证研究中的一般性假定，即假设服从自回归 AR(p) 过程或者自回归移动平均模型 ARMA(p，q)，并运用 AIC 准则定阶。

2. 条件波动率模型的确定

为了描述质物对数收益率展现出的波动集聚性及时变性，我们采用金融计量研究中应用最为广泛的 GARCH(1,1)模型对样本收益率的条件波动率进行建模。

$$\sigma_{i,t}^2=\omega_i+\alpha_{i,1}\varepsilon_{i,t-1}^2+\beta_{i,1}\sigma_{i,t-1}^2 \tag{2-3}$$

式中，模型对参数的非负约束为 $\omega_i>0$，$\alpha_{i,1}\geqslant 0$，$\beta_{i,1}\geqslant 0$，平稳性条件为 $\alpha_{i,1}+\beta_{i,1}\leqslant 1$。当 $\omega_i=0$，$\alpha_{i,1}+\beta_{i,1}=1$ 时，模型将退化为一类特殊的 GARCH(1,1)模型，即 IGARCH(1,1)模型，用以描述质物收益率的波动率并不收敛的情形。

$$\sigma_{i,t}^2=\alpha_{i,1}\varepsilon_{i,t-1}^2+\beta_{i,1}\sigma_{i,t-1}^2 \tag{2-4}$$

此外，为了描述金融市场中广泛存在的杠杆效应（Leverage Effects），即利空消息的冲击比相同强度的利好消息的冲击造成更大的市场波动，Glosten，Jagannathan 和 Runkle(1993)提出 GJR(1,1)模型来刻画非对称效应。

$$\sigma_{i,t}^2=\omega_i+\alpha_{i,1}\varepsilon_{i,t-1}^2+\beta_{i,1}\sigma_{i,t-1}^2+\gamma_i\varepsilon_{i,t-1}^2I_{t-1} \tag{2-5}$$

式中，$I_{t-1}=\begin{cases}1\varepsilon_{I,t-1}<0\\0\varepsilon_{I,t-1}\geqslant 0\end{cases}$，$\gamma_i$ 为非对称杠杆系数。

如果 $\gamma_i>0$，表明利空消息对市场造成的波动大于利好消息对市场造成的波动，此时，认为收益的波动存在杠杆效应；$\gamma_i<0$，则表明利空消息对市场造成的波动小于利好消息对市场造成的波动。而且，模型参数的非负约束为 $\omega_i>0$，$\alpha_{i,1}\geqslant 0$，$\beta_{i,1}\geqslant 0$ 和 $\alpha_{i,1}+\gamma_i\geqslant 0$，平稳性约束为 $\alpha_{i,1}+\beta_{i,1}+0.5\gamma_i<1$。

2.2.2　二元 Copula 模型确定

由 ARMA-GARCH 族模型对二元质物组合的边缘分布建模得到标准残差项向量 $(z_{1,t},z_{2,t})$，根据二元 Copula 函数对其建立模型。根据 Sklar 定理，可以将一个联合分布函数分解成多个边缘分布函数和一个 Copula 函数，其中，Copula 函数描述了变量间的相关性，而且，当边缘分布连续时，Copula 函数是唯一的。据此建立 Copula 分布函数如下：

$$H(z_{1,t},z_{2,t})=C[F_1(z_{1,t}),F_2(z_{2,t})] \tag{2-6}$$

式中，H 为二元联合分布函数，F_1，F_2 为边缘分布函数，C 为 Copula 函数。其密度函数如下：

$$\begin{aligned}h(z_{1,t},z_{2,t})&=\frac{\partial H(z_{1,t},z_{2,t})}{\partial z_{1,t}\partial z_{2,t}}\\&=\frac{\partial C(u,v)}{\partial u\partial v}\times\prod_{i=1}^{2}\frac{\partial F_i(z_{i,t})}{\partial z_{i,t}}\\&=c(u,v)\times\prod_{i=1}^{2}f_i(z_{i,t})\end{aligned} \tag{2-7}$$

式中，$u=F_1(z_{1,t})$，$v=F_2(z_{2,t})$，$c(u,v)$ 为 Copula 密度函数。

常用的二元 Copula 函数主要包括正态 Copula(以下，简称 n-Copula)，t-Copula，Clayton-Copula，Gumbel-Copula 以及 Frank-Copula。大量实证研究表明，Copula 函数由于参数较多，采用一步极大似然估计法不利于寻求最优解，因此进行参数估计时运用两步极大似然估计(IFM)。不同的 Copula 函数，往往对实际数据的拟合度不同，因此必须进行拟合优度检验，选择拟合度最优的模型，此处采用估计 Copula 函数与经验 Copula 函数的平方欧氏距离进行拟合度检验，距离越小，说明模型拟合得越好。

2.2.3　短期动态 VaR 估计及失效率检验

运用二元 Copula-GARCH 模型确定资产组合的联合分布后，进行质物组合的 VaR 预测，假设二元组合内两种质物的对数收益率权重分别为 w，$1-w$，则质物组合的收益率可表示为：$R_{p,t}=\ln[we^{R_{1,t}}+(1-w)e^{R_{2,t}}]$。实证研究中，由于对数收益率值往往较小，因此经常做如下近似假设：

$$R_{p,t} \approx wR_{1,t} + (1-w)R_{2,t} \tag{2-8}$$

质物组合的 VaR 可以表示为：

$$P[R_{p,t} \leqslant VaR_t(1-c)] = 1-c \tag{2-9}$$

式中，c 为置信水平。

具体计算过程如下：① 选择最优 Copula 函数，据式(2-6)、式(2-7)，通过蒙特卡洛模拟 n 次，产生相依的 $n\times2$ 伪随机数矩阵 (u,v)；② 根据标准残差项 $z_{i,t}$ 所服从的分布，将上述伪随机数进行逆概率转换得到标准残差项的随机数矩阵 $(z_{1,t}, z_{2,t}) = [F_1^{-1}(u), F_2^{-1}(v)]$；③ 将上述随机数代入式(2-2)，$R_{i,t} = \mu_{i,t} + \sigma_{i,t}z_{i,t}$，得到 $n\times2$ 质物组合的收益率向量 $(R_{1,t}, R_{2,t})$，进一步据式(2-8)得到质物组合收益率的 n 种情形；④ 按照巴塞尔协议和银监会推荐使用的内部模型法取置信水平为 99%，据式(2-9)最终得到基于 Copula-GARCH 模型的 VaR 值。

接下来，采用经济标准(VaR 预测的准确度)，对不同相关性结构模型进行比较。即检验模型估计风险值对实际损失的覆盖程度，在此采用基于失效率的 Kupiec 检验(1995)，在 5%的显著性水平下，检验统计量为：

$$LR = -2\ln[(1-p)^{T-N}p^N] + 2\ln\{[1-(N/T)]^{T-N}(N/T)^N\} \tag{2-10}$$

式中，T 为回测检验的样本数；N 为例外次数；$p=1-c$，为例外发生的预期概率；若 $LR > 3.841$，说明模型不能无条件覆盖风险。

2.2.4 基于长期风险动态质押率设定的效率损失回测

需要指出的是，以上基于 Copula-GARCH 族模型，对单一交易日的 VaR 进行了预测及预测精度回测，那么上述模型是否存在效率损失呢，也即能否发挥组合风险分散能力？接下来，我们将通过考虑贷款资金成本的动态质押率模型进行效率损失回测。合理的质押率水平在控制风险的同时，亦应尽可能降低效率损失，因此基于风险分散策略下的质物组合的质押率设定也成为融资效率的一个重要指标。在控制风险的同时，质押率越高，则融资效率越高，换言之，资产组合的风险分散策略效果越显著。

根据 He et al(2012) 的研究，银行根据自身的风险偏好水平，综合考虑宏观经济环境、借款企业资信水平以及质物自身的流动性，可以在既定质押期内设置不同风险窗口下的动态质押率，以摆脱从业务层面协调处理产品期限与风险持有期限选择的两难境地。需要指出的是，该文献在未考虑贷款资金成本即利率水平的情况下，仅对单一质物的动态质押率问题展开了研究。基于此，本章提出了考虑贷款资金成本的质物组合的动态质押率问题，即质押率 ω 通过贷款额度(即质物组合的初始价值扣除风险价值以及贷款资金成本)与质物初始价值 V_t 的比值设定。贷款资金成本 $C = V_t\omega(e^{rT}-1)$，其中，T 为风险持有期限；r 为贷款利率。根据业务实践，参照同期贷款基准利率上浮一定比例执行，且采用连续复利计算。贷款额度如下：

$$V_t\omega = V_t - V_t(e^{|VaR(T)|} - 1) - V_t\omega(e^{rT} - 1) \tag{2-11}$$

据此得到质押率：

$$\omega = \frac{2 - e^{|VaR(T)|}}{e^{rT}} \tag{2-12}$$

式中，$VaR(T)$即为风险窗口 T 的 VaR 值，即长期风险预测值。事实上，由于现货质物的流动性较弱，加之从风险发现到风险处置间隔的时间较长，因此银行的风险持有期必然较长，这就导致质押率设定的关键在于长期风险预测。然而长期以来，金融风险管理领域更多关注短期风险预测，长期风险预测多是基于时间平方根法则，尽管这一方法依赖于严格的独立正态分布假设，但考虑到质物组合的长期风险预测更为复杂，此处依然运用时间平方根近似计算 $VaR(T)$，解决短期数据频率与长期预测频率匹配难题同时为缓释运用时间平方根法则计算长期风险时，未来单一交易日预测的误差对长期风险预测带来的低估或者高估，在此以检验样本内滚动预测的单日 VaR 的均值代替单日 VaR，最终得到长期风险预测的解析式：

$$VaR(T) = VaR(1)\sqrt{T} \tag{2-13}$$

式中，$VaR(1) = \frac{1}{T}\sum_{i=1}^{T} VaR_i(1)$。而作为比较基准的无风险分散下的 $VaR(T)$即为组合内各质物资产的 VaR 值的简单权重相加，即 $VaR(T) = w_1 VaR_1(T) + w_2 VaR_2(T)$。

2.3　实证分析

2.3.1　样本选择及数据分析

样本选择主要基于以下原则：首先，必须是流动性好、用途广，且在实践中备受银行欢迎的质物；其次，有足够的样本数据，且来源可靠，最后尽量选择相关性较弱的质物，以满足银行构建组合分散风险的初衷。考虑到以上几点，以重要的工业原材料——长江现货 1＃铜、长江现货 A00 铝和西本螺纹钢（HRB400，φ16）三种质物（以下，分别简称铜、铝和螺纹钢）的每日交易均价为样本，三者均为相应期货交割的标准品，具有很强的代表性[①]，样本区间为 2005 年 1 月 4 日—2011 年 10 月 31 日，为了避免节假日造成数据伪相关，在此只对三个样本均存在交易的情况做统计，并未做任何插值处理，样本区间内共计 1 657 个样本点，并将前 1 412 个观测值

① 数据来源：上海期货交易所期货月刊，西本新干线，后续章节相同。

作为样本内数据估计模型参数，剩余的 245 个观察值作为样本外数据评价模型效果。

三个样本的对数收益率时间序列和 Kendall 秩相关系数矩阵分别如图 2-1 和表 2-1 所示。观察表 2-1 不难发现，铜和螺纹钢具有较弱的相关性，而铜和铝相关性则相对较强，因此，本章通过构造弱相关组合（铜和螺纹钢）和强相关组合（铜和铝）两组质物组合分别建立 Copula-GARCH 模型以进一步验证模型的有效性。

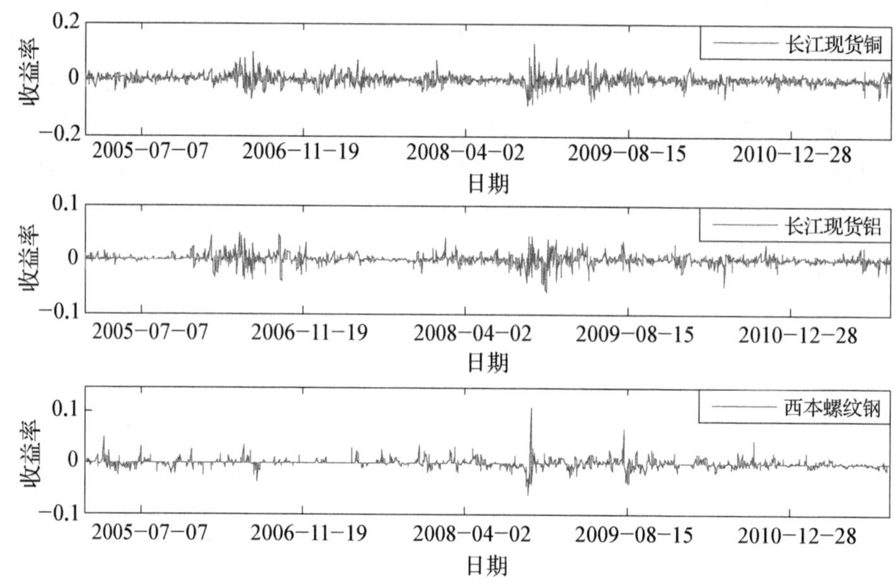

图 2-1 铜、铝以及螺纹钢的对数收益率序列图

表 2-1 铜、铝和螺纹钢三种质物对数收益率的 Kendall 秩相关系数 τ 矩阵

	铜	铝	螺纹钢
铜	1.000 0	0.388 9	0.014 4
铝	0.388 9	1.000 0	0.005 5
螺纹钢	0.014 4	0.005 5	1.000 0

从图 2-1 可以直观地看到，铜、铝以及螺纹钢的对数收益率表现出较为显著的波动集聚特征，而且在 2008 年金融危机前后，这一现象更为显著，这也印证了三者在金融危机中均遭遇大幅跳水。接下来对上述三者样本内的收益率进行详细的统计性描述，如表 2-2 所示，可以发现三者的收益率均存在“尖峰厚尾”这一典型事实（峰度显著大于 3，J-B 正态性检验未通过），而且经过 ADF 单位根检验，在 1% 的水平下拒绝原假设，说明三个样本的对数收益率序列是平稳的，可以对序列进行建模分析。

表 2－2　铜、铝以及螺纹钢的对数收益率描述性统计及 ARCH 效应检验

	铜	铝	螺纹钢
均值	0.000 5	3.09e−06	0.000 1
标准差	0.018 7	0.000 0	0.008 9
偏度	0.129 4	−0.251 5	1.214 4
峰度	7.697 1	8.740 8	29.261 6
J-B Test	1 301.034 0***	1 952.473 0***	40 893.90***
ADF Test	−34.794 3***	−31.259 6***	−25.382 0***
Engle Test			
LM(4)	135.243 2**	283.336 5**	153.847 7**
LM(6)	234.601 1**	296.815 2**	200.309 3**
LM(8)	250.006 8**	299.619 6**	203.378 5**
LM(10)	250.433 2**	314.537 0**	219.279 1**

注：** 表示在 5%的水平下显著，*** 表示在 1%的水平下显著，J-B Test 为正态性检验，ADF 单位根检验为平稳性检验，Engle Test 为 ARCH 效应检验。

最后对样本的对数收益率进行自相关检验和 ARCH 效应检验。其中，运用 Engle LM 检验法对 ARCH 效应检验时，当滞后阶数为 10 阶时，LM(10)仍在 5%的水平下拒绝原假设，表明存在显著的 ARCH 效应，结果如表 2－2 所示。而通过图 2－2 可以发现，样本自相关函数和部分自相关函数确实呈现了相关性，尤其是螺纹钢和铝的收益率呈现出显著的一阶自相关性，铜的收益率在 1 阶、3 阶、4 阶均有较弱的相关性。因此，接下来运用 ARMA-GARCH 族模型对铜和螺纹钢进行条件均值和条件方差建模。

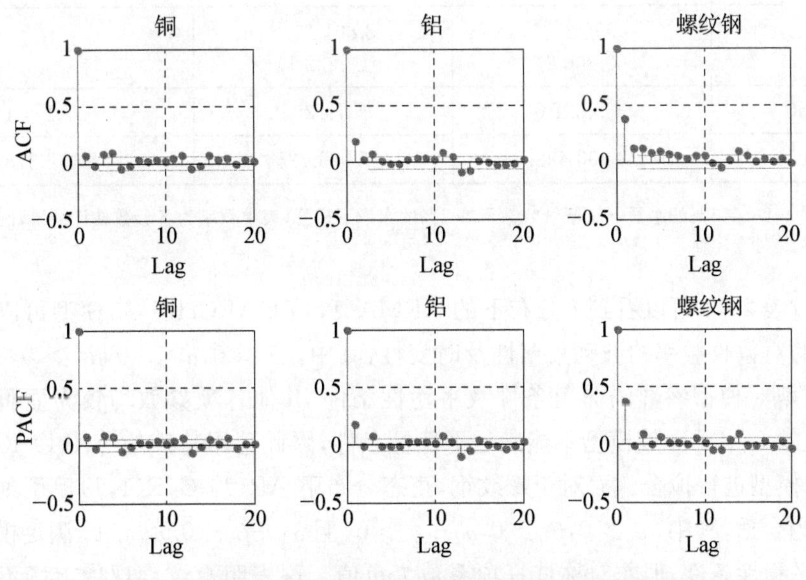

图 2－2　铜、铝以及螺纹钢收益率的自相关和偏自相关图

2.3.2 边缘分布模型估计

综合考虑以上因素，采用 ARMA-GARCH 模型族对铜和螺纹钢的对数收益率进行建模，模型选择依据是在各参数显著的条件下，依据 AIC 准则和似然值的大小选取。因此，虽然铜的对数收益率在 3 阶和 4 阶依然存在自相关(见图 2－2)，但运用 GARCH 模型估计时，其参数并不显著，故条件均值方程应用的是参数显著的 ARMA(1,1)模型。其参数估计结果如表 2－3 所示。

表 2－3 三类现货资产条件均值和条件方差方程的参数估计结果

	铜 ARMA(1,1)-GARCH(1,1)-t	铝 AR(1)-IGARCH(1,1)-t	螺纹钢 AR(1)-GJR(1,1)-N
C	0.001 3** (0.000 5)	—	—
AR(1)	−0.550 9*** (0.212 9)	0.171 9*** (0.021 4)	0.419 6*** (0.039 9)
MA(1)	0.567 1*** (0.211 2)	—	—
ω	9.48E-06*** (0.000 0)	—	5.84E-06*** (0.000 0)
α_1	0.155 9*** (0.025 4)	0.149 7*** (0.009 7)	0.271 7*** (0.018 2)
β_1	0.829 7*** (0.021 9)	0.850 3*** (0.009 7)	0.705 5*** (0.017 3)
γ	—	—	−0.088 1*** (0.022 6)
ν	4.996 2*** (0.800 8)	3.801 1*** (0.222 1)	—
AIC	−5.522 6	−7.125 9	−7.131 1
LLF	3 900.438	5 026.725	5 032.318

注：** 表示在 5%的水平下显著，*** 表示在 1%的水平下显著，表中数字为各参数估计结果，圆括号内为标准误差。

通过表 2－3 可以看到 t 分布下的 ARMA(1,1)-GARCH(1,1)模型可以较好地刻画铜的对数收益率的波动集聚性及时变性，其中，$\omega > 0, \alpha_1 > 0, \beta_1 > 0$，且 $\alpha_1 + \beta_1 < 1$，满足模型参数的非负条件及平稳性条件，其他各项参数均较为显著。对于铝，一般的 GARCH 族模型不能满足平稳性条件，因此运用特殊的 AR(1)-IGARCH(1,1)-t 模型进行拟合。而对于螺纹钢，正态分布下 AR(1)-GJR(1,1)模型刻画其波动率最为合适，其中，$\omega > 0, \beta_1 > 0, \alpha_1 + \gamma > 0$，且 $\alpha_1 + \beta_1 + 0.5\gamma < 1$，满足模型参数非负及平稳性条件，但非对称杠杆项系数为负值。这表明螺纹钢现货市场不同于传

统金融市场表现出较强的杠杆效应，而是与之相反，利空消息对市场的冲击要小于利好消息对市场带来的冲击，但这一现象并不显著。究其原因，一方面由于现货市场的流动性要小于证券期货市场；另一方面，现货市场的参与者更多的是较为理性的且具有真实贸易背景的企业，投机或者非理性的散户投资者较少。

2.3.3　Copula 模型估计

首先将基于 ARMA-GARCH 族模型刻画边缘分布得到的标准残差项，经过概率积分变换为(0,1)均匀分布，绘制散点图，如图 2－3 所示。

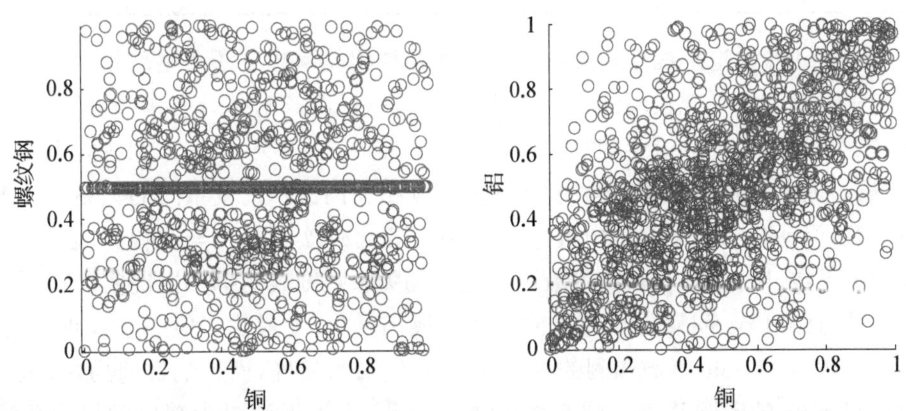

图 2－3　铜和螺纹钢以及铜和铝的收益率的标准残差项经概率积分变换后的散点图

图 2－3 中，铜和螺纹钢的收益率的标准残差项经概率积分变换后的散点图呈无规律分布状态，并无显著的线性相关现象，但在纵轴为 0.5 时，散点图较为密集，这主要是由螺纹钢的交易不活跃，连续几个交易日价格无变化，致使对数收益率为 0 引起的，这也正体现了现货资产与股票、期货等交易活跃的金融资产的区别。与此相比，铜和铝的收益率的标准残差项经概率积分变换后的散点图则表现出显著的正相关。接下来，对 n-Copula，t-Copula，Clayton-Copula，Gumbel-Copula 以及 Frank-Copula 函数进行参数估计，并运用平方欧氏距离进行拟合度检验，结果如表 2－4 和表 2－5 所示。

表 2－4　铜和螺纹钢组合五种 Copula 函数的 Kendall 秩相关系数及与经验 Copula 函数的拟合度

	n-Copula	t-Copula	Frank-Copula	Clayton-Copula	Gumbel-Copula
自由度	—	30.917 8	—	—	—
线性相关系数	−0.025 4	−0.030 5	—	—	—
α	—	—	0.279 5	0.012 4	1.000 0
τ	−0.016 2	−0.019 4	−0.031 0	0.006 2	1.357 5E-06
尾部相关系数	$\lambda_L=\lambda_U=0$	$\lambda_L=\lambda_U=0$	$\lambda_L=\lambda_U=0$	$\lambda_L=5.924\ 8E\text{-}25$	$\lambda_U=1.88\ 9E\text{-}06$
平方欧氏距离	0.017 2	0.018 9	0.032 9	0.008 8	0.009 0

表 2-5 铜和铝组合五种 Copula 函数的 Kendall 秩相关系数及与经验 Copula 函数的拟合度

	n-Copula	t-Copula	Frank-Copula	Clayton-Copula	Gumbel-Copula
自由度	—	6.821 7	—	—	—
线性相关系数	0.559 9	0.672 2	—	—	—
α	—	—	5.394 5	1.342 9	1.764 7
τ	0.378 3	0.469 3	0.480 6	0.401 7	0.433 3
尾部相关系数	$\lambda_L=\lambda_U=0$	$\lambda_L=\lambda_U=0.252\,2$	$\lambda_L=\lambda_U=0$	$\lambda_L=0.596\,8$	$\lambda_U=0.518\,9$
平方欧氏距离	0.038 2	0.238 6	0.494 4	0.291 9	0.203 9

表 2-4 中，无论是线性相关系数、Kendall 秩相关系数 τ 还是尾部相关系数均表明铜与螺纹钢确实呈现较弱的相关性，而从平方欧氏距离对估计 Copula 函数的检验来看，虽然 Clayton-Copula 函数表现最优，但总体而言，五类 Copula 函数并无显著区别，这虽与现有学者大量关于运用 Copula 刻画相关性极强的变量间的关系得到的结论不一致，但针对弱相关的质物组合而言，却也符合现实逻辑。与此相比，表 2-5 中线性相关系数、Kendall 秩相关系数以及尾部相关系数则表明铜和铝确实表现出较强的相关性，且 n-Copula 函数的平方欧氏距离最小，拟合度最优。但进一步研究表明，拟合度最优的 Copula 函数预测的 VaR 值不一定最为精确，而且到目前为止，识别最优拟合 Copula 的问题并未得到有效解决。因此，为了得到更为精确的风险预测结果，分别运用上述五类 Copula 函数通过蒙特卡洛模拟产生 5 组 10 000×2 随机数矩阵 (u,v)，进一步依据模型设定部分阐述的模拟计算过程，得到五类 Copula 函数产生的 5 组 10 000×2 质物组合的收益率向量 $(R_{1,t},R_{2,t})$，从而进一步展开质物组合的 VaR 模拟及其失效率检验。

2.3.4 质物组合短期动态 VaR 模拟及失效率检验

为计算方便，我们假设两组质物组合中质物具有相同的权重，即 $R_{p,t}\approx 0.5R_{1,t}+0.5R_{2,t}$。此外，鉴于样本外预测的结果较之于样本内的结果更加可靠且更具实用性，而且为了避免多期预测带来的不精确问题，此处采取滚动时间窗的样本外预测方法，即首先利用样本内数据（$t=1,2,\cdots,1\,412$），预测样本外第一天（$t=1\,413$）的 VaR，接着，保持估计样本数量不变（$n=1\,412$），将样本向后平行移动 1 个交易日，即运用 $t=2,3\cdots,1\,413$ 的观测值估计 $t=1\,414$ 交易日的 VaR，以此类推，至最后交易日。除此之外，还引入历史模拟法（Hs）和 Risk Metrics 经常使用的 EWMA 模型对质物组合的收益率 R_p 进行 VaR 预测，其中，EWMA 模型中滚动窗口的设定与 Copula 模型保持一致（$n=1\,412$），而考虑到历史模拟法的精确度受样本影响更大，实证研究以及银行实践中在权衡精确性和稳定性后，通常取值 250～750 天（Jorion，2007），在此取 500 天。五类二元 Copula 函数以及历史模拟法和 EWMA 风险预测结果以及回测结果分别如图 2-4 和表 2-6 所示。

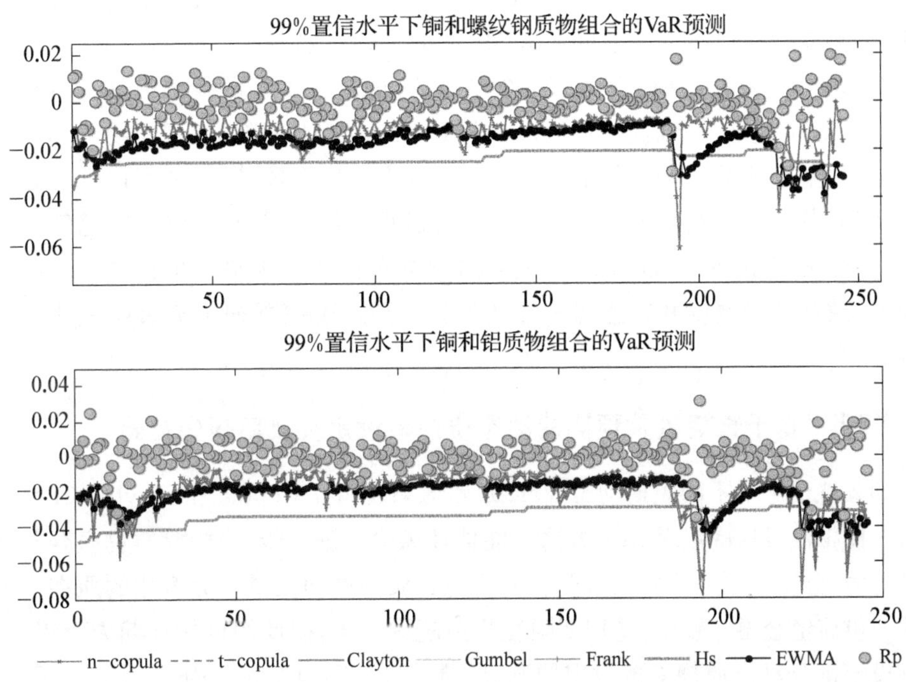

图 2-4　99%置信水平下五种 Copula 函数与历史模拟法、EWMA 预测 VaR 对比

表 2-6　不同模型下 99%置信水平两组质物组合 VaR 回测检验

	铜和螺纹钢组合		铜和铝组合	
	N	*LR*	*N*	*LR*
n-Copula	6	3.700	9	10.499
t-Copula	6	3.700	5	2.060
Clayton-Copula	6	3.700	5	2.060
Gumbel-Copula	6	3.700	8	7.961
Frank-Copula	6	3.700	9	10.499
Hs	4	0.832	4	0.832
EWMA	4	0.832	6	3.700

图 2-4 和表 2-6 清晰地证实，99%的置信水平下，五类 Copula 函数在预测铜和螺纹钢这一弱相关质物组合的 VaR 上并无显著区别，预测值几乎重合，回测检验中例外次数均为 6 次，检验统计量 *LR* 小于 3.841，说明模型有效；而在估计铜和铝这一相关性较强的组合风险时，能够捕捉上下对称尾部相关结构变化的 t-Copula 和能够捕捉下尾变化的 Clayton-Copula，例外次数均为 5 次，*LR* 值小于 3.841，合理地估计了风险，但无法捕捉尾部结构变化的 n-Copula，Frank-Copula 以及仅能捕捉上尾部结构变化的 Gumbel-Copula 无法通过检验，低估了风险。与此相比，实践中

广泛使用的历史模拟法和 EWMA 虽不能详尽刻画质物资产收益率间相关结构的变化，但均能估计风险。上述结果表明，对于持有质物多头头寸的商业银行而言，五类 Copula 函数中能够捕捉尾部损失的 t-Copula 和 Clayton-Copula 具有更高的精度。但与此同时也客观地说明 Copula-GARCH 族模型在详尽展现质物间相关结构的同时，风险预测的整个过程中也面临一定程度的模型风险，一方面以现货方式交易的质物，其收益率在 GARCH 族模型拟合过程中往往需要近似估计，这容易造成误差，而随之 Copula 函数的拟合及对标准残差项的蒙特卡洛模拟将进一步放大上述误差，致使模型精度并未达到非常理想的水平。Weiβ 的研究亦表明上述问题的存在。

2.3.5 基于长期风险预测的动态质押率设定及效率损失检验

99％置信水平下的短期动态 VaR 回测结果表明，*t*-Copula 和 Clayton-Copula 以及历史模拟法(Hs)和 EWMA 方法均能估计风险。进一步，为检验质物组合分散风险的能力，分别运用上述模型对两组质物组合质押率同无风险分散化的质押率进行对比。供应链金融实践中，质押期限往往不超过 1 年，据此假设质押期为 1 年，根据模型设定部分动态质押率的设定原则，风险窗口分别假设为 1 周、2 周、1 个月、2 个月、3 个月、4 个月、5 个月、6 个月、7 个月、8 个月、9 个月、10 个月、11 个月以及 12 个月共计 14 个风险窗口，在此基础上，运用时间平方根法则即式(2－13)实现短期风险预测向长期风险预测的转换，从而同时克服了供应链金融实践中产品期限与风险持有期限选择以及短期数据频率与长期风险预测匹配的两大难题。最后，根据式(2－12)给出各风险窗口下考虑贷款资金成本的质押率，结果如图 2－5 所示。

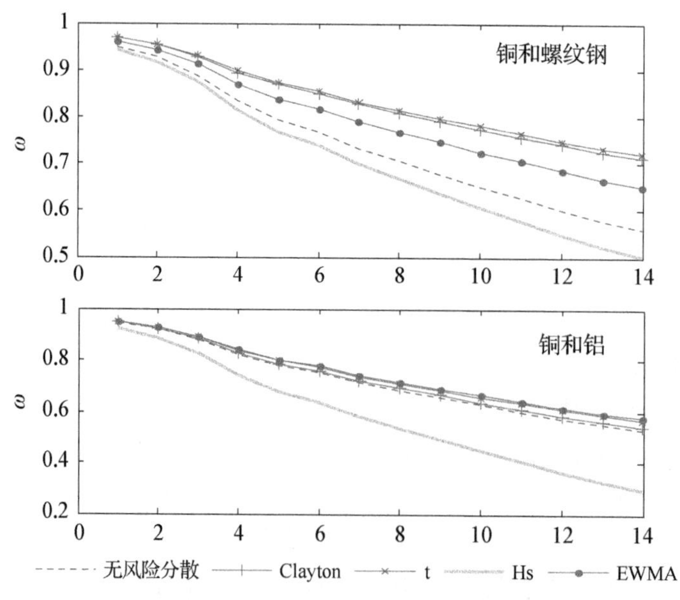

图 2－5　铜和螺纹钢以及铜和铝两组质物组合分散风险效果

通过图 2-5 可以发现，无论是由铜和螺纹钢组成的弱相关组合抑或铜和铝组成的强相关组合，随着风险窗口的变长，质押率均呈下降趋势。进一步，与无风险分散下的 VaR 得到的质押率相比，弱相关质物组合分散风险的能力要强于强相关质物组合，这进一步印证了 Markowitz 的资产组合理论风险分散的内涵，并同时将组合内资产间的相关性越小，风险分散效果越强的结论由线性相关向非线性、尾部相关进行了完善和拓展。具体而言，在弱相关质物组合中，t-Copula 以及 Clayton-Copula 模型风险分散效果最好，融资效率最高（其中 12 个月风险窗口内，相较于无风险分散得到的质押率，融资效率约可以提高 27%），EWMA 次之，历史模拟法最为保守，风险分散能力弱；强相关质物组合中，模型整体分散风险的能力变弱，t-Copula 以及 EWMA 分散风险的效果最好，Clayton-Copula 有所下降，而历史模拟法依然无法起到合理地分散风险效果。因此，总体而言，基于 Copula-GARCH 族模型在刻画组合内资产间的非线性以及尾部相关结构的同时，可以切实改善组合风险分散的效果，尤其是在弱相关性的质物组合中，这为业务实践中选取相关性较弱的质押物构成质物组合提供了决策依据。

2.4　质物资产相关性程度对组合分散风险能力的影响

上述研究表明，当组合内质物种类既定，降低相关系数可以实现风险的有效分散，通过研究相关系数对质物组合风险的影响，可以实现风险限额管理下质物组合的动态优化调整甚至经济资本的配置。相比股票、期货等金融资产完善的数据库，我国现货质物价格数据库尚不完善，从而导致实证研究中往往面临样本数量或种类不足的“小样本”问题，以上仅分别以铜和螺纹钢（弱相关）以及铜和铝（强相关）这两组真实的质物组合为例进行 VaR 预测。为进一步验证模型的普适性，提出新的数据生成过程（Data Generating Process）产生新的样本，对模拟生成不同相关性的质物组合收益率进行拓展研究。由于质物收益率间相关结构仅取决于标准残差项的相关性，简化起见，暂不考虑条件均值的影响，对数收益率公式变为：

$$R_{i,t}=\varepsilon_{i,t}=\sigma_{i,t}z_{i,t}$$

$$\text{Where } z_{i,t}\sim N(0,1) \quad \text{or} \quad \sqrt{\frac{v}{v-2}}z_{i,t}\sim t(v) \tag{2-14}$$

数据生成过程如下：① 根据表 2-3，以铜和螺纹钢的条件波动率作为生成元，得到铜和螺纹钢的条件波动率向量 $(\sigma_{1,t}\ \sigma_{2,t})$，如图 2-6 所示；② 借助于 Copula 函数以及式(2-6)生成不同秩相关系数的随机数矩阵 (u,v)，并通过逆概率变换生成标准残差项的矩阵 $(z_{1,t},z_{2,t})=[F_1^{-1}(u),F_2^{-1}(v)]$；③ 根据式(2-14)得到不同相关性的质物组合收益率 $(R_{1,t},R_{2,t})$。

篇幅所限，加之业务实践中，物流企业和银行更加关注引起极端损失的下尾部结构变化，因此，以能够刻画收益率下尾部结构的 Clayton-Copula 函数为例，分别生成 $\tau=0.2,0.4,0.6,0.8$，四组随机数矩阵（见图 2－7），最终生成四组收益率序列（见图 2－8）。在此基础上，对四组数据建立 Copula-GARCH 族模型，进而预测风险，与此同时引入历史模拟法和 EWMA 模型进行比较和回测。篇幅所限，模型估计以及预测的具体过程不再赘述，在此仅列出不同方法下 VaR 的预测值以及回测检验结果，如图 2－9 和表 2－7 所示。

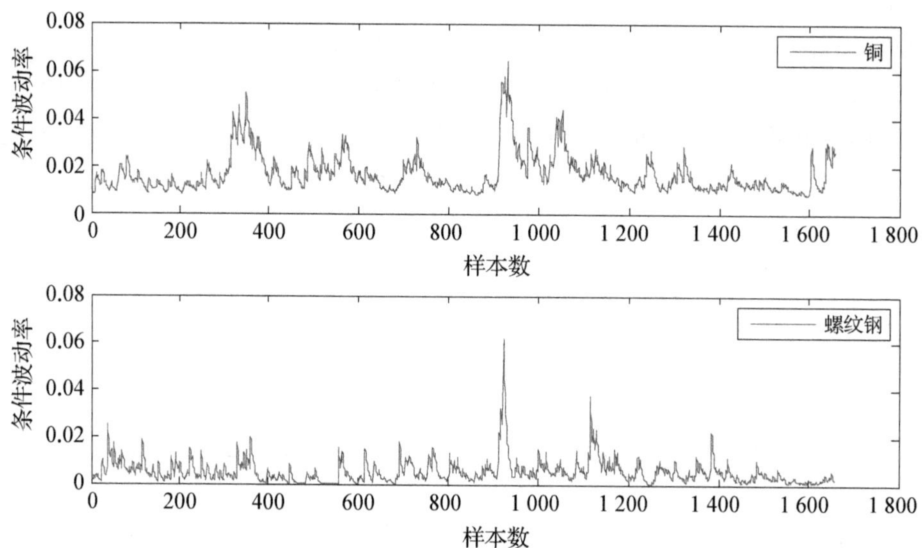

图 2－6　样本区间内铜和螺纹钢对数收益率的条件波动率

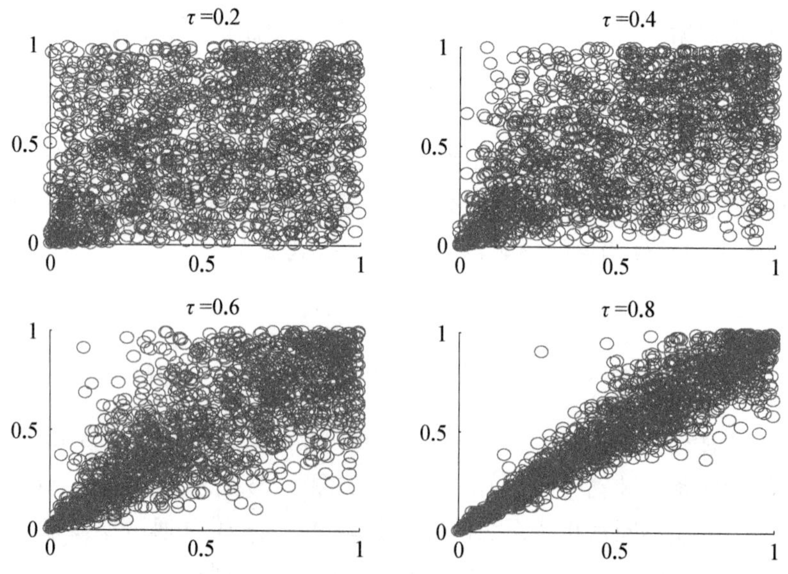

图 2－7　不同秩相关系数下 Clayton-Copula 函数生成的随机数矩阵

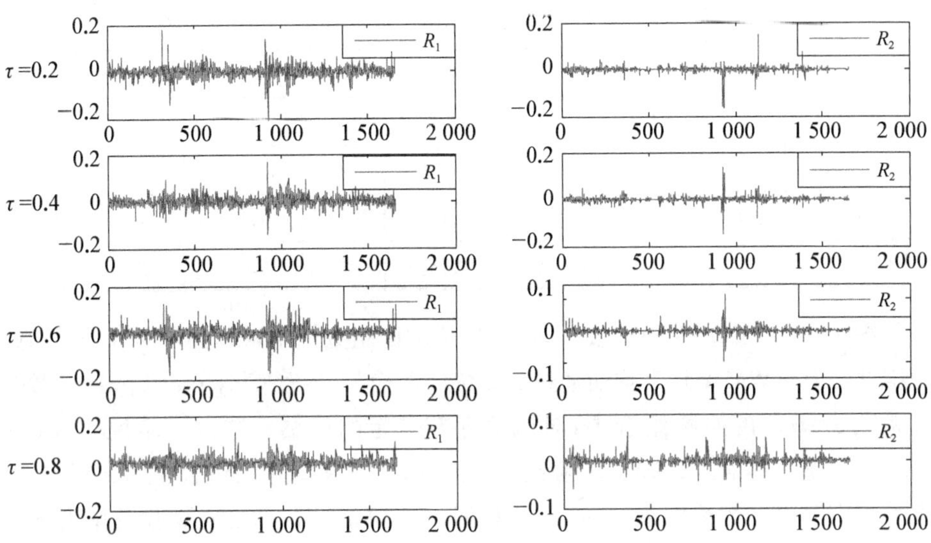

图 2-8　不同秩相关系数模拟生成的收益率序列

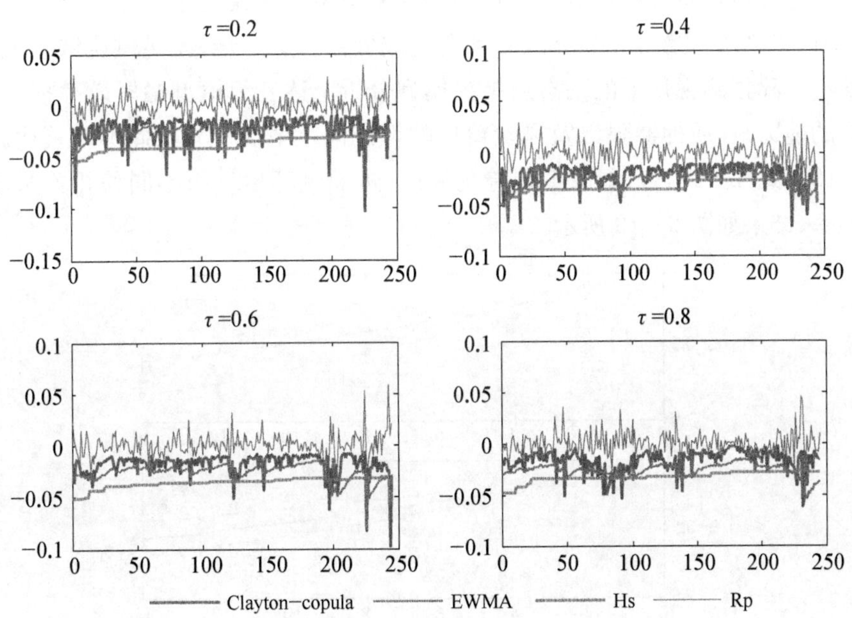

图 2-9　不同秩相关系数模拟生成的质物组合 VaR 预测

表 2-7 不同秩相关系数模拟生成的质物组合 VaR 回测检验

	$\tau=0.2$		$\tau=0.4$		$\tau=0.6$		$\tau=0.8$	
	N	LR	N	LR	N	LR	N	LR
Clayton-Copula	4	0.832	6	3.700	3	0.116 4	10	13.267
Hs	0	—	1	1.116	1	1.116	1	1.116
EWMA	2	0.089	2	0.089	2	0.089	2	0.089

从图 2-9 和表 2-7 可以发现，模拟生成的四组数据中，Clayton-Copula 函数、历史模拟法以及 EWMA 几乎均能通过 LR 统计量检验，尽管 Clayton-Copula 函数在秩相关系数 $\tau=0.8$ 的质物组合中，对风险存在一定的低估。这进一步说明，Copula-GARCH 模型总体而言改善了风险预测的效果，尤其在弱相关组合层面。事实上，每种模型均有其自身的适用条件，Copula-GARCH 模型具有刻画质物收益率尖峰厚尾等非正态的典型事实特征，同时捕捉质物间非线性、非对称以及尾部相关关系的能力，这对于银行构建最优的质物组合，实现风险的有效分散提供了定量决策参考，这是历史模拟法以及 EWMA 模型等传统方法难以比拟的。

如上述分析，Clayton-Copula，Hs 以及 EWMA 三种模型能够估计 $\tau=0.2$，$\tau=0.4$，$\tau=0.6$ 三组质物组合的风险，而不会造成低估。进一步，立足供应链金融实践，通过长期风险预测视角下的动态质押率模型分析上述三组模型融资效率损失（即分散风险的能力）。质押期限以及风险窗口的设定同小节 2.3.5，在此不再赘述。根据式(2-12)、式(2-13)，进行长期风险的测度，进而测算出三组不同秩相关系数组合的质押率，结果如图 2-10 所示。

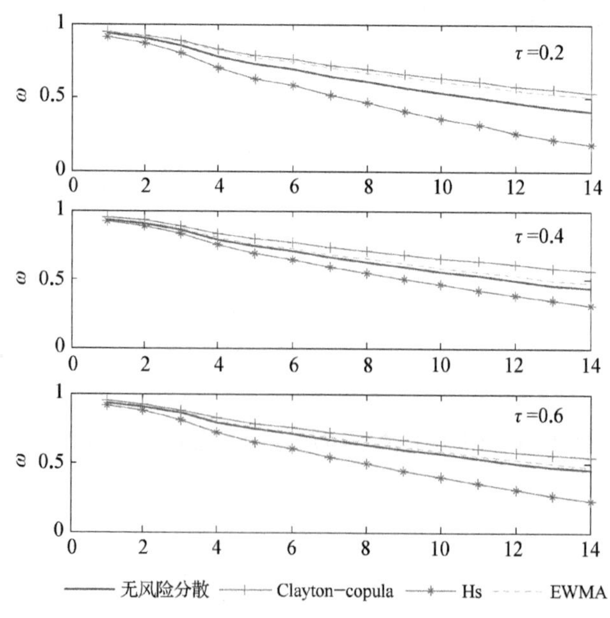

图 2-10 三组模拟质物组合分散风险能力对比

通过图 2－10 可以发现，随着质物组合资产间秩相关性的增强，组合分散风险的能力越来越弱，这进一步证实并拓展了 Markowitz 组合内资产间的相关性（不仅局限于线性相关而是扩展至包括线性、非线性以及尾部等资产全面相关结构）与组合风险分散能力的呈负向相关关系的结论。而且与无风险分散下计算得到的质押率相比，三组质物组合内，Clayton-Copula 模型融资效率损失最低，即分散风险能力最强（以 12 个月风险窗口为例，最大融资效率损失，可以分别改善 31%，29%，20%），其次是 EWMA 模型，而历史模拟法估计风险较为保守，会降低组合分散风险的初衷。这再次证明了基于 Copula-GARCH 族模型的质物组合风险预测模型在预测风险的同时能够切实发挥质物组合分散风险的作用，从而提高融资效率。

2.5　本章小结

基于风险分散策略的思想，建立二元 Copula-GARCH 族模型，分别研究了不同秩相关系数下的两组真实质物组合（铜和螺纹钢以及铜和铝）的对数收益率间的条件相关性，进而运用蒙特卡洛模拟方法进行样本外滚动预测风险值 VaR，引入历史模拟法和 EWMA 方法进行对比，提出一类新的数据生成方法，以铜和螺纹钢的收益率的条件波动率和 Copula 函数生成四组不同秩相关系数的模拟质物组合，解决现货数据匮乏带来的“小样本”问题，以验证模型的普适性，提供了一种混合质押物风险管理的新框架和新模式，实现从业务风险把握到数值模型实现的创新。经过实证分析和回测检验结果显示：

① 组合内质物铜、螺纹钢以及铝的对数收益率均呈现显著的尖峰厚尾、自相关以及波动集聚性。由于现货市场的流动性要小于证券期货市场，加之现货市场的参与者更多的是较为理性且具有真实贸易背景的企业，故而螺纹钢收益率并未表现出金融市场中显著的杠杆效应。② 短期动态 VaR 及其失效率检验表明，与传统的历史模拟法以及 EWMA 相比，能够捕捉质物收益率下尾部相关结构变化的 t-Copula 以及 Clayton-Copula 能够合理地估计两组真实质物组合风险，Clayton-Copula 能够合理估计模拟质物组合风险；进一步，基于长期风险预测且以考虑贷款资金成本动态质押率为指标的融资效率损失检验表明，Copula-GARCH 族模型可以更好地实现质物组合风险分散能力，降低资产秩相关系数，切实提高质物组合分散能力，其中弱相关质物组合（铜和螺纹钢）的风险分散能力可提升 27%。研究印证了 Markowitz 资产组合理论风险分散的内涵，将组合内资产间的相关性越小，风险分散效果越强的结论由线性相关向非线性相关、尾部相关进行了拓展；为克服小样本问题而进行的扩展研究进一步证实了 Copula-GARCH 族模型相较传统模型在刻画质物全面相关结构以及质物组合分散风险能力方面的优势。所得结论为物流企业供应链金融实践中进行质物组合风险的预测进而设定合理的质押率以及风险限额下质物组合的优化提供了理

论和实务依据。

需要指出的是，本章仅仅给出了二元质物组合下长期风险预测的近似解析式，考虑到时间平方根法则的局限性，下一章将研究对象拓展至更具一般意义的多元质物组合，同时引入极值理论等描绘金融资产收益率序列的尖峰厚尾等非正态典型事实，提出更具普适性的长期风险预测方法，对组合内各资产自身的风险大小(波动率)及所占权重等展开深入研究。

第 3 章

基于长期风险预测视角的多元质物组合优化

3.1 引 言

自 Markowitz(1952)提出以均值方差模型为核心的投资组合理论以来,分散化投资已成为最为重要的风险管理策略之一。长期以来,均值方差模型作为现代金融学的基石之一,在实践中被广泛应用,并取得了丰富成果。然而均值方差模型亦存在难以避免的不足:其一,模型中均值和方差是基于历史数据而非未来预测数据,然而历史并不代表未来;其二,均值方差模型是基于收益率左右尾部对称的正态分布,其显然与金融资产收益率广泛存在的尖峰厚尾、自相关、波动集聚性以及非对称性等非正态典型事实不符;其三,均值方差模型只能刻画资产之间的线性相关关系,而对广泛存在的非线性关系尤其是引起极端损失的尾部相关无能为力。上述缺陷的存在必然会对投资组合选择等风险管理决策带来偏差,从而造成损失。正是鉴于此,国内外学者围绕资产组合的选择展开了积极探索。

其中尤需指出的是,Embrechts et al(1999)将可以在不限制各变量条件边缘分布的情况下,刻画多个变量之间的条件相关关系,尤其是尾部相关结构的 Copula 函数首次引入金融风险管理领域,因其参数估计简单,而且可以引入 GARCH 族等条件波动率模型刻画边缘资产收益表现出的波动集聚性和时变性等特征,取得了长足的进展,被广泛应用于资产相关结构的刻画、风险的测度、组合的选择优化以及资本的配置。与此同时,自 20 世纪 90 代中期以来,风险价值 VaR(Value at Risk)得到了广泛的应用,并被巴塞尔委员会以及中国银监会等监管层视为金融风险度量工具的基准。然而,由于 VaR 不满足风险一致性特征的次可加性而备受批评。基于此,比 VaR 更满足风险一致性特征的条件风险值 CVaR(Conditional Value at Risk)的提出,则真正克服了均值方差模型双边风险测度的缺陷,实现了投资者对下尾部损失的准确刻画。Palaro and Hotta(2006)基于 Copula-GARCH 模型分别研究了由 NASDAQ 和 S&P500 两种指数组合的风险,取得了较为理想的结果。Harris and Mazibas(2013)基于 Copula-GARCH 族模型以及均值 CVaR 这类半参数方法,研究了对冲基金动态组合的构建。Boubaker and Nadia(2013)则基于 Copula 方法和均值 CVaR 研究了考虑收益率长记忆特征下的组合优化问题。

与此同时,国内学者对于资产组合的选择优化研究亦是方兴未艾。朱书尚等(2004)分别从理论研究和实践分析角度对投资组合与金融优化领域的成果进行了系统的回顾,并针对我国的实践情况提出了若干值得关注的方向和重点。张尧庭(2002)从理论上论证了Copula在金融风险管理领域应用的可行性,刘志东(2006)提出了基于Copula-GARCH-EVT的混合遗传算法用于资产组合的选择;任先玲、张世英等(2009)则将经典的均值—方差模型拓展至均值-ES(也即条件风险值CVaR)模型以研究资产组合的选择问题,并构造了Copula-APD-GARCH模型来刻画资产的收益率序列及相关结构。周春阳、吴冲锋(2011)则基于GJR-EVT-Copula模型构建了基于预测数据的均值—下偏矩最优投资组合模型,发现其明显优于基于历史数据的均值—下偏矩模型。冯玲等(2012)通过SJC-Copula-CVaR刻画金融市场间不对称的尾部相关性,从而得到资产组合的有效前沿,并证明考虑尾部相关性能够切实改善资产组合的表现。此外,胡利琴等(2009)则将Copula理论用于商业银行风险资本的配置研究。这些研究成果对于运用Copula理论和GARCH族模型研究质物组合的条件相关性和风险测度从而实现质物组合的选择优化具有重要的理论和现实意义。

需要指出的是,上述学者关于投资组合风险的优化研究均是建立在未来短期风险的预测(尤以单一交易日为主)的框架下,而针对长期风险预测的组合的选择以及优化的研究尚属罕见。事实上,与股票、期货等金融资产不同,存货质押业务中的现货质物的流动性较前者弱,导致银行风险持有期延长,因此质物组合选择以及优化的核心在于预测其长期价格风险,其关键技术在于解决:一是业务层面,风险持有期限与金融产品期限的问题;二是模型层面,数据频率与预测频率的问题,即以现有的短期数据样本如何去预测未来长期(多期)的风险,抑或小样本决策问题。

而在长期风险预测领域,能否直接运用低频数据(如周数据、月数据、季数据等)代替高频数据(日数据)进行长期风险的测度呢?事实上,低频数据极易产生样本数据的匮乏,加之现货数据尚不完善的国情,数据匮乏也即“小样本”特征将更加凸显;其二,低频数据与高频数据在统计特征上存在显著差别(如非平稳性、波动集聚性、厚尾等),致使现有用于高频数据分析的模型,往往难以发挥作用。正是基于此,长期风险的预测过程多是通过时间平方根法则实现由短期风险预测向长期风险预测的转换。然而根据波动率的期限结构,无论是短期波动率大于还是小于长期波动率,随着期限的变长,其必将趋向于长期波动率,即存在均值回复趋势,因此在非正态分布下使用时间平方根法则必然会带来长期风险的低估或者高估。因此,亟须寻求一种更为合理的质物组合长期风险预测方法,在满足风险与期望收益等约束条件下,通过事前决策对组合内各质物进行有效配置,从而实现事后组合收益最大,风险最小。

基于以上认识,与现有研究相比,本部分主要做了以下工作,引入Markowitz分散化投资思想，从长期风险预测视角建立多元 Copula-CVaR-EVT 质物组合优化模型，缓释供应链金融实践中单一质物所带来的与日俱增的集中度风险。① 依据物流企业自身风险偏好水平，综合考虑宏观经济环境、借款企业资信水平、质物流动性等，将 He et al(2012)单一质物动态质押率的研究成功推广至质物组合的优化问题，既定质押期内置于多风险窗口下，协调处理业务层面产品期限与风险持有期限也即质物组合的调整期限的问题；② 建立 ARMA-EGARCH-EVT 族模型以及多元 t-Copula 模型，刻画现货质物收益率呈现出的自相关性、“尖峰厚尾”以及波动集聚性等典型事实特征以及质物间的非线性相关结构；③ 异于依赖于独立正态分布的时间平方根法则，借鉴 McNeil(2000)单一资产多期风险预测方法，给出了一类基于蒙特卡洛模拟的质物组合长期风险预测方法，处理短周期数据频率与长周期风险预测频率问题；④ 构建了长期风险预测视角下，物流企业分别采取积极型和保守型两种投资策略下的均值 CVaR 组合优化框架，并引入基于未来模拟收益率的均值方差改进模型作为对比；⑤ 针对风险窗口、置信水平、模拟次数等关键变量以及质物样本长度、质物组合规模进行了敏感性分析，以验证模型的有效性。研究为物流企业基于风险分散的质物组合策略选择与质押率决策提供计量分析依据，亦为其经济资本的配置和监管层集中度风险的监管提供了有益的参考。

3.2　质物组合优化模型

假设物流企业供应链金融实践中，质物资产分为 m 项，其权重为 $\boldsymbol{w}=[w_1,\cdots,w_m]'$，若银行采取保守型的投资策略，则以追求风险最小为前提，该策略下的最优质物组合，即最小风险质物组合的目标函数如下：

$$\begin{gathered}\min \Phi_p(\boldsymbol{w}) \\ \text{s.t} \boldsymbol{w} \geqslant 0, \boldsymbol{w}' 1_m = 1 \end{gathered} \tag{3-1}$$

式中，$\Phi_p(\boldsymbol{w})$ 为质物组合长期风险的测度指标（如 CVaR，标准差等），1_m 为 m 维的全 1 矩阵。而 $\boldsymbol{w} \geqslant 0$，说明质物的权重均大于 0，即资产均为多头头寸，符合当前供应链金融实践，暂不考虑银行在期货市场持有空头头寸实现套期保值的情形。

然而物流企业在开展供应链金融业务中，采取极为保守的被动投资策略并不现实，其往往采取积极型投资策略，在此以单位风险的最大超额收益建立目标函数：

$$\max \frac{E(x_{p,t}) - r_f}{\Phi_p(\boldsymbol{w})} \quad \text{s.t} \boldsymbol{w} \geqslant 0, \boldsymbol{w}' 1_m = 1 \tag{3-2}$$

其中，$x_{p,t}$ 为质物组合收益率，r_f 为无风险收益率，在此设定为银行同期存款利率，即要求质物组合的收益率至少应为银行无风险收益率。事实上，在均值方差优化框架下，该目标函数即为最大夏普比率（Sharp Ratio）的投资组合；同理，对于非正态分布，将测度风险指标替换为能够准确衡量组合下侧风险(Downside Risk)的 CVaR 更为合理，此时所求目标函数变为改进的夏普比率，在此，我们将其定义为 CVaR Ratio(实证研究中，简写为 CR)。

3.2.1 均值 CVaR 框架

如引言所述，被巴塞尔委员会以及中国银监会等监管层视为风险测度基准的 VaR 由于不满足 Artzner(1999)提出的风险一致性测度中的次可加性，在非正态等一般性分布中难以实现风险的合理分散，而且难以准确地刻画尾部损失。作为对 VaR 的一种修正，CVaR 可以被定义为资产(组合)损失 L 超过 VaR 值的条件期望，即 $E[L \mid L > VaR \mid]$，它对资产尾部损失给出了更为确切的估计。鉴于上述分析，本章以比 VaR 更满足风险一致性测度的 CVaR 作为衡量质物组合尾部风险的基准，建立质物组合优化的均值 CVaR 框架。

均值 CVaR 框架下，质物组合的长期风险测度指标 $\Phi_p(\boldsymbol{w}) = \mathrm{CVaR}(\boldsymbol{w})$。参照 Rockafellar & Uryasey(2002)以及 Zhu et al(2009)的研究，假设质物组合内 m 项资产权重 $\boldsymbol{w} = [w_1, \cdots, w_m]'$，则可令 $f(\boldsymbol{w}, \boldsymbol{x}_l) = -\boldsymbol{w}\boldsymbol{x}_l$，即质物组合长期收益率的负值表示其损失，$p(x_l)$ 为质物组合长期收益率 $\boldsymbol{x}_l$ 的概率密度函数，对于既定的质物组合权重 $\boldsymbol{w}$，质物组合的损失 $f(\boldsymbol{w}, \boldsymbol{x}_l)$ 不超过某一阈值 α 的概率可以表示为：

$$\psi(\boldsymbol{w}, \alpha) = \int_{f(\boldsymbol{w}, \boldsymbol{x}l) \leqslant \alpha} p(\boldsymbol{x}_l) \mathrm{d}\boldsymbol{x}_l$$

因此，置信水平 q 下，质物组合的 VaR 可以表示为：

$$VaR_q(\boldsymbol{w}) = \min\{\alpha \in \mathscr{R}: \psi(\boldsymbol{w}, \alpha) \geqslant q\} \tag{3-3}$$

相应的条件风险值 CVaR 可以表示为：

$$\mathrm{CVaR}_q(\boldsymbol{w}) = \frac{1}{1-q} \int_{f(\boldsymbol{w}, \boldsymbol{x}l) \geqslant \mathrm{VaR}_q(\boldsymbol{w})} f(\boldsymbol{w}, \boldsymbol{x}_l) p(\boldsymbol{x}_l) \mathrm{d}\boldsymbol{x}_l \tag{3-4}$$

由于直接按照上述定义，计算 CVaR 非常困难，Rockafellar 和 Uryasey 通过引入某一特殊函数，实现 CVaR 的计算：

$$F_q(\boldsymbol{w}, \alpha) = \alpha + \frac{1}{1-q} \int_{xl \in \mathbf{R}} [f(\boldsymbol{w}, \boldsymbol{x}_l) - \alpha]^+ p(\boldsymbol{x}_l) \mathrm{d}\boldsymbol{x}_l \tag{3-5}$$

式中，$[t]^+ = \max\{t, 0\}$，据此可以得到 $\mathrm{CVaR}_q(\boldsymbol{w}) = \min F_q(\boldsymbol{w}, \alpha)$。

3.2.2 均值方差框架

均值方差框架中，$\Phi_p(\boldsymbol{w}) = \sigma(\boldsymbol{w}) = [\boldsymbol{w}'\boldsymbol{H}\boldsymbol{w}]^{\frac{1}{2}}$，$\boldsymbol{H}$ 为组合内资产收益率的协方差矩阵。需要指出的是，此时的均值方差模型并非基于历史收益率的均值和方差，而是通过 ARMA-EGARCH-EVT 模型以及多元 t-Copula 函数模拟未来的收益率情景进行质物组合的优化，因而，此时均值方差模型为改良的 Markowitz 均值方差模型。当质物组合的收益率服从正态分布时，该优化框架下所得质物组合的有效前沿与均值 CVaR 框架一致（Krokhmal et al，2002）。

3.3 估计方法

与股票、债券以及大宗商品的期货相比，现货交易形态的质物，其收益率表现出更为显著的尖峰厚尾、自相关以及波动的集聚性等典型事实特征。长期以来，多元正态分布的均值方差模型作为资产组合优化的基石，在短期风险框架下，发挥了重要作用。然而供应链金融业务中现货交易的特有属性（弱流动性）决定了长期风险预测框架取代原有的短期风险框架已是必然趋势。该趋势下，若忽略上述非正态典型事实特征，将会带来严重失真，导致投资决策失误，最终带来重大损失。因此，本部分通过引入 ARMA-EGARCH 族模型，以及极值理论刻画质物收益率的非正态典型事实特征，同时引入多元 t - Copula 函数刻画质物间的条件相关结构，以克服均值方差模型只能刻画线性相关结构的局限性。进一步借鉴 McNeil（2000）的单一资产长期风险值的蒙特卡洛模拟方法，提出长期风险预测视角下质物组合的长期风险预测方法。

3.3.1 基于 ARMA-EGARCH(1，1)-EVT 模型的边缘分布确定

1. 条件均值的确定

以对数收益率定义质物 i（$i=1,\cdots m$）每日收益率如下：

$$x_{i,t}=\ln(P_{i,t})-\ln(P_{i,t-1}) \tag{3-6}$$

$$x_{i,t}=\mu_{i,t}+\varepsilon_{i,t}=\mu_{i,t}+\sigma_{i,t}z_{i,t} \tag{3-7}$$

式中，$\mu_{i,t}$ 为条件均值，假设服从自回归 AR(p) 过程或者自回归移动平均模型 ARMA(p,q)，并运用 AIC 准则定阶；$\sigma_{i,t}$ 为条件波动率；$\varepsilon_{i,t}$ 为残差项；$z_{i,t}$ 为新息项（实证研究中，又称之为标准残差项），服从均值为 0、方差为 1 的独立同分布。

2. 条件波动率模型的确定

为了描述质物对数收益率展现出的波动集聚性及时变性，采用金融计量研究中应用最为广泛的 GARCH(1,1) 模型对样本收益率的条件波动率进行建模。

$$\sigma_{i,t}^2=\omega_i+\alpha_{i,1}\varepsilon_{i,t-1}^2+\beta_{i,1}\sigma_{i,t-1}^2 \tag{3-8}$$

式中，模型对参数的非负约束为 $\omega_i>0$，$\alpha_{i,1}\geqslant 0$，$\beta_{i,1}\geqslant 0$，平稳性条件为 $\alpha_{i,1}+\beta_{i,1}\leqslant 1$。然而 GARCH(1,1) 模型存在严格的参数非负限制，而且无法描述金融市场中广泛存在的杠杆效应（Leverage Effects）。因此，在此引入 Nelson（1991）提出的 EGARCH(1,1) 模型来刻画非对称效应。该模型在刻画杠杆效应的同时，克服了其他 GARCH 模型对参数的非负限制，具有更强的刻画金融资产波动的能力，其表达式如下：

$$\log\sigma_{i,t}^{2}=\omega_i+\alpha_i[\mid z_{i,t-1}\mid-E(z_{i,t-1})]+\gamma_i z_{i,t-1}+\beta_i\log\sigma_{i,t-1}^{2} \tag{3-9}$$

式中，γ_i 为非对称杠杆系数。如果 $\gamma_i<0$，表明利空消息对市场造成的波动大于利好消息对市场造成的波动，即存在杠杆效应。

3. 基于极值理论的尾部分布估计

大量实证研究表明，金融资产收益率往往存在显著的尖峰厚尾特征，显然假设标准残差项 $z_{i,t}$ 服从标准正态分布将大大降低风险预测的准确度。进一步研究表明，即使采用能够刻画厚尾特征的 t 分布以及广义误差分布，由于极端波动的小样本特性，也存在低估尾部风险值的可能。基于此，采用伪极大似然估计法（Pseudo-maximum-likelihood Approach, PML）对 ARMA-EGARCH(1,1)估计后，得到样本收益率的标准残差项序列，并引入极值理论刻画收益率的尾部特征。

在此引入基于 POT(Peaks over threshold)模型的广义 Pareto 分布（Generalized Pareto Distribution, GPD）来刻画标准残差项 $z_{i,t}$ 的尾部特征。为便于描述问题，特将标准残差项序列超过某一阈值 u 且小于某一 y 值的条件分布定义如下①：

$$F_u(y)=P\{z-u\leqslant y\mid z>u\}=\frac{F(y+u)-F(u)}{1-F(u)} \tag{3-10}$$

根据极值理论，随着所选阈值的提高，$F_u(y)$ 则逐渐收敛于 GPD 分布：

$$G_{\xi,\beta}(y)=\begin{cases}1-\left(1+\xi\dfrac{y}{\beta}\right)^{-\frac{1}{\xi}}\text{if}\xi\neq 0\\[2ex] 1-\exp\left(-\dfrac{y}{\beta}\right)\text{if}\xi=0\end{cases} \tag{3-11}$$

式中，ξ 是形状参数，β 为尺度参数，$y=z-u$ 为超额损失，u 为阈值。当 $\xi\geqslant 0$ 时，$y\geqslant 0$；当 $\xi<0$ 时，$0\leqslant y\leqslant -\dfrac{\beta}{\xi}$。当 $\xi>0$ 时，$G_{\xi,\beta}(y)$ 服从厚尾的 GPD 分布；当 $\xi<0$ 时，$G_{\xi,\beta}(y)$ 服从薄尾的 GPD 分布；当 $\xi=0$ 时，$G_{\xi,\beta}(y)$ 服从诸如正态分布、gamma 分布等指数分布。

通过上述分析发现，运用 GPD 分布刻画质物收益率的厚尾特征，关键在于阈值 u 的选取，阈值选取过大，则会导致超额数据过少，参数估计的方差过大；相反，阈值选取过小，则会产生有偏的估计量。需要指出的是，到目前为止并未发现一种阈值选取的最优方法。在此，根据样本超额均值函数图，同时结合 Hill 图确定[具体可以参见 Gençay et al(2003)]。阈值确定后，运用极大似然估计法可得到参数 ξ 以及 β 的估计值。据此最终建立 AR(1)-EGARCH(1,1)-EVT 模型的分段分布函数，见式(3-12)。进一步运用半参数方法进行拟合：左右尾部分别运用 GPD 分布进行拟合，中间则运用高斯核密度估计进行拟合。其优势在于，一方面运用非参数方法可以充分利用中间区域的样本；另一方面，运用参数法，即连续的 GPD 分布拟合尾部数据，

① 为在公式中表述方便，本部分用 z 代替 $z_{i,t}$ 表示质物样本的标准残差项序列。

具有超越样本数据的估计能力，从而可以将尾部数据外推，捕捉到极端风险事件。

$$F_z(z)=\begin{cases}\dfrac{N_u^L}{N}(1+\xi^L\dfrac{u^L-z}{\beta^L})^{\frac{-1}{\xi^L}} & z<u^L\\ \Phi(z) & u^L<z<u^R\\ 1-\dfrac{N_u^R}{N}\left(1+\xi^R\dfrac{z-u^R}{\beta^R}\right)^{\frac{-1}{\xi^R}} & z>u^R\end{cases} \tag{3-12}$$

式中，ξ^L，ξ^R 分别为左右尾的形状参数；β^L，β^R 分别为左右尾的尺度参数；u^L，u^R 分别为左右尾部阈值；N_u^L，N_u^R 分别为超过左右尾阈值的样本数。

3.3.2 基于多元 Copula 函数的联合分布确定

如前所述，均值方差框架下，对资产组合联合收益率的分布多是基于多元正态联合分布，其只能刻画质物资产的线性相关结构，对于非线性结构却无能为力。因此，为了更全面地刻画质物资产的相关结构，由 ARMA-EGARCH(1,1)-EVT 模型对多元质物组合的边缘分布建模，得到标准残差项向量 $(z_{1,t},\cdots,z_{m,t})$ 后，根据多元 Copula 函数对其建立模型。

根据 Sklar 定理，将第 2 章中的二元 Copula 函数[式(2-6)]拓展为更为普遍的多元函数形式，其函数表示如下：

$$H(z_{1,t},\cdots,z_{m,t})=C[F_1(z_{1,t}),\cdots,F_m(z_{m,t})] \tag{3-13}$$

式中，H 为多元联合分布函数，$F_i(\cdot)$，$i=1,\cdots,m$ 为边缘分布函数，C 为 Copula 函数。其密度函数如下：

$$\begin{aligned}h(z_{1,t},\cdots,z_{m,t})&=\frac{\partial H(z_{1,t},\cdots,z_{m,t})}{\partial z_{1,t},\cdots,\partial z_{m,t}}\\&=\frac{\partial C(u_1,\cdots,u_m)}{\partial u_1,\cdots,\partial u_m}\times\prod_{i=1}^{m}\frac{\partial F_i(z_{i,t})}{\partial z_{i,t}}\\&=c(u_1,\cdots,u_m)\times\prod_{i=1}^{m}f_i(z_{i,t})\end{aligned} \tag{3-14}$$

式中，$u_i=F_i(z_{i,t})$；$c(u_1,\cdots,u_m)$ 为 Copula 密度函数。

进一步，Copula 函数族中，多元 t-Copula 函数较多元正态 Copula 函数能够更好地刻画收益率的尾部相关结构，因此被广泛应用于多元组合相关结构的刻画。另一方面，Clayton 等阿基米德类 Copula 函数虽然也能刻画收益率的尾部相关结构，但是当维数增加时，其计算任务变得非常复杂和烦琐，因此，实际应用更多局限于二元组合。基于上述分析，选取多元 t-Copula 分布函数刻画质物组合内资产的相关结构。

3.3.3 基于蒙特卡洛模拟的质物组合长期风险预测

长期以来,由于金融市场中逐日盯市制度的存在,短期风险的测度(尤以一天为主)一直是理论界和实务界关注的焦点,而对于长期风险的测度,由于低频数据的匮乏,以及有别于高频数据的统计特征(如非平稳性、波动集聚性不显著等),往往难以直接运用诸如 GARCH 族等适用于高频数据的模型进行建模分析,因此巴塞尔协议等均是以独立正态分布为假设前提的时间平方根法则为计量准则,实现由短期风险向长期风险预测的转换,即:

$$\mathrm{VaR}(T)=\mathrm{VaR}(1)\sqrt{T} \tag{3-15}$$

然而需要指出的是,在有效金融市场这一假设失效的前提下,金融资产的日收益率往往表现出尖峰厚尾、自相关等非正态典型事实特征。根据波动率的期限结构,运用依赖于单日风险预测的时间平方根法则势必会带来风险的低估或高估。为此,Andersen et al(2006),Dowd et al(2004)以及 Kaufmann(2004)均对时间平方根法则进行了不同程度的修正,尤其需要指出的是,Kaufmann(2004)给出了考虑收益率存在一阶自相关时,长期条件波动率的解析式。基于此,He et al(2012)分别给出了考虑质物收益率不相关和存在相关性的长期风险 VaR 解析式,解决单一质物长期风险预测问题。然而需要指出的是,当研究对象由单一质物扩展到多元质物组合时,得到质物组合的长期风险解析式将变得异常困难。

另一方面,作为风险测度基准的 VaR 由于不满足 Artzner 提出的风险一致性测度中的次可加性,在非正态等一般性分布中难以实现风险的合理分散,而且难以准确地刻画尾部损失。鉴于上述分析,本章提出运用蒙特卡洛模拟求解质物组合长期风险值的方法,并以比 VaR 更满足风险一致性测度的 CVaR 作为衡量质物组合尾部风险的基准。

事实上,McNeil et al(2000)运用蒙特卡洛模拟方法求解单一资产的长期风险预测问题,其结论表明,运用蒙特卡洛模拟方法得到的风险值确实优于运用时间平方根法则得到的风险值。因此长期风险预测的关键在于实现基于高频数据的短期风险预测向长期风险预测的转换。即首先通过 ARMA-EGARCH(1,1)-EVT 模型估计未来 T 个交易日各质物资产的收益率 $(x_{i,t+1},x_{i,t+2},\cdots,x_{i,t+T})$,进而根据对数收益率的可加性,得到质物资产的长期收益率 $x_{i,l}=x_{i,t+1}+\cdots+x_{i,t+T}$。该方法克服了直接运用低频数据建模和直接运用时间平方根法则的缺陷,使得能够运用 ARMA(1,1)-EGARCH-EVT 等模型实现对现有高频收益率表现出的尖峰厚尾、自相关、波动集聚性等典型事实特征进行准确刻画,进而通过多元 t-Copula 函数和蒙特卡洛模拟方法实现质物组合长期风险的预测。

基于上述分析,具体模拟过程如下:① 根据多元 t-Copula 函数,据式(3-13)、式(3-14),通过蒙特卡洛模拟 n 次,产生相依的 $T\times n\times m$ 伪随机数矩阵 $\boldsymbol{u}$;② 根据标

准残差项 $z_{i,t}$ 所服从的分布，将上述伪随机数进行逆概率转换得到标准残差项的随机数矩阵 $\boldsymbol{z}$；③ 将上述随机数代入公式 $x_{i,t}=\mu_{i,t}+\sigma_{i,t}z_{i,t}$，经矩阵变换最终得到 $T\times m\times n$ 质物组合的收益率矩阵 $\boldsymbol{x}$；④ 根据对数收益率的可加性，得到未来 T 交易日的 $m\times n$ 的质物组合长期收益率矩阵 $\boldsymbol{x}_l=\sum_{j=1}^{T}\boldsymbol{x}_{i,t+j}$，同时为避免利用对数收益率计算质物组合长期风险时产生的误差，在此将其转化为算数收益率矩阵 $\boldsymbol{R}$，其中 $\boldsymbol{R}=e^{(X_l)}-1$；⑤ 根据质物组合中各质物资产在未来风险窗口（$T$ 个交易日）内各种情景的收益率，按照巴塞尔协议和银监会推荐使用的内部模型法取置信水平为 99%，对于指定的决策变量即质物组合权重 $\boldsymbol{w}$，得到质物组合收益率在未来各种情景下的分布函数，进而计算出质物组合的风险指标 CVaR 值。

3.4　实证分析

3.4.1　样本选择及数据统计特征分析

样本选择主要基于以下原则：首先，必须是流动性好、用途广，且在实践中备受银行欢迎的质物；其次，有足够的样本数据，且来源可靠；最后，尽量选择相关性较弱的质物，以满足银行构建组合分散风险的初衷。考虑到以上几点，以重要的工业原材料——长江现货 1＃铜、长江现货 A00 铝、广州黄埔 180CST 燃料油、螺纹钢（HRB400，φ16）四种质物（以下分别简称铜、铝、燃料油以及螺纹钢）的每日交易均价为样本，四者均为相应期货交割的标准品，且横跨有色金属、石油化工、钢铁三大板块，能够实现风险的合理分散，具有很强的代表性，样本区间选自 2005 年 1 月 4 日—2012 年 7 月 31 日，该区间内包含 2008 年金融危机大宗商品跳水行情，对于极端风险的研究具有较好的代表性，如图 3－1 和图 3－2 所示。进一步，为了避免节假日造成数据伪相关，在此只对四个样本均存在交易的情况做统计，并未做任何插值处理，样本区间内共计 1 781 个样本点。

四组样本对数收益率序列的统计特征如表 3－1 所示。通过图 3－1、图 3－2 以及表 3－1 不难发现，四组样本在 2008 年下半年确实呈现出大幅跳水，表 3－1 中峰度、偏度以及 J-B 正态检验值说明四组收益率均呈现出显著的尖峰厚尾性，且出现一定程度的左偏，说明四组样本更容易出现极端损失。根据 ARCH-LM 检验结果，同时结合图 3－2 以及图 3－3 可以发现样本收益率均存在显著的波动集聚性和自相关特征。进一步，ADF 检验表明，四组序列均是平稳的，可以对四组收益率序列进行建模分析。另外，表 3－2 中给出四组质物收益率序列的线性相关系数矩阵以及全面刻画相关结构的秩相关系数矩阵，通过二者，不难发现组合内铜和铝同属有色金属，相关性较强，其他质物间均是较弱的相关性，进一步说明了样本选取的有效性。

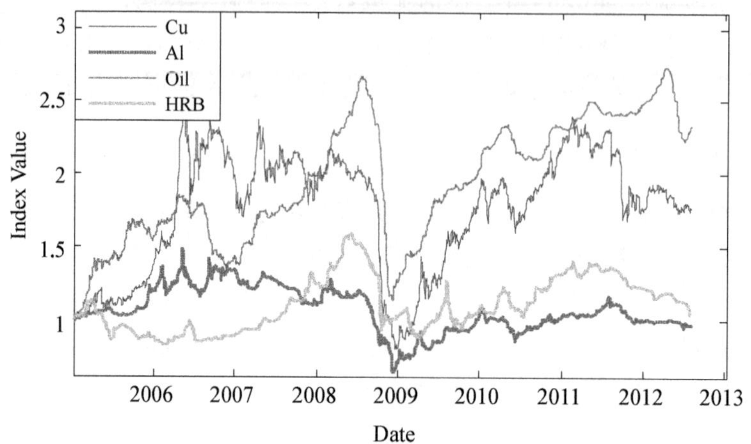

图 3-1 质物内四组样本的相对价格指数

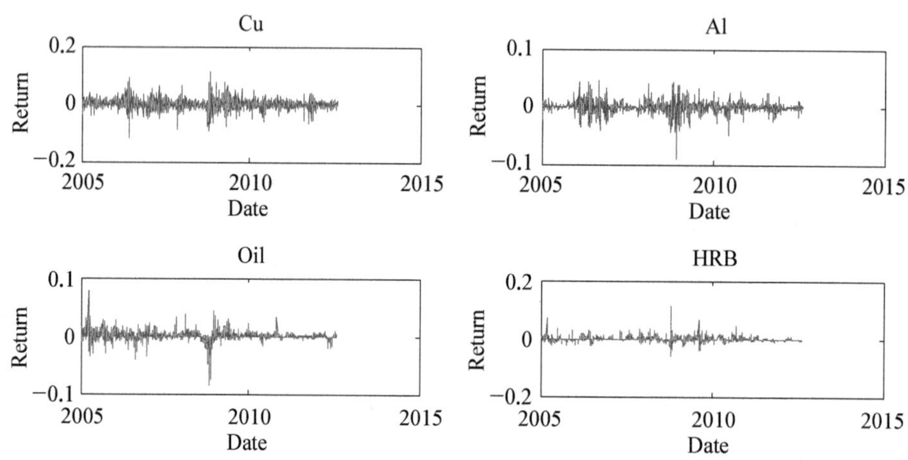

图 3-2 质物组合四组各样本的对数收益率序列

表 3-1 四组样本对数收益率的基本统计特征

	铜	铝	燃料油	螺纹钢
均值	3.21e-04	−1.86e-05	4.76e-04	2.57e-05
标准差	0.017 8	0.009 5	0.008 0	0.008 2
偏度	−0.252 8	−0.596 9	−0.833 4	1.393 9
峰度	8.656 7	13.296 0	25.819 6	35.121 9
J-B test	2 392.129***	7 967.894***	38 827.01***	77 102.71
ADF test	−21.279 6***	−35.243 6***	−8.674 8***	−14.103 3
ARCH-LM(20)	348.712 3***	411.098 7***	344.761 5***	335.016 1***

注：*** 表示在 1%水平下显著。

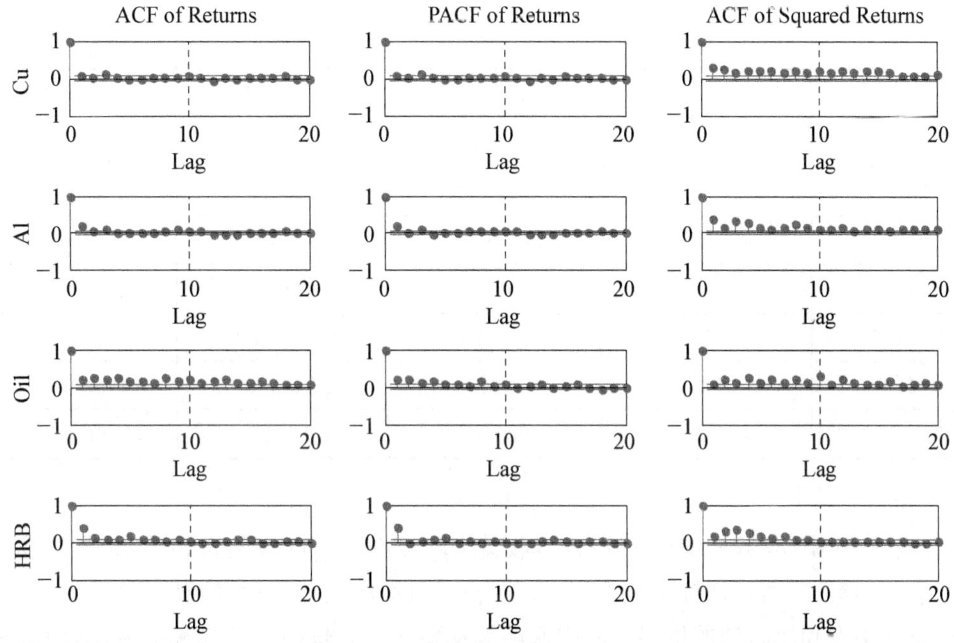

图 3－3　四组样本收益率的自相关检验以及 ARCH 效应检验

表 3－2　四组样本对数收益率的相关系数矩阵

	铜	铝	燃料油	螺纹钢
铜	1.000 0	0.580 6(0.393 2)	0.243 8(0.172 5)	0.032 6(0.021 1)
铝	0.580 6(0.393 3)	1.000 0	0.174 5(0.135 0)	－0.005(0.030 2)
燃料油	0.243 8(0.172 5)	0.174 5(0.135 0)	1.000 0	0.095 2(0.046 7)
螺纹钢	0.032 6(0.021 1)	－0.005 0(0.030 2)	0.095 2(0.046 7)	1.000 0

注：（　）中数值为 Kendall 秩相关系数值 τ。

3.4.2 模型估计结果

1. 基于 ARMA-EGARCH-EVT 质物组合边缘分布估计结果

为了刻画前面分析的四组质物的收益率序列表现出的显著自相关以及波动集聚性，根据 AIC 定阶准则，分别对其建立 AR(1)-EGARCH(1,1)模型，同时运用伪极大似然估计法估计，结果如表 3－3 所示。

表 3-3　四组对数收益率序列的 AR(1)-EGARCH(1,1)的估计结果

	铜	铝	燃料油	螺纹钢
ρ_i	0.048 8*	0.179 6***	0.233 6***	0.459 6***
ω_i	−0.418 9***	−0.658 6***	−0.357 9***	−1.596 0***
α_i	0.242 0***	0.409 0***	0.260 3***	0.348 8***
λ_i	−0.046 7***	0.064 7***	−0.003 5*	0.094 7***
β_i	0.971 2***	0.962 1***	0.981 9***	0.862 7***
AIC	−5.577 0	−7.18	−7.554 7	−7.400 0
D-W	1.954 5	2.000	2.159 5	2.090 7
ARCH-LM(20)	16.526 8***	6.920 3***	16.163 5***	3.600 5***

注：*、**、*** 分别表示在 10%,5%,1%水平下显著。

表 3-3 中,参数 ρ_i 表明四组样本收益率均存在显著的一阶自相关,尤其是螺纹钢、铝和燃料油,而且杠杆系数 λ_i 表明,铜和燃料油的收益率存在较弱程度的杠杆效应,而其中铜和燃料油的价格下跌引起的波动要大于其价格上涨带来的波动,而铝和螺纹钢则表现出相反的杠杆效应。图 3-1 中,铜和燃料油在金融危机中跌幅更大,也一定程度上证明了二者的杠杆效应较铝和螺纹钢更显著。进一步,其他参数均较为显著,而且 AIC 值较为合理,一阶自相关统计量 D-W 值接近于 2,滞后 20 阶的 ARCH 效应均在 1%的水平下显著,说明 AR(1)-EGARCH(1,1)已经近似消除了四组质物收益率的一阶自相关性和 ARCH 效应,通过模型得到的标准残差项序列可以近似地将其假设为独立同分布。然而图 3-4 中标准残差项与标准正态分布的 QQ 图表现出的厚尾特征,则充分证实该方法将标准残差项假设为正态分布,显然并不符合现实。因此接下来刻画四组质物标准残差项的尾部分布。

极值理论中,运用 GPD 分布刻画残差项序列尾部特征,关键在于阈值的选取。为了选取合适的阈值,在此采取由超额均值函数以及 Hill 图共同决定。图 3-5 和图 3-6 分别给出了四组质物标准残差项序列的超额均值函数(MEF)图以及 Hill 图①。在超额均值函数图中,以其切线由平行横轴逐渐转为与横轴有正向夹角时,即斜率为正时,为阈值的参考值。Hill 图中,以三条线逐渐重合的横轴位置为阈值参考值。根据以上规则,分别选取四组质物样本左右尾部阈值,如表 3-4 所示。

① 需要指出的是,四组质物左尾尾部的超额均值函数图以及 Hill 图中,以标准残差项的负值序列作为检验样本,致使图 3-5 以及图 3-6 中左尾的阈值均为正值。

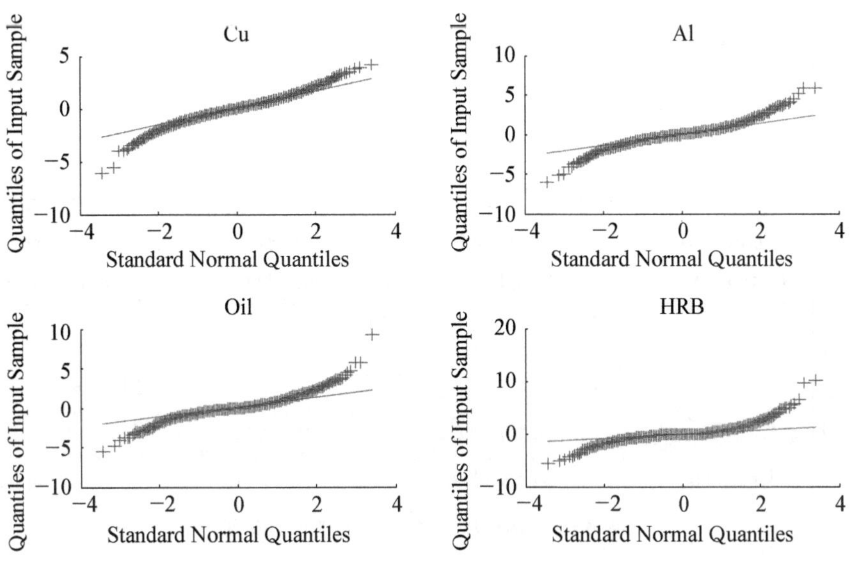

图 3-4　四组样本标准残差项的 QQ 图

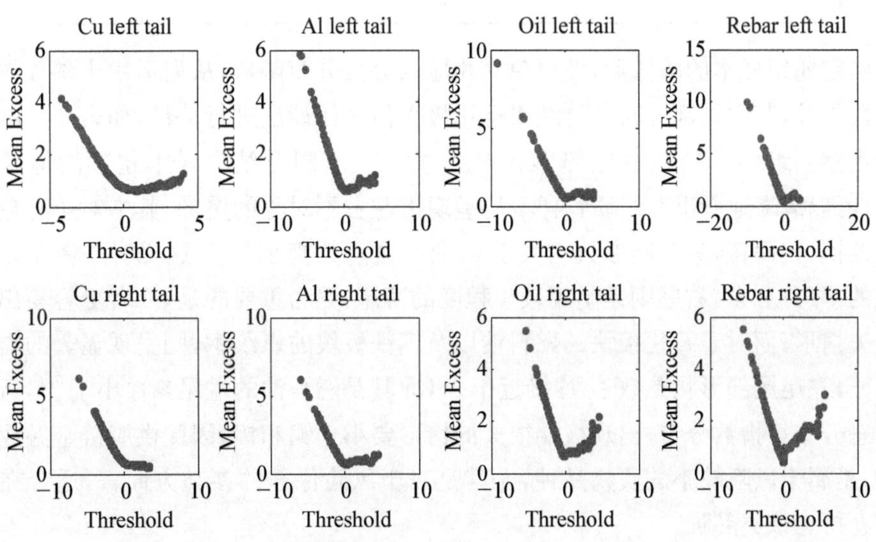

图 3-5　四组样本收益率序列的超额均值函数图

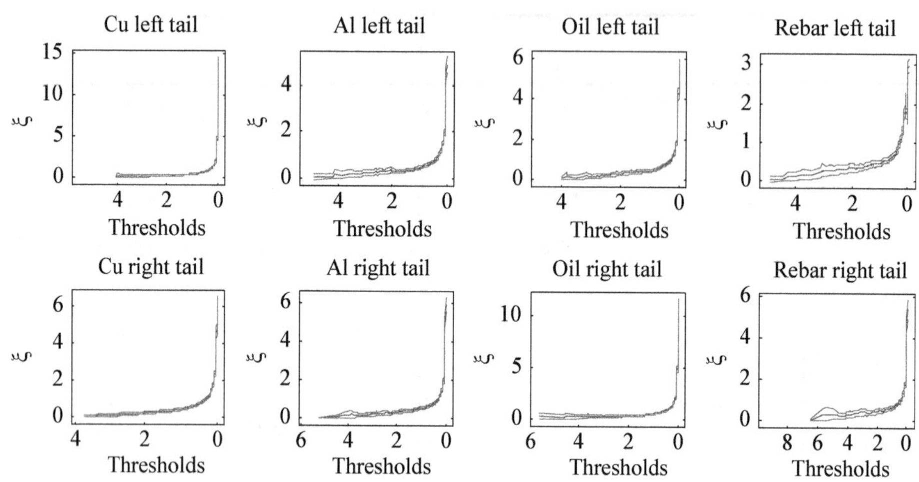

图 3-6 四组样本收益率序列的 Hill 图

表 3-4 四组质物样本的标准残差项 GPD 分布的阈值估计结果

阈值 u	铜	铝	燃料油	螺纹钢
左尾	−1.643	−1.518	−1.390	−1.329
右尾	1.627	1.660	1.722	1.548

确定四组样本的阈值后，便可建立相应的分段分布函数，从而运用半参数方法进行分段估计，其中尾部分布估计结果运用极大似然估计法进行估计，如表 3-5 所示。通过观察四组样本的左右尾部形状参数 ξ^L，ξ^R。同时结合样本超额均值函数图 3-5，可以清晰地看出四组质物样本均呈现出左右不对称的尾部，其中对于有色金属板块的铜、铝而言，其左尾参数均大于 0，而右尾参数则小于 0，这说明二者左尾服从厚尾的 GPD 分布，右尾则是呈现较小程度的薄尾，更为重要的是，二者更容易出现极端损失情形；而对于石化板块的燃料油以及钢铁板块的螺纹钢，则呈现显著的右尾厚尾特征，左尾尾部形状参数 ξ^L 均接近于 0，(尤其是燃料油的左尾参数小于 0)，近似服从正态分布等指数分布，出现极端损失的情形要小于铜和铝，因此供应链金融业务实践中，是属于风险较小的质物品种，尤其是对于风险保守的参与方而言，适合在组合中重仓持有该类品种。

表 3-5 四组质物样本的标准残差项 GPD 分布参数估计结果

		铜	铝	燃料油	螺纹钢
左尾	ξ^L	0.146 8	0.201 4	−0.019 4	0.043 3
	β^L	0.598 6	0.595 7	0.834 7	0.823 9
右尾	ξ^R	−0.114 5	−0.036 1	0.189 4	0.241 7
	β^R	0.733 6	0.942 3	0.708 5	0.917 3

为了检验 GPD 分布对四组质物样本标准残差项左右尾部的刻画精度，图 3 - 7 至图 3 - 10 分别给出了四组质物 GPD 分布的拟合效果图，并引入正态分布以及 t 分布进行比较。不难发现，相较正态分布和 t 分布，GPD 分布对四组质物样本左右尾部的经验分布拟合效果最好。进一步从图 3 - 7、图 3 - 8 可以看出 GPD 分布与 t 分布在尾部有重合趋势，而且远在正态分布之上，这进一步证实了铜和铝标准残差项左尾的厚尾特征；另一方面，从图 3 - 9、图 3 - 10 可以看出经验分布和 GPD 分布位于 t 分布之下、正态分布之上，再次证实了燃料油以及螺纹钢左尾的薄尾特征。

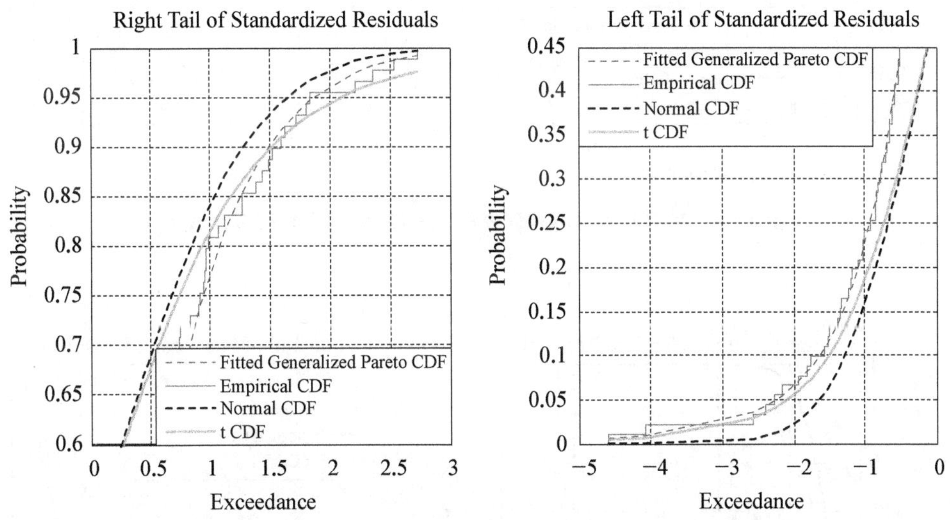

图 3 - 7　铜的标准残差序列左右尾部 GPD 分布拟合效果

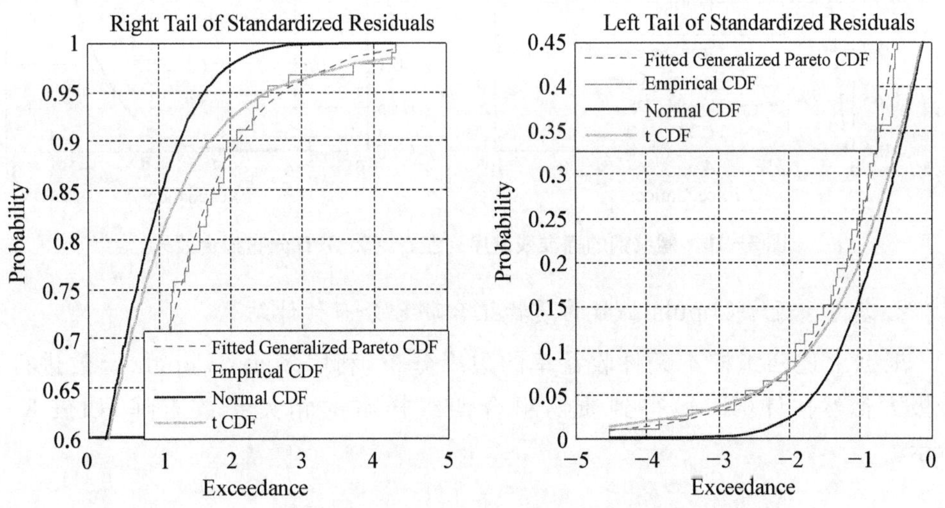

图 3 - 8　铝的标准残差序列左右尾部 GPD 分布拟合效果

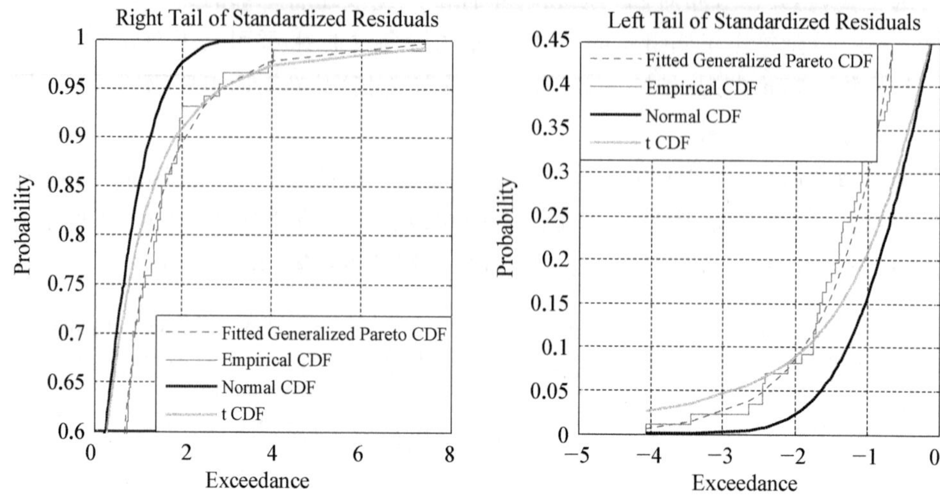

图 3-9　燃料油的标准残差序列左右尾部 GPD 分布拟合效果

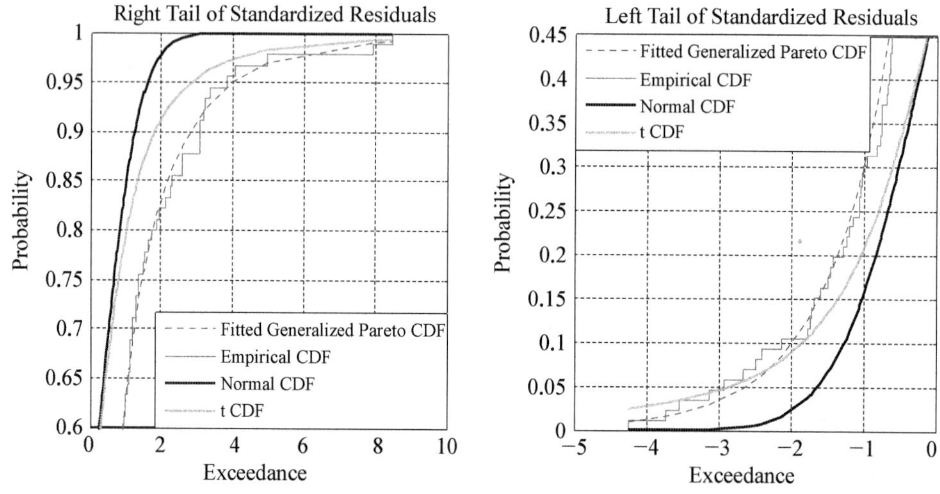

图 3-10　螺纹钢的标准残差序列左右尾部 GPD 分布拟合效果

2. 基于多元 t-Copula 函数的质物组合联合分布估计结果

根据上述四组样本条件收益率的边缘分布，利用多元 t-Copula 函数进行两步极大似然估计（IFM）得到质物组合四组样本的相关系数矩阵，如表 3-6 所示。

表 3-6　t-Copula 函数估计的四组样本标准残差项相关系数矩阵(自由度:16.058 1)

	铜	铝	燃料油	螺纹钢
铜	1.000 0	0.586 7(0.399 1)	0.283 6(0.183 1)	0.029 3(0.018 6)
铝	0.586 7(0.399 1)	1.000 0	0.197 8(0.126 8)	0.020 3(0.012 9)
燃料油	0.283 6(0.183 1)	0.197 8(0.126 8)	1.000 0	0.058 5(0.037 3)
螺纹钢	0.029 3(0.018 6)	0.020 3(0.012 9)	0.058 5(0.037 3)	1.000 0

注:()中数值为 Kendall 秩相关系数值 τ。

3.4.3　基于蒙特卡洛模拟的质物组合长期风险预测

质物组合投资决策中,作为长期风险预测的关键变量——风险窗口实际上亦为组合投资策略的动态调整期限,由物流企业自身的风险偏好、交易对手的资信状况、质物本身的流动性以及供应链的整体运营状况等因素共同决定。进一步而言,大数据时代背景下,随着线上供应链金融的快速推进,将使得以现货交易为主的供应链金融业务日益规范化发展,质物的流动性将得到进一步改善,最终使得风险窗口将日益缩短。综合考虑上述因素,我们选择风险窗口 T 为 1 日、1 周、2 周、1 个月以及 3 个月的情况下进行分析。

根据多元 t-Copula 函数的模型估计结果(见表 3-6),按照前述模拟过程分别模拟四组质物样本未来 T 个交易日对数收益率路径 $x_{i,t+1},\cdots x_{i,t+T}$ 10 000 次[①],根据对数收益率的可加性,得到未来 T 个交易日的长期对数收益率 $\sum_{j=1}^{T} x_{i,t+j}$,即得到 4×10 000质物组合长期对数收益率矩阵 $\boldsymbol{x}_l$,进一步将其转化为算数收益率矩阵 $\boldsymbol{R}$。为了保证算数收益率的平稳性收敛的性质,以求得组合的有效前沿,模拟中设置其范围为[-100%,100%]。现实中,即使考虑质物价格的暴涨暴跌行为,其算数收益率超出该范围的可能性也近乎为 0。以 2008 年金融危机为例,质物价格最大跌幅仅为 50%;另一方面,质物价格短期翻倍的可能性亦不存在,若模拟中出现算数收益率超出该范围时,分别取值为±100%,这既保证了数据的平稳收敛,亦兼顾了模拟中极端情景的出现。进一步,根据置信水平,求得不同风险窗口内的标准差以及 CVaR 值。

3.4.4　投资组合的优化结果

根据物流企业在采取积极型投资策略和保守型投资策略质物组合不同的优化目标函数,在均值 CVaR 以及均值方差两种优化框架下分别模拟得到风险窗口为 1 日、1 周、2 周、1 个月以及 3 个月 5 种不同的风险窗口下质物组合的有效前沿,并分别给

① 关于模拟次数的选择,同时兼顾到运算时间和精确度,后续实证研究表明,当模拟次数为 10 000 以上时,得到质物组合的有效前沿趋于稳定,故选取模拟次数为 10 000。

出了两种投资策略下的最优质物组合的构成，其结果分别如图 3－11 至图 3－15 以及表 3－7 至表 3－10 所示。通过观察可以发现，两种优化框架下，初始质物组合（等权重质物组合）的表现均远远低于有效前沿，这充分说明了进行质物组合优化的必要性。进一步，均值 CVaR 优化框架下，无论是积极投资策略下的最优质物组合中还是保守投资策略下的最小风险质物组合中，燃料油所占比重均最高，这说明燃料油更易取得超额收益，这与前述分析中燃料油的标准差最小、左尾尾部最薄、出现极端损失的可能性最小相一致。

另一方面，为了比较均值方差和均值 CVaR 两种优化框架下得到质物组合的有效前沿，分别计算均值方差框架所得有效前沿上各组合的 CVaR 值，如图 3－16 至 3－20 所示。通过对比，不难发现，通过均值 CVaR 优化框架得到的质物组合有效前沿要优于通过均值方差优化框架得到的质物组合有效前沿。进一步通过对比表 3－7 至表 3－10 中，最大改进夏普比率 CR 来看，两种优化框架的差别并非特别显著，而且随着期望收益—风险的增加，二者趋于重合。究其原因，首先是采取的基于模拟未来收益率情景的均值方差模型得到了较好改进，其次是有效前沿上的各组合中，左尾尾部最薄的燃料油持仓比重最大，使得均值 CVaR 侧重于左尾极端损失的特征未得以充分体现。总体而言，均值 CVaR 的优化框架更具适用性。对具有左尾厚尾等非正态典型特征的组合而言，均值 CVaR 更能准确地反映极端尾部损失；而对厚尾等非正态特征不显著的组合而言，均值 CVaR 至少表现出与改进均值方差模型同样的效果。Krokhmal et al(2002)在其研究中也证明了上述结论。

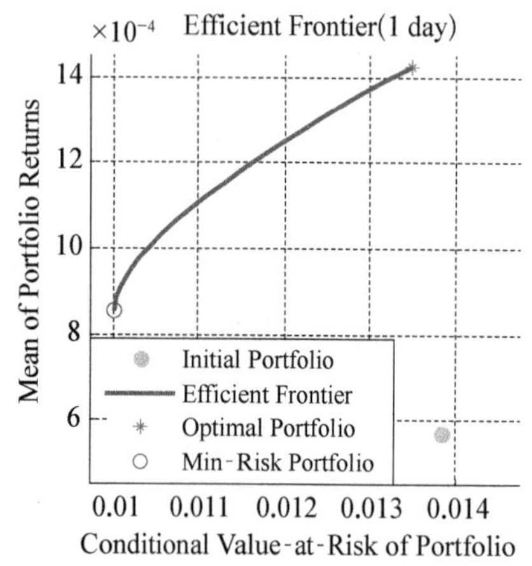

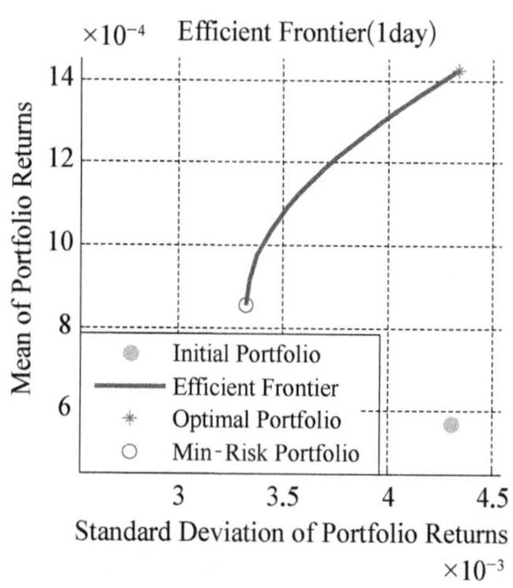

图 3－11　两种优化框架下得到积极型和保守型两种投资策略的最优质物组合(1 日)

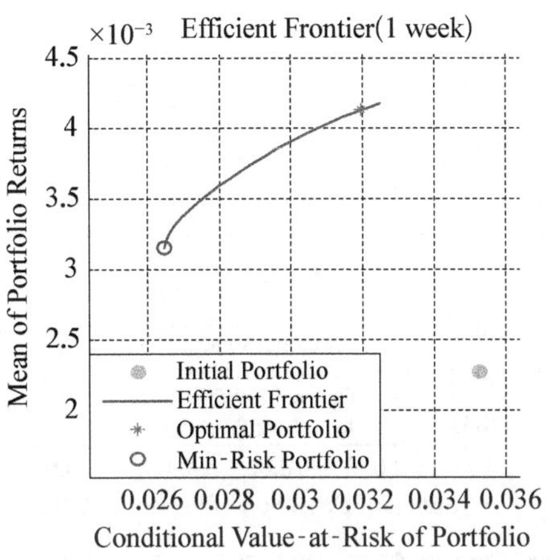

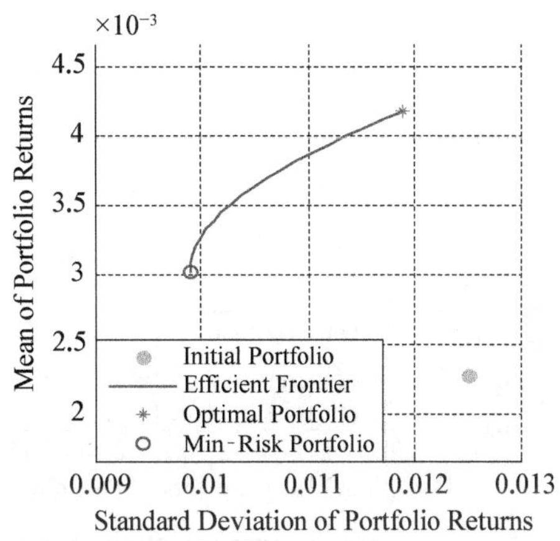

图 3-12　两种优化框架下得到积极型和保守型两种投资策略的最优质物组合(1 周)

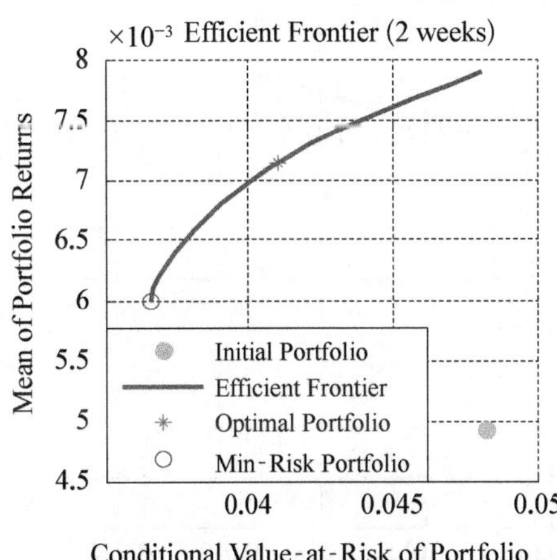

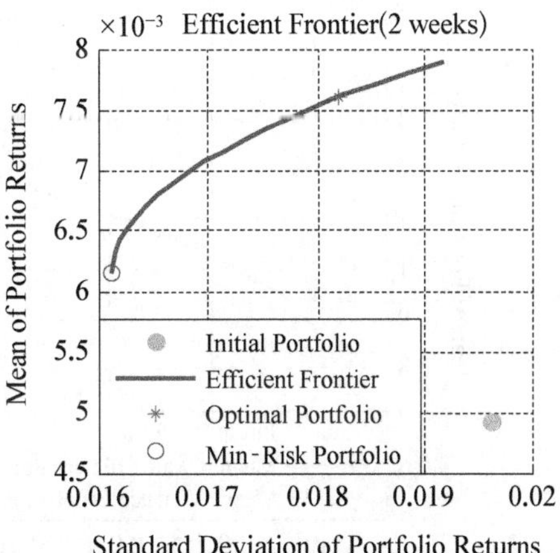

图 3-13　两种优化框架下得到积极型和保守型两种投资策略的最优质物组合(2 周)

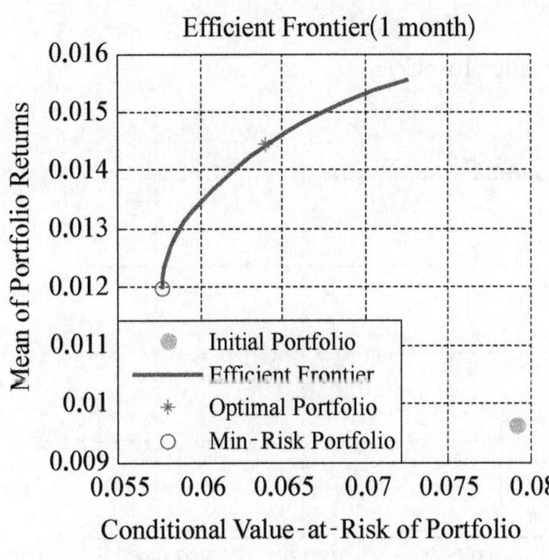

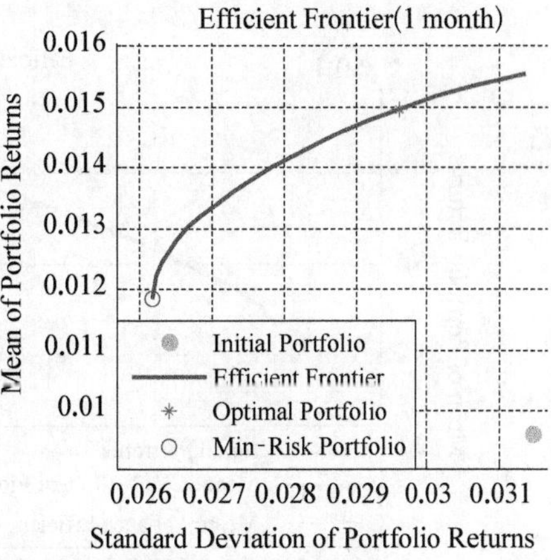

图 3-14　两种优化框架下得到积极型和保守型两种投资策略的最优质物组合(1 个月)

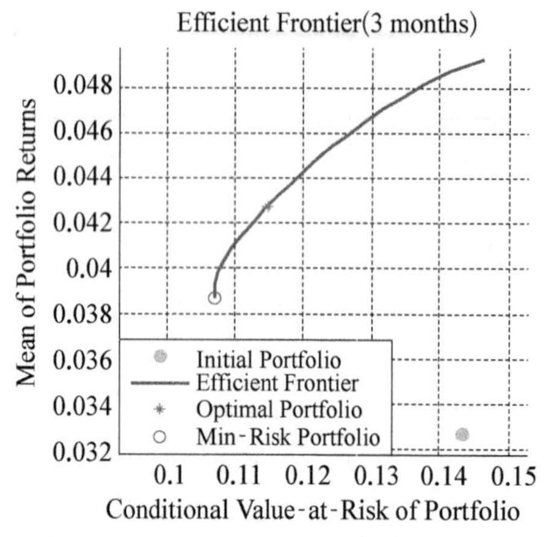

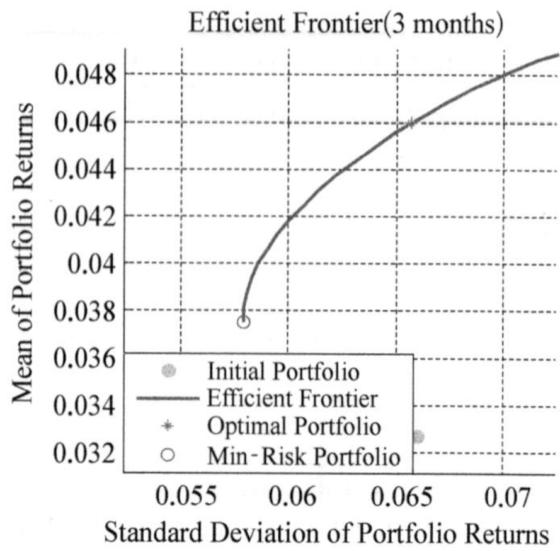

图 3-15　两种优化框架下得到积极型和保守型两种投资策略的最优质物组合(3 个月)

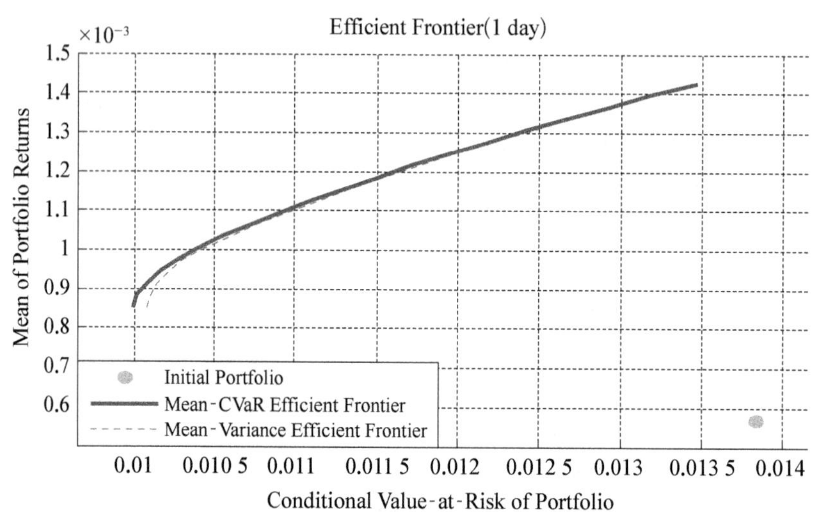

图 3-16　两种质物组合优化框架得到的有效前沿比较(1 日)

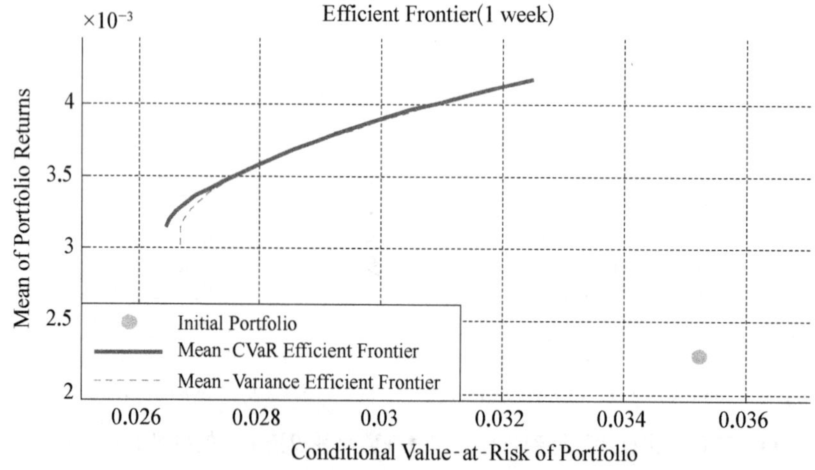

图 3-17　两种质物组合优化框架得到的有效前沿比较(1 周)

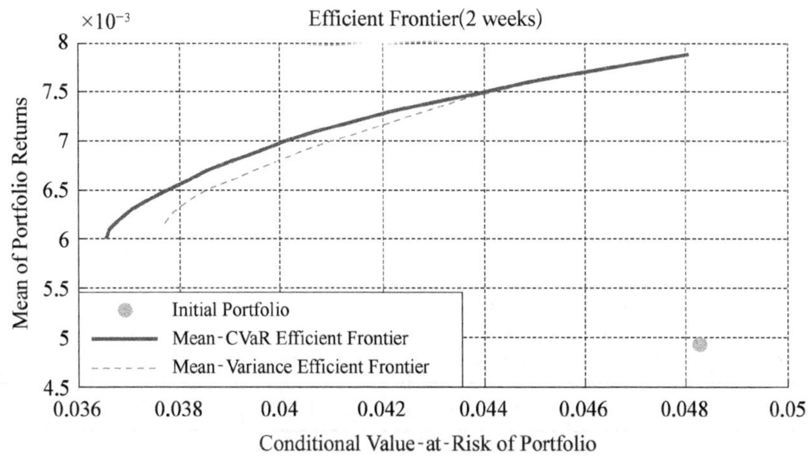

图 3－18　两种质物组合优化框架得到的有效前沿比较(2 周)

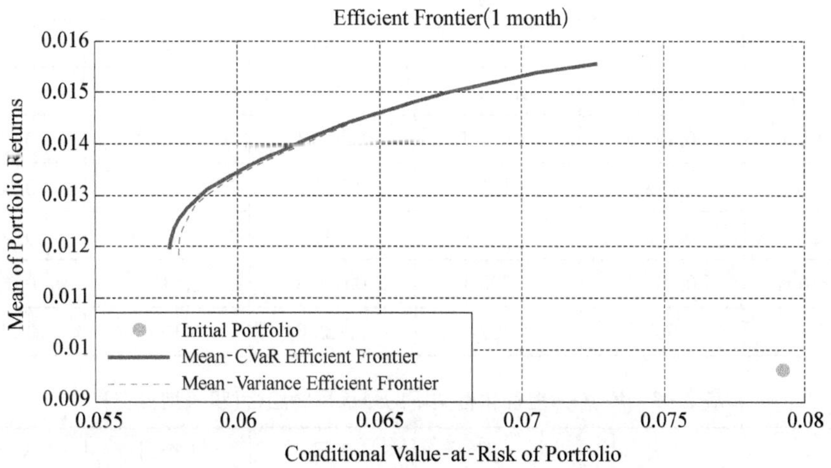

图 3－19　两种质物组合优化框架得到的有效前沿比较(1 个月)

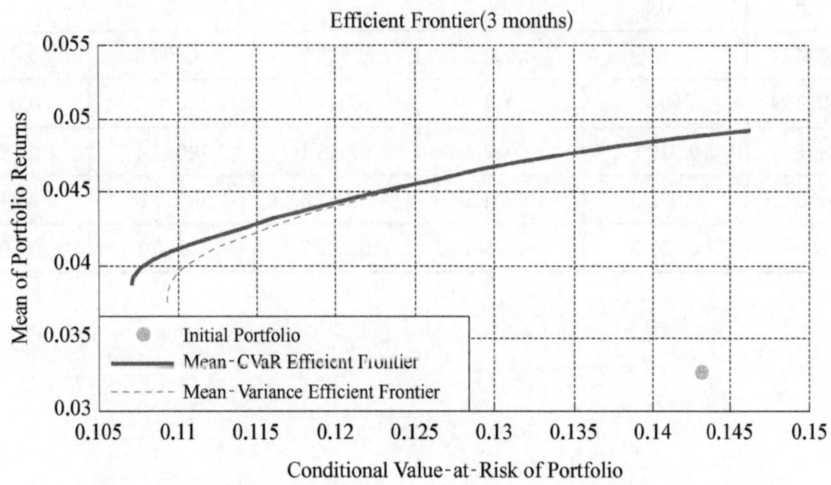

图 3－20　两种质物组合优化框架得到的有效前沿比较(3 个月)

表 3-7 均值-CVaR 优化框架下的最优质物组合(积极型投资)

质物组合		1 日	1 周	2 周	1 个月	3 个月
权重	铜	0	0	0.038 5	0.082 7	0.055 9
	铝	0.011 6	0	0	0	0.130 8
	燃料油	0.988 4	0.983 5	0.802 5	0.830 6	0.730 3
	螺纹钢	0	0.016 5	0.159 0	0.086 6	0.082 9
CVaR		0.013 4	0.032 0	0.041 0	0.064 0	0.114 6
Exp-return		0.001 5	0.004 1	0.007 1	0.014 4	0.042 7
CR		0.102 2	0.107 8	0.141 5	0.180 3	0.297 7

表 3-8 均值-CVaR 优化框架下的最小风险质物组合(保守型投资)

质物组合		1 日	1 周	2 周	1 个月	3 个月
权重	铜	0	0	0.039 6	0.039 6	0.020 9
	铝	0.270 5	0.213 4	0.242 1	0.187 5	0.264 0
	燃料油	0.496 0	0.647 4	0.574 4	0.614 9	0.606 0
	螺纹钢	0.233 5	0.139 1	0.143 9	0.158 0	0.109 1
CVaR		0.009 6	0.026 4	0.036 7	0.057 6	0.107 0
Exp-return		0.000 9	0.003 1	0.005 8	0.012 0	0.038 7
CR		0.080 2	0.092 8	0.122 6	0.158 7	0.281 5

表 3-9 均值-方差优化框架下的最优质物组合(积极型投资)

质物组合		1 日	1 周	2 周	1 个月	3 个月
权重	铜	0	0	0.039 0	0.054 1	0.105 9
	铝	0	0	0	0	0
	燃料油	1	0.998 2	0.916 9	0.905 5	0.816 6
	螺纹钢	0	0.011 8	0.044 1	0.040 4	0.077 5
CVaR		0.013 5	0.032 4	0.045 1	0.067 4	0.127 1
Exp-return		0.001 5	0.004 2	0.007 6	0.015 0	0.046 0
CR		0.101 5	0.109 6	0.139 7	0.180 1	0.294 4

表 3-10　均值-方差优化框架下的最小风险质物组合(保守型投资)

质物组合		1 日	1 周	2 周	1 个月	3 个月
权重	铜	0	0	0	0.018 6	0.049 3
	铝	0.286 7	0.291 4	0.294 6	0.226 4	0.216 9
	燃料油	0.488 6	0.603 2	0.597 7	0.618 9	0.544 1
	螺纹钢	0.226 7	0.105 5	0.107 7	0.136 1	0.189 7
CVaR		0.009 6	0.026 7	0.037 0	0.057 9	0.109 4
Exp-return		0.000 8	0.003 0	0.005 7	0.011 8	0.037 5
CR		0.069 8	0.088 0	0.118 9	0.154 4	0.264 4

3.4.5　模型稳健性检验

为了验证模型的稳健性以及所得结论的可靠性，本节分别从模型层面(关键变量)和研究对象层面(质物组合样本)分别展开分析。

(1) 模型层面：为了验证模型的稳健性，分别针对测度长期风险值 CVaR 的风险窗口、置信水平以及蒙特卡洛模拟的次数展开分析。① 风险窗口：从前述实证结果可以发现，随着风险窗口的变化，无论是短期风险预测下的质物组合还是长期风险预测下的质物组合，通过上述两种优化框架所得最优质物组合均远远优于初始质物组合，而且均值 CVaR 模型的表现又要优于改进的均值方差模型。② 置信水平：分别对置信水平为 95%，97.5%置信水平进行实证分析，依然可以得出前述相同结论。③ 蒙特卡洛模拟次数：模拟次数的多少也直接影响着长期风险预测的精度，从而作用于组合优化结果，实证研究分别将模拟次数设为 2 000，5 000，8 000，10 000，12 000，结果发现，当模拟次数在 10 000 次以上时，所得质物组合的有效前沿将趋于稳定。这也正是前述分析中模拟次数选取为 10 000 次的原因。

(2) 研究对象层面：为了验证上述模型是否更具一般性，本节还对调整样本的长度以及质物组合的规模展开了分析。① 样本长度：分别引入较初始样本更大的样本(1 885 个样本点)和更小的样本(1 648 个样本点)进行对比分析，依然得出相同的结论。② 质物组合规模：将质物组合调整为三元质物组合(铜、铝、燃料油)，实证分析亦发现，均值 CVaR 优化框架的优良特性。

3.5　本章小结

异于股票、债券等传统金融资产组合基于短期风险预测的优化框架，本章从供应链金融实践出发，分别建立了基于长期风险预测的质物组合均值 CVaR 优化框架下，银行采取积极和保守两种投资策略下的质物组合优化模型，同时引入改进的均值方差框架进行对比分析。最后，分别从模型层面和研究对象层面进行了敏感性分析以验证模型的稳健性以及结论的可靠性。估计方法上，建立 AR(1)-EGARCH(1,1)-EVT 模型，模型化质物收益率的尖峰厚尾、自相关、波动集聚性等典型事实特征，引入多元 t-Copula 函数全方位刻画质物间的条件相关结构，以此为基础，提出基于蒙特卡洛模拟的质物组合长期风险预测方法。提供了一种质物组合风险管理的理论和实务依据，实现了从业务风险把握到数字模型技术实现的创新。经实证分析和稳健性分析得到以下结论：

(1) 质物组合中铜、铝、燃料油以及螺纹钢确实呈现出显著的尖峰厚尾、波动集聚性、自相关性以及一定程度的杠杆效应。其中，GPD 分布下，铜和铝两种质物的左尾厚尾特征明显，更易产生极端损失，而燃料油和螺纹钢的左尾较薄，右尾出现显著的厚尾特征，该类质物产生极端风险的可能性较小，适合在构建组合中加大持仓比重。

(2) 无论采取积极型抑或保守型投资策略，长期风险预测视角下的均值 CVaR 框架均可以实现质物组合的优化，而且相较改进的均值方差模型依然具有比较优势，并且发现最优质物中，具有左尾薄尾特征明显、标准差最小的燃料油的权重最大，这进一步证实了我们的前述分析，说明风险最小，且更易取得超额收益的质物更宜加大持仓比重。

(3) 稳健性分析中，改变风险窗口、置信水平以及蒙特卡洛模拟次数等关键变量以及调整质物组合样本长度和样本规模，均可以验证长期风险预测视角下均值 CVaR 框架的有效性。

研究结论为供应链金融实践中物流企业等授信主体提供了一类长期风险视角下的质物组合优化方法，这对于缓释当下供应链金融实践中单一质物集聚的贷款集中度风险、提高业务的吸引力、推动供应链金融产品更加多元化发展，以及其配置经济资本和风险限额管理均有重要的借鉴意义。

第 4 章

长记忆特征对供应链金融质物组合优化的影响

4.1 引　言

正如前述研究表明，囿于质物资产的现货交易形态所固有的弱流动性，加之从风险发现到风险处置的时间差，使得长期价格风险预测成为供应链金融风险控制的关键。而长期风险预测的核心即在于首先实现质物资产价格波动率的多期预测（Multi-period Forecast），比如文献 Ghysels et al（2009），Kinateder and Wagner（2014）。前述章节中更多聚焦于基于传统 GARCH 族模型去刻画现货资产的尖峰厚尾、波动集聚性以及相关性等统计特征的描述，换言之，上述模型更注重于对资产收益率的波动过程的短记忆特征的刻画。

然而需要指出的是，大量实证研究表明，资产的价格波动往往存在典型的长记忆特征，即表现为其波动的自相关函数以一种比指数衰减更慢的双曲速率衰减，属于一种更为缓慢的均值回复过程。更为重要的是，长记忆特征的存在，意味着有效金融市场假设的无效，而且历史信息对其造成的冲击以较慢的速度衰减，为参与者有效进行风险应对提供了充足的时间（Baillie et al, 1996）。进一步，正如 Andersen & Bollerslev（1998），Hansen et al（2005）在其研究中指出，如果投资者仅仅关注于每日短期的波动率预测，标准的 GARCH 模型可以完全胜任，但是当拓展至多期预测时，考虑长记忆特征可以大幅改善预测的精度。因此，对于需要多期波动率预测的供应链金融实践而言，检验资产价格波动过程的长记忆特征变得不可或缺。事实上，忽视长记忆特征的存在，确实会引起资产价格波动率的错估，从而影响资产组合的选择等风控措施。现有研究中，Elder et al（2008），Cunado et al（2010），Aloui et al（2010），Arouri et al（2012）以及 Chkili et al（2014）等对能源商品的期现货、贵金属等大宗商品的波动率的研究均能够证实长记忆特征对于大宗商品资产波动率多期预测的重要性；Bollerslev and Mikkelsen（1996）则最早指出了长记忆特征对于资产组合选择的影响；而且 Fantazzini（2009）的研究表明，边缘分布的错误估计确实会影响资产组合的风险预测的精度。

因此，为了深层次探究考虑长记忆特征情形下质物组合的长期风险预测问题，从而进行最优质物组合选择的研究。本部分试图解决以下三个层次的问题，以厘清长记忆程度与质物资产风险期限结构的关系：① 质物资产的波动过程是否存在典型的长记忆特征？② 如果长记忆特征真实存在，那么其如何影响组合内各资产的波动率期限结构以及资产间的相关结构，换言之，忽视长记忆特征的存在又会对质物资产多期波动率的建模、预测以及资产组合相关结构的刻画产生怎样的影响，最终如何作用于资产组合的有效前沿？③ 组合内资产的长记忆程度如影响组合的有效前沿？

4.2 模型与方法

与第 3 章相同，本章沿用均值 CVaR 作为质物组合的优化框架，分析质物资产的波动过程的长记忆特征如何影响质物组合的有效前沿。本部分主要包括三部分，首先是长记忆特征的三类有效检验方法；其次是考虑长记忆特征的条件均值模型和条件波动率模型；最后给出考虑长记忆特征的质物组合前沿的模拟方法。需要指出的是，对于资产组合边缘分布的标准残差项的刻画依然引入极值理论中半参数方法，资产组合相关结构的刻画亦是采用多元 t-Copula 函数，故在此不再赘述。

4.2.1 长记忆特征的统计检验方法

1. Lo's R/S 检验法

R/S 统计量检验最早由 Hurst(1951)提出，但是在序列存在短记忆和异方差特征时，其统计量往往缺乏稳健性。鉴于此，Lo(1991)提出了修正的 R/S 检验，即 Lo's R/S 检验。

$$\frac{R}{S}(q)=\left(\frac{1}{\sqrt{T}}\right)Q_T(q)$$

$$\hat{d}=\frac{\log\left(\frac{R}{S}(q)\sqrt{T}\right)}{\log(T)}-\frac{1}{2} \tag{4-1}$$

式中，$Q_T(q)=\frac{1}{\hat{\sigma}_T(q)}\left[\max\limits_{1\leqslant k\leqslant T}\sum_{j=1}^{k}(x_j-\bar{x})-\min\limits_{1\leqslant k\leqslant T}\sum_{j=1}^{k}(x_j-\bar{x})\right]$，$\hat{\sigma}_T(q)=\hat{\sigma}_x^2+2\sum_{j=1}^{q}\omega_j(q)\hat{\gamma}_j$，$\omega_j(q)=\frac{1-j}{q+1}$，$\hat{\sigma}_x^2$ 和$\hat{\gamma}_j$ 分别为样本的方差和协方差。

2. GPH 检验

GPH 检验，由 Geweke，Porter 和 Hudak(1983)提出的一类半参数长记忆检验方法。对于时间序列 $\{x_t\}$，建立回归关系如下：

$$\ln[I(w_j)]=\beta-d\ln\left[4\sin^2\left(\frac{w_j}{2}\right)\right]+\varepsilon_j \tag{4-2}$$

式中，d 为长记忆参数；$w_j=\dfrac{2\pi j}{T}, j=1,2,\cdots m$；$\varepsilon_j$ 为残差项；$I(w_j)$ 为周期图谱。

$$I(w_j)=\frac{1}{2\pi T}\left|\sum_{t=1}^{T}x_t \mathrm{e}^{-wjt}\right|^2$$

3. 基于 2FELW 长记忆特征检验

以对数周期图回归和局部 Whittle(Local Whittle，LW)估计为基础的两类半参数长记忆估计方法，比如 GPH 方法在实证研究中得到了广泛应用。但是，这两种方法仅适用于协方差平稳的时间序列，即 $|d|<\dfrac{1}{2}$。为此，Schimotsu and Phillip (2005)提出了改进的精准局部 Whittle 估计(Exact Local Whittle，ELW)，该方法将局部 Whittle 估计方法拓展到具有已知均值的非平稳时间序列，但是对于具有未知均值和趋势项的非平稳过程却无能为力。鉴于此，Schimotsu(2010)进一步提出了两步精准局部 Whittle 估计(Two Steps Feasible Exact Local Whittle，2FELW)。该方法在继承了 ELW 估计优点的基础上，不仅适用于渐进平稳的 $I(d)$ 过程，还将其拓展到带有不确定性均值和趋势项的非平稳 $I(d)$ 过程。以带有不确定性均值项的时间序列为例：

$$X_t-\mu_0=(1-L)^{-d_0}\varepsilon_t 1\{t\geqslant 1\} \tag{4-3}$$

式中，μ_0 为不确定性均值，$1\{\}$ 为指示函数，ε_t 为均值 0，谱密度函数为 $f_\varepsilon(\lambda)$，$d_0\in-\dfrac{1}{2},2$。

2FELW 估计的目标函数定义如下：

$$\hat{d}_F=\arg\min_{d\in[\Delta1,\Delta2]}R_F(d) \tag{4-4}$$

$$R_F(d)=\widehat{\log G_F}(d)-2d\frac{1}{m}\sum_{j=1}^{m}\log\lambda_j \tag{4-5}$$

式中，$\hat{G}_F(d)=\dfrac{1}{m}\sum\limits_{j=1}^{m}I_{\Delta d[x-\hat{\mu}(d)]}(\lambda_j)$，$\Delta1$，$\Delta2$ 分别为 d 的上下界，在 ELW 估计中，只要 $\Delta2-\Delta1\leqslant 9/2$，且 $\mu_0=0$，便可以实现估计量的一致性和渐进正态分布；而对于 2FELW 估计，当 $d_0\in\left(-\dfrac{1}{2},2\right)$，可以实现渐进正态分布。$I_{\Delta d[x-\hat{\mu}(d)]}(\lambda_j)$ 为 $\Delta d[X_t-\hat{\mu}(d)]$ 的周期图，$\hat{\mu}(d)$ 为 μ_0 的估计量。

$$\hat{\mu}(d)=\omega(d)\,\bar{x}_t+[1-\omega(d)]x_1 \tag{4-6}$$

式中，$\bar{x}_t$ 为时间序列 X_t 的均值。当 $d \leqslant \frac{1}{2}$ 时，$\omega(d)=1$；当 $d \geqslant \frac{3}{4}$ 时，$\omega(d)=0$；当 $\frac{1}{2}<d<\frac{3}{4}$ 时，$\omega(d)=(1/2)[1+\cos(4\pi d)]$。

$$\hat{d}_F=\tilde{d}-\frac{R_F(\tilde{d})'}{R_F(\tilde{d})''} \tag{4-7}$$

式中，$\tilde{d}$ 为 d 的第一步估计值，且存在如下渐进关系：$\sqrt{m}(\tilde{d}-d_0) \rightarrow_d N\left(0,\frac{1}{4}\right)$，$n \rightarrow \infty$。

4.2.2 考虑长记忆特征的条件均值模型

为了描述质物收益率 x_t 的条件均值可能存在的高阶自相关以及长记忆特征，建立分整自回归移动平均模型 ARFIMA(p, d, q)，并综合运用最大似然对数法则 LL、赤池信息准则 AIC 和贝叶斯准则 BIC 确定模型的阶数。

$$\begin{gathered} x_t=\mu_t+\varepsilon_t=\mu_t+\sigma_t z_t \\ \phi(L)(1-L)^{d_m}(x_t-\mu_t)=\theta(L)\varepsilon_t \end{gathered} \tag{4-8}$$

式中，L 为滞后算子，$d_m \in [0,1]$ 条件均值的分整系数；$\phi(L)=1-\sum_{i=1}^{p}\phi_i L^i$，$\theta(L)=1-\sum_{i=1}^{q}\theta_i L^i$ 分别表示 p 阶和 q 阶的滞后算子多项式。相较于自回归移动平均模型 ARMA，ARFIMA(p,d,q) 能够通过 ($p+q$) 个参数(ϕ_i,θ_i)描述条件均值序列的短记忆特征(高阶相关特征)，又能通过长记忆参数 d_m 捕捉序列的长记忆特征。其样本外多期条件均值的预测可以很容易通过最小均方误差实现。为了刻画质物收益率可能存在的非对称性以及厚尾特征，在实证分析中假设标准残差项 z_t 服从偏斜 t 分布。

4.2.3 考虑长记忆特征的条件波动率模型

大量实证研究发现，资产的条件波动率的自相关函数往往表现出比指数衰减更为缓慢的速度，即服从比标准 GARCH(p, q)模型更为缓慢的均值回复过程。具体表现为参数 α 和 β 的和往往非常接近于 1，甚至出现大于 1 的情形，这就使得 GARCH 模型不再满足其平稳性约束条件，进而导致样本外的波动率预测，尤其是多期波动率预测不再收敛。鉴于标准 GARCH 模型的缺陷，IGARCH 模型往往用来刻画资产的波动过程的长期记忆特征。此时，外部冲击对于资产的条件波动率的影响将永远持续下去，这就使得长期波动率的预测将严重取决于其初始条件。显然，外部冲击影响的永续存在与实践中并不相符。因此，IGARCH 模型并不能成为刻画资产波动过程长记忆特征的理想选择。事实上，IGARCH 模型依然属于短记忆波动率模型(Davidson，2004)，它是标准 GARCH 模型与长记忆 FIGARCH 模型的分水岭。

因此，为了描述现货质物资产的条件波动率的集聚性以及长记忆特征等典型事实，引入非线性的分整广义自回归条件异方差模型——FIGARCH(p, d, q)模型。该模型由 Baillie et al(1996)提出，在刻画资产波动序列的长记忆特征领域得到了最为广泛的应用，其表达式如下：

$$[1-\beta(L)]\sigma_t^2=w+[1-\beta(L)-\Phi(L)(1-L)^d]\varepsilon_t^2 \tag{4-9}$$

式中，L 为滞后算子，$L\varepsilon_t=\varepsilon_{t-1}$；$(1-L)^d$ 为分数差分算子；截距项 $w>0$，$\beta(L)=\sum_{i=1}^{p}\beta_i Li$，$\Phi(L)=1-\sum_{i=1}^{q}\phi_i L^i$。参数 β_i 和 ϕ_i 反映的是资产波动过程的短记忆特性，即外部冲击作用于未来远距离观测值的效果以指数衰减的形态。d 为分整系数，能够反映资产波动率序列的长记忆程度，也即当前外部事件的冲击对于未来远距离观测值具有更为持久性的影响，满足 $0\leqslant d\leqslant 1$；当 $0<d<1$，当前波动的持续性将随着时间间隔增大，呈双曲率形式缓慢衰减；当 $d=0$，FIGARCH 模型退化为短记忆模型，当前波动的影响将呈指数形式快速衰减；当 $d=1$ 时，FIGARCH 模型由分整模型退化为单整 IGARCH 模型，此时波动的影响具有永久持续性，不再是均值回复过程。

考虑到 FIGARCH(1,d,1)模型已经足以刻画大部分金融资产的条件波动率的长记忆特征，因此实证分析中得到了最为广泛的应用，在此给出基于 FIGARCH(1,d,1)模型的资产的条件波动率向前多期预测表达式[比如 Lux et al(2013)；Andersen et al(2006)]：

$$\sigma_{t|t-1}^2=\omega+\beta_1\sigma_{t-1|t-2}^2+[1-\beta_1 L-(1-\phi_1 L)(1-L)^d]\varepsilon_t^2 \tag{4-10}$$

$$\sigma_{t+h|t+h-1}^2=\omega(1-\beta_1)^{-1}+\Psi(L)\sigma_{t+h-1|t+h-2}^2 \tag{4-11}$$

式中，$\Psi(L)=\sum_{1}^{\infty}\psi_h L^h=1-(1-\beta_1 L)^{-1}(1-\phi_1 L)(1-L)^d$，并满足如下迭代计算法则：

$$\psi_1=\phi_1-\beta_1+d$$

$$\psi_h=\beta_1\psi_{h-1}+[(h-1-d)h^{-1}-\phi_1]\kappa_{h-1}$$

式中，$\kappa_h\equiv\kappa_{h-1}(h-1-d)h^{-1}$ 为分数差分算子 $(1-L)^d$ 的麦克劳伦展开式的系数。

4.2.4　考虑长记忆特征质物组合长期风险预测的蒙特卡洛模拟方法

本部分将考虑长记忆特征的质物组合的长期风险预测的蒙特卡洛模拟方法的步骤表示如下：

(1) 通过 AR(FI)MA-FIGARCH 模型在精准捕捉长记忆特征的同时，得到未来

h 个交易日的条件均值和条件波动率，即 $(\mu_{i,t+1},\mu_{i,t+2},\cdots,\mu_{i,t+h})$，$(\sigma_{i,t+1},\sigma_{i,t+2},\cdots,\sigma_{i,t+h})$，以及样本内的标准残差项矩阵；

(2) 进一步，为了刻画质物的厚尾特征，引入极值理论，将标准残差项矩阵通过概率积分变换转化成(0,1)均匀分布 $\boldsymbol{U}$；

(3) 运用多元 t-Copula 函数对 $\boldsymbol{U}$ 进行两阶段估计，通过蒙特卡洛模拟 n 次，产生相依的 $h\times n\times m$ 伪随机数矩阵 $\boldsymbol{U}'$；

(4) 根据标准残差项 $z_{i,t}$ 所服从的分布，将上述伪随机数进行逆概率转换得到标准残差项的随机数矩阵 $\mathbf{Z}'$；

(5) 将上述随机数代入公式 $x_{i,t}=\mu_{i,t}+\sigma_{i,t}z_{i,t}$，经矩阵变换最终得到 $h\times m\times n$ 质物组合的收益率矩阵 $\boldsymbol{x}$；

(6) 根据对数收益率的可加性，得到未来 h 交易日的 $m\times n$ 的质物组合长期收益率矩阵 $\boldsymbol{x}_l=\sum_{j=1}^{h}x_{i,t+j}$，同时为避免利用对数收益率计算质物组合长期风险时产生的误差，在此将其转化为算数收益率矩阵 $\boldsymbol{R}$，其中 $\boldsymbol{R}=e^{(X_l)}-1$；

(7) 根据质物组合中各质物资产在未来风险窗口(h 个交易日)内各种情景的收益率，按照巴塞尔协议和银监会推荐使用的内部模型法取置信水平为 99%，对于指定的决策变量即质物组合权重 $\boldsymbol{w}$，得到质物组合收益率在未来各种情景下的分布函数，进而计算出质物组合的风险指标 CVaR 值，从而最终得到均值 CVaR 框架下的质物组合有效前沿。

4.3 实证分析

4.3.1 样本数据选择及初步分析

分别选取长江有色 1＃铜、A00 铝、广州黄埔 180CST 燃料油为样本，三种样本分布于有色金属和能源板块，均为我国重要的工业基础原材料，且均为上海期货交易所的标准交割品，亦是供应链金融业务中应用较为广泛的大宗商品融资品种。因此，上述样本既保证了选择品种的代表性，同时也具有充足的数据来源。样本区间为 2005 年 1 月 5 日至 2013 年 10 月 9 日，其中，样本内区间为 2005 年 1 月 5 日至 2013 年 6 月 30 日，用以估计模型参数；剩余区间为样本外区间，用以模型评价。该区间既包含金融危机前后大宗商品价格跳水引起的剧烈波动，同时也包含相对温和的波动时期，基本涵盖一个较为完整的价格波动周期，具有较好的代表性，对数收益率序列如图 4-1所示。

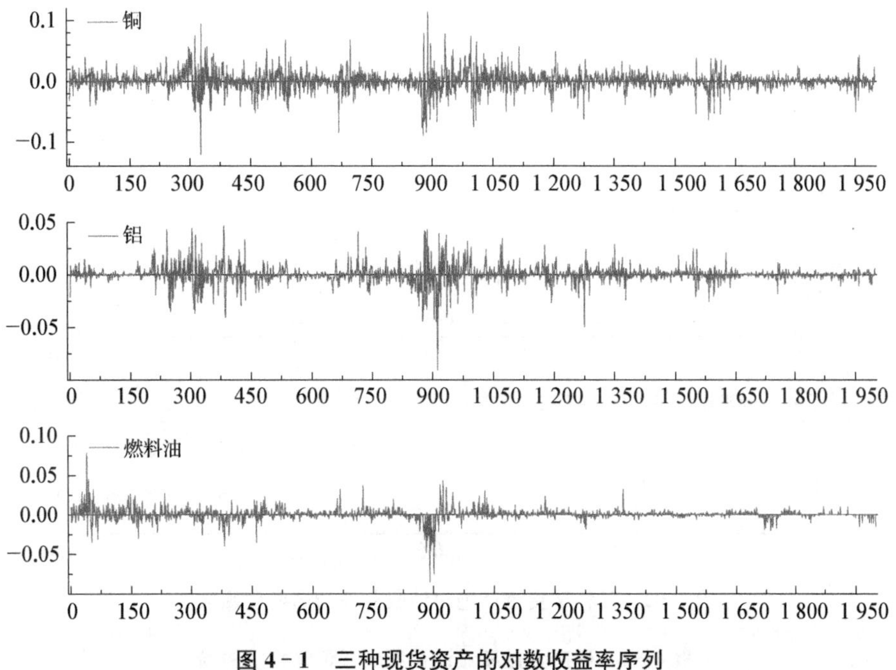

图 4－1　三种现货资产的对数收益率序列

以三类现货资产收益率的绝对值作为其波动率的代理变量①，观测三类资产的谱密度函数，如图 4－2 所示。根据 Granger and Ding(1996)的研究，收益率绝对值序列存在长记忆特征需满足如下条件：在频率趋向于 0 时，谱密度函数均有趋向于无穷大的趋势，而且满足在至多有限个频率值之外的其他频率上，谱密度函数均有上界。据此结合图 4－2 所示，可以初步判定三种现货资产的波动过程存在长记忆特征。接下来，将运用更为严谨的统计检验法，包括 Lo's R/S 检验、GPH 检验，以及两步精准局部 Whittle 估计法进行长记忆特征的检验。为了进一步检验三种现货资产的波动过程是否存在长记忆特征以及存在多大程度的长记忆特征，本部分将基于两步精准局部 Whittle 估计法，估计资产收益率绝对值序列的长记忆参数如表 4－1 所示。为了保证检验结果的稳健性，分别对带宽取值 $m=100$，$m=200$，$m=400$。上述取值方式，非常接近于实证分析中的普遍取值 $m=T^{0.6}$，$m=T^{0.7}$，$m=T^{0.8}$。②

① 实证研究中，收益率序列的绝对值以及平方序列作为波动率的代理变量，均得到了广泛使用。本书因篇幅所限仅对收益率的绝对值加以分析。

② 事实上，最优带宽 m 的值的选择方法至今尚未解决，它需要在偏差和渐进方差之间做出权衡，渐进方差会随着 m 取值的增大而减小，偏差则会随之增大(Cunado et al, 2010)。

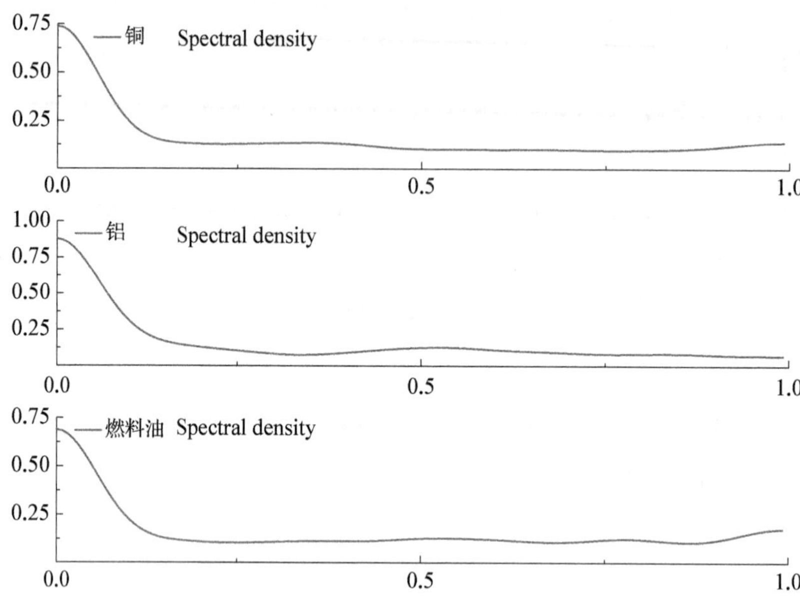

图 4-2　三种现货资产绝对值收益率的谱密度函数图

表 4-1　资产收益率波动过程的长记忆特征检验

	铜	铝	燃料油
Lo's R/S 检验			
收益率			
$q=1$	1.696	1.877	**2.404**
$q=5$	1.562	1.708	1.829
$q=10$	1.495	1.637	1.519
绝对收益率			
$q=1$	5.346	5.671	5.830
$q=5$	3.954	3.978	4.321
$q=10$	3.197	3.226	3.493
GPH 检验			
收益率			
$m=T^{0.6}$	0.153[0.032]	0.106[0.133]	**0.545[0.000]**
$m=T^{0.7}$	0.121[0.010]	0.093[0.049]	**0.383[0.000]**
$m=T^{0.8}$	0.137[0.000]	0.118[0.000]	**0.302[0.000]**
绝对收益率			
$m=T^{0.6}$	0.531[0.000]	0.370[0.000]	0.556[0.042]
$m=T^{0.7}$	0.448[0.000]	0.396[0.000]	0.416[0.000]
$m=T^{0.8}$	0.294[0.000]	0.394[0.000]	0.277[0.000]
2FELW 检验			
收益率			

续　表

	铜	铝	燃料油
$m=100$	0.136	0.079	0.546
$m=200$	0.098	0.090	0.382
$m=400$	0.123	0.105	0.333
绝对收益率			
$m=100$	0.567	0.438	0.522
$m=200$	0.399	0.391	0.386
$m=400$	0.290	0.416	0.300

注：q 和 m 为带宽，是估计结果的关键变量，为保证结果的稳健性，特选取不同数值。事实上，上述取值也是实证研究中广为采取的数值，比如 Charfeddine(2014)。Lo's R/S 检验中，1%的显著水平下的临界值为2.098，[]中代表显著性水平。

4.3.2　质物资产收益率及其波动过程的长记忆特征检验

三种质物资产的收益率及其波动过程的长记忆特征检验结果如表 4-1 所示。首先分析三种质物资产的收益率序列的长记忆特征检验结果，铜和铝的收益率的序列并未表现出显著的长记忆特征，比如 Lo's R/S 检验的统计值均小于 2.098，在 1% 的水平下不显著；而燃料油的收益率则表现出较为显著的长记忆特征，比如 $q=1$ 时，Lo's R/S 检验的统计值达到 2.404。进一步在 GPH 检验和两阶段精准 Whittle (2FELW)检验中，不同带宽取值下，长记忆参数的估计值均比较显著，因此在下一步的参数估计中，对于铜和铝的条件均值方程可以建立 ARMA(p,q)模型，而对于燃料油则基于 ARFIMA(p,d_m,q)模型建模估计。

以绝对收益率序列作为现货资产波动过程的代理变量，根据上述三种检验方法，进一步观测资产波动过程的长记忆特征检验的结果，可以发现铜、铝以及燃料油波动过程均存在显著的长记忆特征，以 Lo's R/S 检验结果为例，其统计值均大于 1% 显著性水平下的临界值 2.098。

4.3.3　长记忆 FIGARCH 模型与短记忆特征模型的估计结果比较

在上一小节中，通过多种长记忆特征检验方法均证实了三种质物样本的波动过程确实存在长记忆特征这一典型事实。基于此，本部分以长记忆 FIGARCH 模型为基准模型，同时引入短记忆的 GARCH 模型以及 IGARCH 模型，对比分析忽视长记忆特征对于样本内的模型参数估计的影响。

首先，根据 LL，AIC 和 BIC 法则，确定模型 ARMA(3,3)，AR(1) 以及 ARFIMA $(1,d,1)$分别为铜、铝以及燃料油的最优条件均值模型。并假设标准残差项服从偏斜 t 分布去刻画铜和铝的收益率体现出的非对称以及厚尾特征。需要指出的是，实证研究中，偏斜 t 分布去刻画燃料油的收益率无法估计出结果，因此以正态分布进行代替。事实上，观测表 4－2 至表 4－4 中的 J-B 检验可以说明，即使引入偏斜 t 分布，依然无法全部刻画质物的厚尾特征。正是基于此，进一步引入极值理论的半参数法[式(3－12)]去刻画标准残差项厚尾特征。

其次，观测表 4－2 至表 4－4 的各参数的显著性水平以及 LL，AIC，SC 和 HQ 四大判断准则可以综合判断出，FIGARCH 模型的整体表现显著优于短记忆的 GARCH 模型和 IGARCH 模型。而且对于短记忆的 GARCH 模型而言，三种质物的估计中均存在 $\alpha_1+\beta_1>1$，也即不再满足平稳性条件，在样本外的多期预测中极易出现预测值不收敛的情况。因此，在实证分析中，往往以 IGARCH 族模型作为 GARCH 模型不收敛的备选模型。

表 4－2　偏斜 t 分布下长记忆 FIGARCH 模型与短记忆 GARCH 族模型的样本内估计结果——铜

	FIGARCH	GARCH	IGARCH
AR(1)	**0.388** ** **(0.193)**	0.391** (0.195)	0.393** (0.192)
AR(2)	**−0.616** *** **(0.155)**	−0.617*** (0.154)	−0.618*** (0.152)
AR(3)	**−0.378** ** **(0.162)**	−0.375** (0.164)	−0.373** (0.162)
MA(1)	**−0.367** * **(0.199)**	−0.370* (0.066)	−0.372* (0.198)
MA(2)	**0.600** *** **(0.164)**	0.602*** (0.163)	0.603*** (0.161)
MA(3)	**0.414** ** **(0.414)**	0.410** (0.175)	0.409** (0.018)
$\omega(10^{-4})$	**0.034(0.022)**	0.023** (0.010)	0.025** (0.010)
ARCH(ϕ_1)	**0.219** *** **(0.070)**		
ARCH(α_1)		0.108*** (0.020)	0.102*** (0.018)
GARCH(β_1)	**0.697** *** **(0.098)**	0.898*** (0.018)	0.898
$\alpha_1+\beta_1$		1.006	1
d	**0.597** *** **(0.116)**		
v	4.398*** (0.374)	4.056*** (0.397)	4.228*** (0.347)
Log(ξ)	−0.063*** (0.024)	−0.062*** (0.024)	−0.061*** (0.024)
LL	**5 811.284**	5 809.101	5 808.879
AIC	**−5.808**	−5.807	−5.807
SC	**−5.774**	−5.776	−5.779
HQ	**−5.796**	−5.796	−5.797
ARCH(10)	**0.604[0.812]**	0.581[0.831]	0.597[0.817]
$Q^2(20)$	**17.29[0.503]**	16.243[0.576]	16.421[0.563]
J-B	1 048.1***	1 154.4***	1 145.2***

注：(.)为标准误差；v 为偏斜 t 分布的自由度；Log(ξ) 为偏斜 t 分布的非对称系数；LL 为对数似然函数值，其值越大，表明模型表现越好；AIC，SC 和 HQ 为三大信息准则，其值越小，说明对应的模型越好；[.]内为统计检验的 p 值，值的大小作为判断是否拒绝原假设的依据。*，** 和 *** 分别表示在 10%，5%以及 1%的水平下显著。

表4-3　偏斜 t 分布下长记忆 FIGARCH 模型与短记忆 GARCH 族模型的样本内估计结果——铝

	FIGARCH	GARCH	IGARCH
AR(1)	**0.124*** (0.026)**	0.117*** (0.024)	0.122*** (0.026)
$\omega(10^{-6})$	**0.439(0.302)**	0.836(0.437)*	0.694** (0.287)
ARCH(ϕ_1)	**0.231*** (0.090)**		
ARCH(α_1)		0.546*** (0.090)	0.220** (0.098)
GARCH(β_1)	**0.637*** (0.118)**	0.757*** (0.118)	0.780
d	**0.716*** (0.085)**		
$\alpha_1+\beta_1$		**1.303**	1
ν	**3.492*** (0.160)**	2.499*** (0.162)	3.203*** (0.156)
Log(ξ)	**0.019(0.018)**	0.019(0.017)	0.024(0.019)
LL	**7 594.453**	7 599.887	7 583.38
AIC	**−7.600**	−7.605	−7.590
SC	**−7.579**	−7.588	−7.589
HQ	**−7.592**	−7.599	−7.585
ARCH(10)	**0.448[0.923]**	0.597[0.817]	0.313[0.978]
$Q^2(20)$	**14.384[0.704]**	15.038[0.659]	10.769[0.904]
J-B	**2 529.2*****	2 635.2***	2 510.4***

注:(.)为标准误差;v 为偏斜 t 分布的自由度;Log(ξ) 为偏斜 t 分布的非对称系数;LL 为对数似然函数值,其值越大,表明模型表现越好;AIC、SC 和 HQ 为三大信息准则,其值越小,说明对应的模型越好;[.]内为统计检验的 p 值,值的大小作为判断是否拒绝原假设的依据。*,** 和 *** 分别表示在 10%,5%以及 1%的水平下显著。

表4-4　正态分布下长记忆 FIGARCH 模型与短记忆 GARCH 族模型的样本内估计结果——燃料油

	FIGARCH	GARCH	IGARCH
AR(1)	**0.336*** (0.094)**	−0.758*** (0.138)	−0.759*** (0.141)
MA(1)	**−0.576*** (0.143)**	0.719*** (0.138)	0.720*** (0.156)
d_m	**0.535** (0.211)**	0.238*** (0.023)	0.239*** (0.024)
$\omega(10^{-6})$	**0.440(0.167)**	0.405(0.316)	0.418*** (0.147)
ARCH(ϕ_1)	**0.208** (0.091)**		
ARCH(α_1)		0.126*** (0.026)	0.120*** (0.019)
GARCH(β_1)	**0.827*** (0.036)**	0.879*** (0.019)	0.880
$\alpha_1+\beta_1$		**1.005**	1
d	**0.801*** (0.084)**		

续 表

	FIGARCH	GARCH	IGARCH
LL	**7 719.516**	7 710.861	7 710.444
AIC	**−7.724**	−7.716	−7.717
SC	**−7.704**	−7.699	−7.703
HQ	**−7.717**	−7.710	−7.712
ARCH(10)	**0.224[0.994]**	0.326[0.974]	0.308[0.980]
$Q^2(20)$	**14.792[0.676]**	15.203[0.648]	15.093[0.656]
J-B	**6 458.2*****	6 028.3***	5 947.0***

注:(.)为标准误差;v 为偏斜 t 分布的自由度;Log(ξ) 为偏斜 t 分布的非对称系数;LL 为对数似然函数值,其值越大,表明模型表现越好;AIC,SC 和 HQ 为三大信息准则,其值越小,说明对应的模型越好;[.]内为统计检验的 p 值,值的大小作为判断是否拒绝原假设的依据。*,** 和 *** 分别表示在 10%,5%以及 1%的水平下显著。

4.3.4 长记忆特征对于资产波动率样本外预测能力的影响

进一步,为了更为准确地衡量长记忆 FIGARCH 模型与短记忆的 GARCH 模型,IGARCH 模型的样本外预测能力,分别引入均方误差(MSE)、平均绝对误差(MAE)以及 TIC 统计量三种损失函数,其表达式分别如下:

$$\text{MSE}=\frac{1}{h}\sum_{t=T+1}^{T+h}(\hat{\sigma}_t^2-\sigma_t^2)^2 \tag{4-12}$$

$$\text{MAE}=\frac{1}{h}\sum_{t=T+1}^{T+h}\left|\hat{\sigma}_t^2-\sigma_t^2\right| \tag{4-13}$$

$$\text{TIC}=\frac{\left(\frac{1}{h}\sum_{T+1}^{T+h}(\hat{\sigma}_t^2-\sigma_t^2)^2\right)^{1/2}}{\left(\frac{1}{h}\sum_{t=T+1}^{T+h}\sigma_t^2\right)^{\frac{1}{2}}+\left(\frac{1}{h}\sum_{t=T+1}^{T+h}\hat{\sigma}_t^2\right)^{\frac{1}{2}}} \tag{4-14}$$

基于上述三类常用损失函数,对三种质物资产分别展开风险窗口也即风险持有期限为 1 日,1 周、2 周,1 个月以及 3 个月的样本外多期波动率的预测,样本外预测能力结果如表 4-5 至表 4-7 所示。

表 4-5 FIGARCH 模型与短记忆的 GARCH 和 IGARCH 模型的样本外预测能力评价——铜

损失函数类别	1 日	1 周	2 周	1 个月	3 个月
MSE(10^{-9})					
FIGARCH	**4.658**	41.730	70.080	**42.460**	**25.200**
GARCH	6.269	**41.680**	**67.650**	44.580	57.700

续　表

损失函数类别	1 日	1 周	2 周	1 个月	3 个月
IGARCH	5.684	41.740	68.370	43.600	42.330
MAE(10^{-5})					
FIGARCH	**6.825**	**14.480**	**16.400**	**13.700**	**12.850**
GARCH	7.918	15.000	17.000	15.600	21.500
IGARCH	7.540	14.800	16.770	49.000	18.000
TIC					
FIGARCH	**0.433**	0.564	0.612	0.564	**0.539**
GARCH	0.470	**0.540**	**0.574**	**0.529**	0.601
IGARCH	0.458	0.548	0.585	0.538	0.573

表 4-6　FIGARCH 模型与短记忆的 GARCH 和 IGARCH 模型的样本外预测能力评价——铝

损失函数类别	1 日	1 周	2 周	1 个月	3 个月
MSE(10^{-10})					
FIGARCH	**1.013**	**1.661**	**1.916**	**1.645**	**2.382 0**
GARCH	6.709	24.93	210	63420	2.852e+14
IGARCH	1.911	2.177	2.417	3.306	11.100
MAE(10^{-5})					
FIGARCH	**1.006**	**1.230**	**1.241**	**1.146**	**1.393**
GARCH	2.590	4.263	11.000	146.8	57.28e+05
IGARCH	1.383	1.468	1.507	1.709	3.043
TIC					
FIGARCH	**0.924**	**0.492**	0.467	**0.462**	**0.489**
GARCH	0.969	0.734	0.854	0.993	1
IGARCH	0.944	0.494	**0.457**	0.521	0.651

表 4-7　FIGARCH 模型与短记忆的 GARCH 和 IGARCH 模型的样本外预测能力评价——燃料油

损失函数类别	1 日	1 周	2 周	1 个月	3 个月
MSE(10^{-10})					
FIGARCH	**2.935**	91.290	**47.590**	**24.180**	**16.310**
GARCH	4.421	**89.340**	47.710	26.370	25.600
IGARCH	4.198	89.810	47.650	25.640	21.250
MAE(10^{-5})					

续 表

损失函数类别	1 日	1 周	2 周	1 个月	3 个月
FIGARCH	**1.713**	**5.590**	**3.782**	**2.897**	**2.914**
GARCH	2.103	5.645	4.058	3.439	4.299
IGARCH	2.049	9.452	3.994	3.286	3.767
TIC					
FIGARCH	**0.979**	0.779	0.743	0.707	0.653
GARCH	0.983	**0.749**	**0.712**	**0.671**	**0.651**
IGARCH	0.982	0.756	0.719	0.678	0.645

在三种损失函数的评价准则下，首先可以发现，基于长记忆特征的 FIGARCH 模型的样本外预测能力确实优于 GARCH 和 IGARCH 模型，尤其是在风险持有期限为 1 个月至 3 个月时。以样本铝为例，其在样本内估计中，参数 $\alpha_1+\beta_1=1.303$，远远超出了平稳性约束条件。由于此因素，可以发现随着风险持有期限的变长，基于 GARCH 模型进行样本外预测的损失函数值越来越大。因此，从此角度而言，对于确实存在长记忆特征的资产波动过程，在其波动率的建模过程中，FIGARCH 模型是相对较为理想的选择，其次是 IGARCH 模型，GARCH 模型表现最差。这也进一步证实了 Hansen et al(2005)的观点，GARCH 模型更适于向前一步交易日的短期高频预测。

4.3.5 长记忆特征对于质物组合相关结构的影响

如前所述，考虑长记忆特征的 FIGARCH 模型与忽视长记忆特征的 IGARCH 模型相比，必然得到不同的标准残差项序列，进一步利用多元 t-Copula 函数进行两步极大似然估计(IFM)分别得到两模型框架下的质物组合三组样本的相关系数矩阵，如表 4-8 和表 4-9 所示。

表 4-8　标准残差项的 Kendeal 秩相关系数矩阵(长记忆 FIGARCH 模型)

	铜	铝	燃料油
铜	1.000	0.405	0.170
铝	0.405	1.000	0.119
燃料油	0.170	0.119	1.000

表 4-9　标准残差项的 Kendeal 秩相关系数矩阵(IGARCH 模型)

	铜	铝	燃料油
铜	1.000	0.402	0.173
铝	0.402	1.000	0.120
燃料油	0.173	0.120	1.000

对比上述表中的 Kendeal 秩相关系数矩阵不难发现，忽视长记忆特征虽然也会影响组合内资产的相关结构，但是程度相对较小。这也进一步证实了 Mendes and Kolev(2008)，Boubaker and Sghaier(2013)的研究结论。

4.3.6　长记忆特征对于质物组合的有效前沿的影响分析

鉴于 GARCH 族模型存在的不平稳、不收敛的情况导致较差的样本外预测能力，本部分以长记忆过程 FIGARCH 模型和短记忆 IGARCH 模型为基础，按照前述蒙特卡洛模拟法的步骤，分别得到考虑长记忆特征的质物组合前沿和未考虑质物组合的有效前沿，如图 4－3 所示。透过质物组合前沿，我们可以得到既定风险水平下，具有最高收益率的质物组合，亦可以得到在既定期望收益的情形下，拥有最小风险的质物组合。首先可以发现，各风险持有期限下基于长记忆特征 FIGARCH 模型得到的质物组合前沿与基于短记忆特征的 IGARCH 模型得到的质物组合前沿均存在差异，而且较长的风险持有期限下更为显著。这就说明，如果忽视客观存在的长记忆特征，会使得质物组合的真实风险水平被错估，尤其是在其长期风险持有期限内。

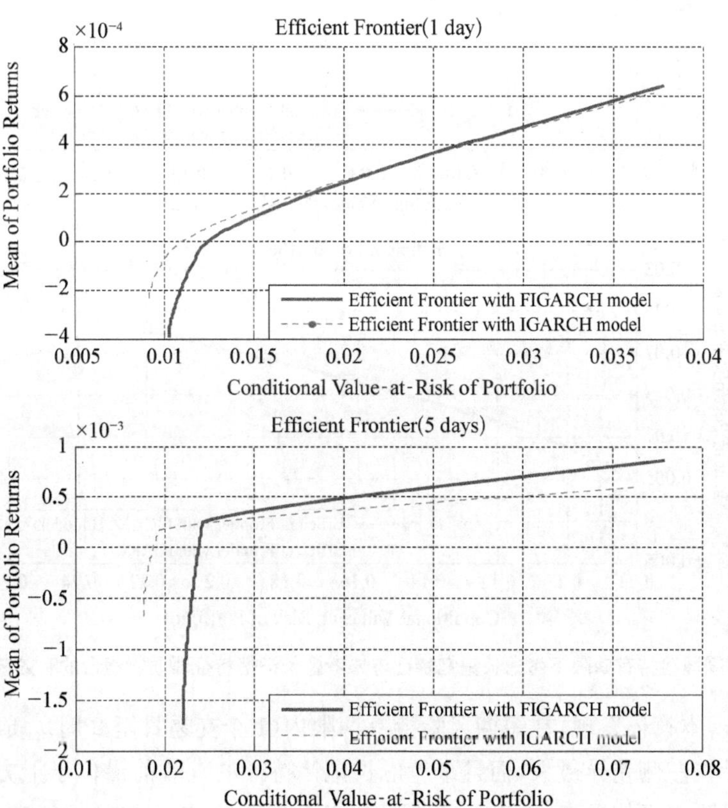

（接下图）

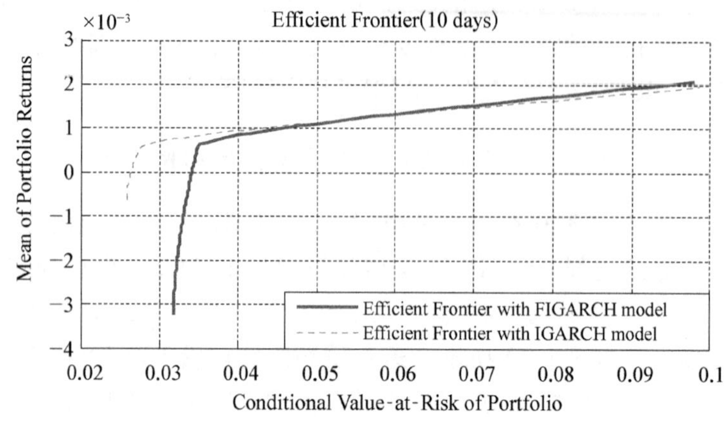

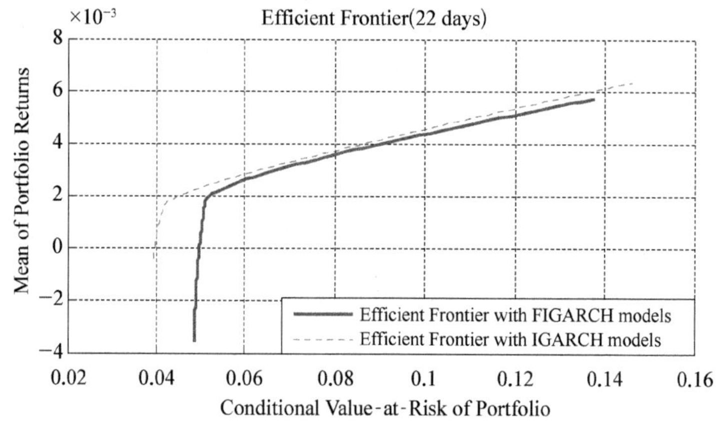

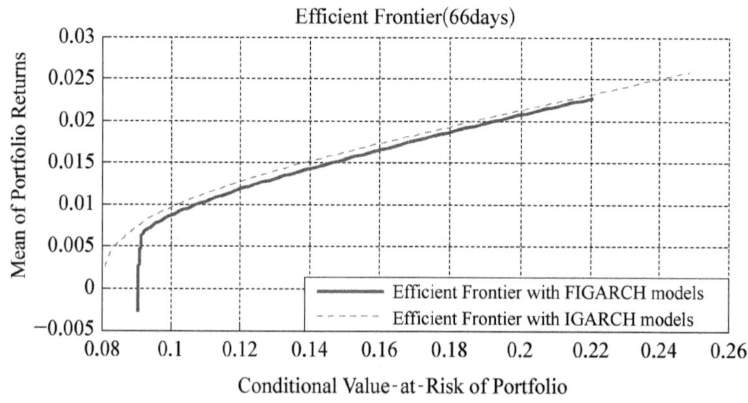

图 4-3　不同风险持有期限下考虑长记忆特征与未考虑长记忆特征时质物组合的有效前沿对比分析

进一步，本章还发现，在短期风险持有期限内(1 个交易日至 2 周)，质物组合的两种有效前沿在左侧差异最大，而且未考虑长记忆特征的有效前沿位于上方，随着期望收益以及风险水平的提高，二者的差距逐渐变小并相交，长记忆特征的有效前沿开始位于上方。透过这一现象，可以得出，如果物流企业风险厌恶程度较高，采取保守型投资策略，那么忽视长记忆特征的存在则会低估组合的真实风险；相反，如果物流企业风险厌恶程度较低，采取积极性投资策略，那么，忽视长记忆特征的存在则会高估组合的真实风险；而对于长期风险持有期限(1 个月至 3 个月)，忽视长记忆特征得到的有效前沿总是位于上方，这说明，无论物流企业的风险偏好如何，无论是采取保守型还是积极型投资策略，如果忽视长记忆特征的存在均会低估组合的真实风险水平。

4.4　长记忆程度对于质物组合前沿的影响分析

本部分将通过 FIGARCH(1,d,1)模型进一步探究质物组合内资产的长记忆程度与风险期限结构的关系，也即资产波动过程的长记忆程度如何作用于资产组合的多期波动率预测，进而影响组合的有效前沿。为此，通过蒙特卡洛模拟的方法生成不同长记忆参数的两组质物组合。

需要指出的是，本章重点研究的是资产波动过程中的长记忆特征参数，而且外部冲击对于资产波动过程的影响的衰减的形态和速度仅取决于 ϕ_1，β_1 以及 d。因此，在所有数据生成过程的模拟实验中，均假设资产的条件均值为 0，进一步假设其标准残差项服从标准的正态分布。而且在数据生成过程中，为了满足质物资产的条件方差的非负性要求，FIGARCH(1,d,1)模型参数设定需满足 $\omega>0$，$0\leqslant\beta_1\leqslant\phi_1+d$ 以及 $0\leqslant d\leqslant 1-2\phi_1$。根据上述约束条件，数据生成过程的参数设定如表 4－10 所示。不难发现，每一组的数据生成过程中，保持了参数 ϕ_1，β_1 以及常数项 ω 相同，仅改变长记忆参数 d 的数值。除此之外，在数据生成过程中，为了更为准确地刻画资产波动过程的长记忆特征，避免滞后阶数截断点设置过低带来的误差，在此，将截断滞后阶数设定为 1 000。同时为了避免初始值设定带来的误差，在每一次的重复生成过程中，均去掉最初的 2 500 个数值。数据生成样本规模为 $T=5\ 000$。按照上述步骤，在得到四组模拟生成的资产收益率序列后，分别构建质物组合 A 和 B。其中组合 A 由数值相对较低的长记忆参数(d=0.1,0.3,0.5,0.7)生成的模拟资产组成。相应地，组合 B 则由数值相对较高的长记忆参数(d=0.2，0.4，0.6，0.8)生成的模拟资产组成。

表 4－10　数据生成过程(DGP)的参数设计

d	ϕ_1	β_1	ω
[0.1，0.2]	0.4	0.5	10^{-5}
[0.3，0.4]	0.3	0.6	10^{-5}
[0.5，0.6]	0.2	0.7	10^{-5}
[0.7，0.8]	0.08	0.75	10^{-5}

接下来，将质物组合 A 和 B 内的每一模拟资产的样本($N=5\ 000$)分成两部分：其中样本内部分(4 934 个观测值)用于参数估计，样本外部分(66 个观测值)用于预测能力检验。基于 FIGARCH(1,d,1)模型的样本内估计结果如表 4－11 和表 4－12 所示。

表 4-11　基于 FIGARCH(1,d,1)模型质物组合 A 内各模拟资产波动过程的样本内估计结果

	$\omega(10^{-6})$	ϕ_1	β_1	d	LL	AIC	SC	ARCH(10)
DGP(d=0.1)	5.395	0.340	0.450	0.105	19 939.843	−8.081	−8.076	0.328[0.974]
DGP(d=0.3)	2.982	0.316	0.640	0.320	17 435.686	−7.066	−7.061	0.385[0.954]
DGP(d=0.5)	4.829	0.233	0.682	0.434	14 366.783	−5.822	−5.817	0.482[0.903]
DGP(d=0.7)	2.017	0.068	0.772	0.709	14 398.234	−5.835	−5.829	0.447[0.924]

表 4-12　基于 FIGARCH(1,d,1)模型质物组合 B 内各模拟资产波动过程的样本内估计结果

	$\omega(10^{-6})$	ϕ_1	β_1	d	LL	AIC	SC	ARCH(10)
DGP(d=0.2)	4.002	0.339	0.495	0.239	18 218.543	−7.383	−7.378	0.549[0.856]
DGP(d=0.4)	3.924	0.223	0.491	0.368	16 101.946	−6.525	−6.520	0.580[0.832]
DGP(d=0.6)	4.652	0.232	0.659	0.519	12 537.617	−5.081	−5.075	0.747[0.680]
DGP(d=0.8)	2.724	0.072	0.670	0.707	14 589.883	−5.912	−5.907	0.414[0.941]

根据前述质物组合前沿的步骤，我们分别得到质物组合 A 和 B 在风险持有期限分别为 1 天、1 周、2 个周、1 个月以及 3 个月的有效前沿，如图 4-4 所示。

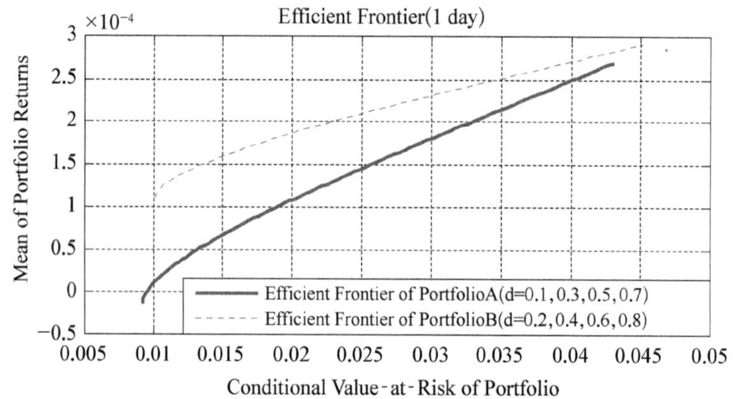

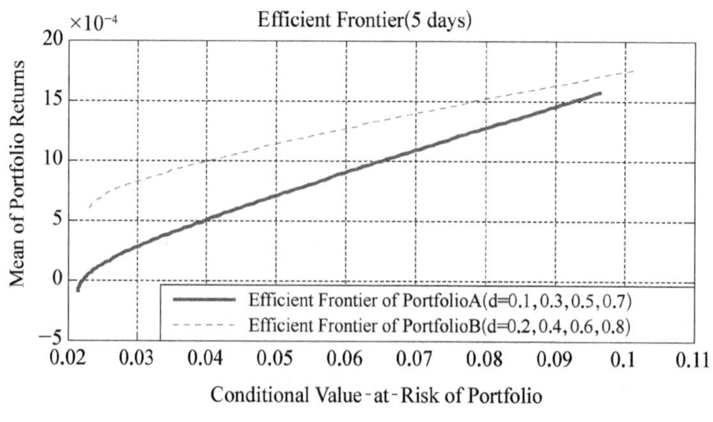

(接下图)

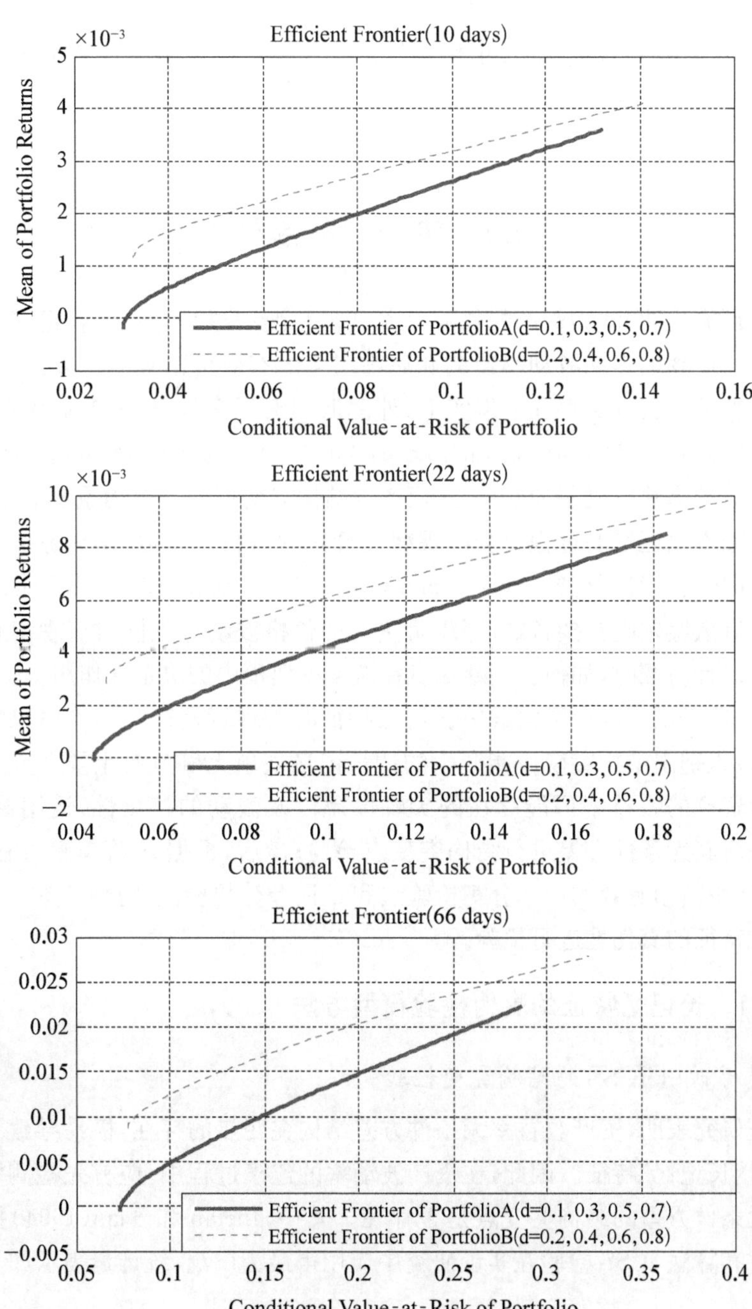

图 4－4　长记忆特征对于质物组合前沿的影响

通过图 4－4，对比长记忆参数不同的质物组合 A 和 B 的有效前沿可以发现，无论风险持有期限的长短，资产长记忆参数更高的组合 B 的有效前沿始终位于组合 A 的上方。这表明，相对于质物组合 A，持有组合 B 可以获得更高的期望收益和较低的风险水平。这一结论意味着，对于物流企业和银行等供应链金融参与者而言，在质物组合的构建中更适于选择具有更高长记忆参数的资产作为质押物。这也一定程度上验证了 Baillie et al(1996)的观点，即长记忆特征确实能够为投资者的决策调整提供充足的时间。

4.5 进一步拓展研究

前述研究表明，质物资产的收益率尤其是其波动过程存在的长记忆特征及其大小程度对于质物的多期波动率预测和质物组合的有效前沿均有重要影响。那么，上述长记忆特征是否真实存在？事实上，外部低频宏观事件，比如商业周期、货币政策变化引起的宏观经济波动(Beltratti et al, 2006)，均对资产价格序列产生巨大冲击，进而引起波动率建模机制的变化，从而产生结构突变现象。更为重要的是，结构突变能够使得原本短记忆的过程也会出现缓慢衰减的自相关函数，从而造成长记忆特征的假象，即“伪长记忆”现象(Perron and Qu, 2010)。那么，如何对长记忆特征和结构突变进行有效鉴别呢？换言之，当现货资产的价格波动过程同时表现出长记忆和结构突变的统计特征时，如何去判断二者在波动率建模中的决定性作用？

因此，鉴于供应链金融实践中长记忆特征对于现货资产长期价格风险预测的重要性，有效识别出结构突变可能产生的伪长记忆现象无疑具有重要意义。本部分考虑到现货资产的收益率可能存在的尖峰厚尾以及波动的持续性，运用修正的 ICSS(k_2)算法对其无条件方差进行结构突变点检验；最后，根据 d 阶单整过程 I(d)的时域特征，运用新颖有效的样本分割检验法和 d 阶差分检验法，对现货资产的波动过程的长记忆特征的真伪性进行检验。

4.5.1 长记忆特征的真伪检验模型方法

1. 基于改进 ICSS 的结构突变检验

实证研究表明，资产收益率无条件方差结构突变点的存在，极易导致资产波动过程产生“伪长记忆”特征。因此，在资产波动率的建模过程中，应首先检测资产收益率序列的无条件方差的结构突变点是否存在。其中，Inclan 和 Tiao(1994)提出的迭代累计平方和算法 ICSS 检验在实证研究中应用得最为广泛，统计量表示如下：

$$\text{ICSS} = \sup_{k}\left|\sqrt{\frac{T}{2}}D_k\right| \tag{4-15}$$

式中，$D_k = \frac{C_k}{C_T} - \frac{k}{T}$，$C_k = \sum_{t=1}^{k}\varepsilon_t^2$，$k = 1, \cdots T$。

但是，该检验方法要求收益率序列残差项服从均值为 0、方差为 σ^2 的独立正态分布，即 $\varepsilon_t \sim i.i.d.N(0,\sigma^2)$。显然，这与供应链金融实践中现货交易形态的质押资产的收益率存在的尖峰厚尾、自相关等典型事实特征不符。为此，引入 Sansó et al

(2004)的修正的 ICSS(k_2)检验,该检验同时考虑了资产收益率的非常态峰度以及条件方差的持续性。

$$\text{ICSS}(\kappa_2)=\sup_k\left|T^{-\frac{1}{2}}G_k\right| \tag{4-16}$$

式中,$G_k=\hat{\omega}_4^{-\frac{1}{2}}\left[C_k-\left(\frac{k}{T}\right)C_T\right]$,残差项 ε_t 的四阶矩估计量 $\hat{\omega}_4=\frac{1}{T}\sum_{t=1}^{T}(\varepsilon_t^2-\hat{\sigma}^2)^2+\frac{2}{T}\sum_{l=1}^{m}w(l,m)\sum_{t=l+1}^{T}(\varepsilon_t^2-\hat{\sigma}^2)(\varepsilon_{t-l}^2-\hat{\sigma}^2)$,$w(l,m)=1-\frac{l}{m+1}$。

2. 长记忆还是结构突变

资产的价格波动序列存在长记忆特征的同时,又被同时检测出结构突变现象,那么在波动率的建模过程中,如何对长记忆特征和结构突变加以区分,换言之,何种因素是波动率建模的决定性因素。根据长记忆过程 I(d)的时域特征,如果资产的波动序列服从 I(d)过程,那么其任意子区间也应服从 I(d)过程,而且经过 d 阶差分处理后的序列应为平稳过程 I(0)。据此,Shimotsu(2006)提出了两类简单有效的检验方法:样本分割检验法和 d 阶差分平稳性检验法。

(1) 基于样本分割的检验法。

基于样本分割的检验法,简称样本分割法。该方法的原理如下:首先将时间序列的全样本分割成多个子样本;然后检验全样本和多个子样本的长记忆参数估计值是否一致。假设时间序列的总样本数为 T,将其分割成 b 个子样本区间,则每个子样本区间含样本数为 $\frac{T}{b}$。假设 $\hat{d}^{(i)}$ ($i=1,\cdots,b$) 为长记忆参数 d_0 的局部估计值,$\hat{d}$ 为全局估计值。如果序列为真实的 $I(d)$ 过程,那么子样本 $\hat{d}^{(i)}$ ($i=1,\cdots,b$) 的均值应该近似于全局估计值 $\hat{d}$。除了此类直观性的对比检验方法,进一步引入更为严谨的 Wald 统计量检验[原假设 H_0: $d=d^{(i)}$,($i=1,\cdots,b$)]。当样本数 $T\rightarrow\infty$ 时,W 服从自由度为 $b-1$ 的卡方分布,即 $\chi^2(b-1)$。

$$W=4m\left(\frac{c_{\frac{m}{b}}}{\frac{m}{b}}\right)(A\hat{d}_b)'(A\Omega A')^{-1}A\hat{d}_b \tag{4-17}$$

式中,$c_m=\sum_{j=1}^{m}v_j^2$,$v_j=\log\lambda_j-\frac{1}{m}\sum_{j=1}^{m}\log\lambda_j=\log j-\frac{1}{m}\sum_{j=1}^{m}\log j$,$(A\Omega A')^{-1}$ 为矩阵 $(A\Omega A')$ 的广义逆矩阵;$m<T$,m 为带宽,$m,b,\frac{m}{b}$ 三者均为正整数。

$$\hat{d}_b=\begin{bmatrix}\hat{d}-d_0\\ \hat{d}^{(1)}-d_0\\ \vdots\\ \hat{d}^{(b)}-d_0\end{bmatrix}\quad A=\begin{pmatrix}1&-1&\cdots&0\\ \vdots&\vdots&\ddots&\vdots\\ 1&0&\cdots&-1\end{pmatrix}\quad \Omega=\begin{pmatrix}1&l_b'\\ l_b&bI_b\end{pmatrix}$$

式中，$\hat{d}_b$ 为 $(b+1)$ 行的列向量；A 为 $b\times(b+1)$ 的矩阵，I_b 为 $b\times b$ 单位矩阵，l_b 为 $b\times 1$ 单位列向量。

(2) d 阶差分平稳性检验。

d 阶差分平稳性检验，简称差分检验法。假设时间序列 X_t 为 $I(d)$ 过程，那么经过 d 阶差分后，应服从 $I(0)$ 的平稳过程。基于此原理，运用 PP 检验和 KPSS 检验两种单位根检验方法，对时间序列 X_t 的 d 阶差分进行平稳性检验。方法步骤如下：

① 序列的均值化处理。

与公式(4-6)相同，构建 $\bar{x}_t$ 和 x_1 的线性组合函数 $\hat{\mu}(d)$ 作为均值 $\mu 6_0$ 的估计。

② PP 检验和 KPSS 检验。

对去均值化序列进行 d 阶差分得到序列 ε_t，对其进行 PP 检验和 KPSS 检验。

$$\varepsilon_t=(1-L)^d[X_t-\hat{\mu}(d)] \tag{4-18}$$

如果 ε_t 为水平平稳过程，那么 PP 检验的统计量 Z_t 收敛于 $P(W(r;d))$，KPSS 检验的统计量 $\hat{\eta}_\mu$ 收敛于 $K(W(r;d))$，其中：

$$W(r;d)=W(r)-\omega(d)[\Gamma(2-d)\Gamma(d+1)]^{-1}r^{1-d}W_{d+1}(1) \tag{4-19}$$

当 $d=0$ 时，$W(r;d)$ 退化为标准布朗桥。实证分析中，我们将 1%，5%以及 10%三种显著性水平下的检验结果与相应的 $P[W(r;d)]$ 的下尾分位数的临界值以及 $K[W(r;d)]$ 的上尾分位数的临界值进行对比，若 Z_t 小于某一显著水平下的临界值或者 $\hat{\eta}_\mu$ 大于某一显著水平下的临界值时，说明在该显著水平下拒绝序列服从 $I(d)$ 过程的假设。

4.5.2 长记忆特征的真伪检验实证分析

1. 三类资产波动过程的结构突变检验结果

本部分运用 ICSS(k_2)检验三种现货资产收益率的无条件方差可能存在的结构突变行为，突变点个数及相应时点如表 4-13 所示。结果显示，三个现货样本均存在结构突变行为。其中，铜和铝存在三个结构突变点，燃料油仅存在一个突变点。而且观测突变点的发生时点可以发现，铜和铝在 2008 年下半年的国际金融危机时期均发生了结构突变，这也说明在外部宏观经济环境发生变化时，大宗商品的波动率结构更容易产生突变。因此，必须对结构突变行为是否构成长记忆特征的决定性因素进行检验。

表 4-13 基于修正 ICSS(k_2)的三种现货资产收益率波动过程结构突变点检验

铜		铝		燃料油	
突变点数	突变日期	突变点数	突变日期	突变点数	突变日期
3	2008-11-10	3	2008-09-09	1	2009-06-10
	2009-06-05		2009-04-07		
	2010-06-30		2011-12-21		

2. 三种现货资产波动过程的长记忆的真伪检验结果

根据前述的实证结果可以发现，三种现货资产的波动过程极易同时存在长记忆特征和结构突变行为，那么在波动率的建模中，起决定性作用的是长记忆特征还是结构突变特征，换言之，检测到的长记忆特征是否是由结构突变产生的“伪长记忆”。根据前述样本分割法和差分检验法的步骤，对三种现货资产的长记忆特征和结构突变特征进行判断。分析之前，首先对子样本数 b 和带宽 m 的取值进行界定。实证研究发现，将 b 设定为更高的数值，也即将总样本分割成更多的子样本，并不能保证更好的检验效果（Sansó，2006）。故在实证分析中，只讨论 $b=2$ 以及 $b=4$ 两种情况。带宽 m 的取值则与小节 4.3.1 相同，即 $m=100$，$m=200$，$m=400$，能够保证 m，b，$\frac{m}{b}$ 三者均为正整数。样本分割法和差分检验法的结果如表 4-14 至表 4-16所示。

表 4-14　现货铜收益率波动过程的长记忆特征真伪检验

m	$\hat{d}$	样本分割法				差分检验法	
		$\overline{d}$		W		Z_t（PP）	η（KPSS）
		$b=2$	$b=4$	$b=2$	$b=4$		
100	0.566 8	0.517 2	0.521 3	0.447 2	0.398 5	−3.141 6**	0.022 7
200	0.399 1	0.373 8	0.372 9	1.918 6	2.957 8	−1.442 4	0.183 2
400	0.289 8	0.281 3	0.279 4	1.505 9	3.315 7	−0.753 7	0.419 4*

注：$\hat{d}$ 为长记忆参数的全样本估计值；$\overline{d}$ 为各子样本估计的 $\hat{d}^{(i)}$ 的均值；*** 表示在 1% 的水平下显著，** 表示在 5% 的水平下显著，* 表示在 10% 的水平下显著；5% 显著性水平下，Wald 检验的临界值 $\chi^2(1)=3.84$，$\chi^2(3)=7.82$。下同。

表 4-15　现货铝收益率波动过程的长记忆特征真伪检验

m	$\hat{d}$	样本分割法				差分检验法	
		$\overline{d}$		W		Z_t（PP）	η（KPSS）
		$b=2$	$b=4$	$b=2$	$b=4$		
100	0.438 2	0.400 0	0.431 2	0.278 7	0.953 6	−1.605 1	0.147 6
200	0.391 1	0.363 9	0.368 6	2.203 2	2.752 7	−1.198 9	0.225 1
400	0.415 8	0.384 9	0.387 2	6.765 1**	6.280 1	−1.380 9	0.187 1

表 4-16　黄埔燃料油收益率波动过程的长记忆特征真伪检验

m	$\hat{d}$	样本分割法				差分检验法	
		$\overline{d}$		W		Z_t (PP)	η (KPSS)
		$b=2$	$b=4$	$b=2$	$b=4$		
100	0.522 4	0.440 2	0.468 8	3.992 2**	3.106 4	−2.532 4	0.062 1
200	0.386 1	0.301 7	0.299 9	6.929 6**	8.262 9*	−0.973 1	0.294 8
400	0.299 5	0.230 9	0.226 0	5.125 2**	6.019 9	−0.343 0	0.653 1**

首先，分析长江现货铜的长记忆特征，通过样本分割法的 Wald 统计量可以看出，各子样本的长记忆参数在 5%的水平下并不显著，不能拒绝原假设，即结构突变并不能引起长记忆特征的显著变化。进一步，在差分检验法中，只有在带宽 $m=100$ 时，PP 检验的统计量 Z_t 在 5%的水平下显著，其余均不显著。因此，样本期内，现货铜的波动过程为真实的 $I(\hat{d})$ 过程，相对于结构突变而言，长记忆特征是现货铜波动率建模的决定性因素，可以直接运用 FIGARCH 族等长记忆模型对其进行条件波动率的建模和预测。

其次，对于长江现货铝的实证结果而言，基于差分检验法的两大统计量 Z_t(PP) 和 η(KPSS)在三种显著性水平下均不显著，因此不能拒绝现货铝的波动过程为长记忆的 $I(\hat{d})$ 过程。进一步观测样本分割法的 Wald 统计量，仅在 $m=400$，$b=2$ 时，$W=6.7651>\chi^2(1)=3.84$，拒绝现货铝的收益率绝对值序列为 $I(\hat{d})$ 过程。因此，我们可以得出结构突变并未带来显著“伪长记忆”特征，也即总体而言，长江现货铝的波动过程可以视为长记忆的 $I(\hat{d})$ 过程，在其样本期内可以忽略结构突变对长记忆特征的影响，进而选择 FIGARCH 模型进行波动建模。

再次，对能源板块的黄埔燃料油的检验中可以发现，与现货铜和铝的长记忆特征检验结果不同，基于样本分割法的 Wald 统计量，在 $b=2$ 时，三种带宽情形，在 5%的水平下均拒绝原假设，说明结构突变对黄埔燃料油波动过程的长记忆特征影响较为显著。而且直观观测各子样本长记忆参数的估计均值与总样本的估计值确实存在较大差异。另外，$m=400$ 时，KPSS 检验统计量 η 亦在 5%的水平下显著，再一次说明了结构突变对长记忆特征的影响。显然，仅仅通过 FIGARCH 模型难以刻画结构突变特征的影响，这也正是该模型的局限性。

综上所述，样本分割法和 d 阶差分检验法可以有效地判断出三种现货资产的长记忆特征的真伪，这完善了现有研究中更多关注于长记忆特征检验并直接运用 FIGARCH 等长记忆模型进行波动率建模所带来的不足，对条件波动率的建模以及进一步的长期波动率预测均提供了重要的量化依据。

4.6　本章小结

供应链金融实践中，对大宗商品等现货质押资产的多期波动率预测是其风险管理的关键。波动过程持续性产生的长记忆特征以更为缓慢的均值回复过程作用于波动率的期限结构进而影响多期波动率的建模和预测。以长江有色 1＃铜、A00 铝，以及广州黄埔 180CST 燃料油为样本的实证研究表明：① 质物组合内各资产的波动过程存在典型的长记忆特征；② 忽视长记忆特征会导致质物组合长期风险的错估，进而影响质物组合的有效前沿，比如在短期风险持有期内（1day-2weeks），如果物流企业是风险厌恶型，那么忽视长记忆特征会带来风险的低估；相反，如果物流企业是风险偏好型，忽视长记忆特征则带来风险的高估；当风险持有期为 1 个月到 3 个月时，无论物流企业是风险偏好还是风险厌恶，忽视长记忆特征均会导致风险的低估；③ 通过数据生成过程，其他参数保持不变的情形下，拥有长记忆参数数值更高的组合会具有更好的期望收益或较低的风险水平。

另一方面，宏观低频事件产生的结构突变行为一直是风险建模过程中的关键变量，而且结构突变行为还会导致“伪长记忆”特征的假象，从而对波动率的正确建模产生干扰。因此，为了判断现货资产波动过程长记忆特征的真伪，运用样本分割检验法和 d 阶差分平稳性估计法对三种样本的波动过程的长记忆特征的真伪进行检验。研究结果发现，样本期内的铜和铝波动过程的长记忆特征的决定性因素并非源于结构突变行为带来的假象，而对于燃料油而言，其长记忆特征则受到外部结构突变的影响，存在部分伪记忆特征。

第 5 章
考虑外部系统性风险因素的供应链金融长期价格风险测度研究①

5.1 引 言

随着宏观经济增速放缓，钢铁、煤炭以及有色金属等作为工业基础原材料的大宗商品需求快速回落，行业景气度持续下降。受此影响，作为供应链金融业务中的质押资产的大宗商品价格快速回落，迅速降低了质押资产对于借款企业主体信用风险的缓释作用，最终导致国内供应链金融业务风险骤增，银行以及物流企业等参与者纷纷采取缩量避险措施。其实质是宏观经济环境导致的外部系统性风险因素向微观借款企业主体信用风险的传递反馈过程。那么，能否将宏观经济因素考虑进微观资产的价格风险管理中呢？事实上，同时具有商品属性和金融属性的大宗商品，均会受到宏观经济波动的影响，比如实体经济需求会影响其商品属性，而货币政策环境的变化则会通过金融属性因素影响其价格波动。

进一步，不同于发达国家以应收账款等权利质押为主的业务模式，中国供应链金融多以流动性较弱、风险持有期限较长的现货商品质押为主，这就决定了供应链金融风险控制的关键在于质押资产的长期价格风险预测。然而需要指出的是，由于国内现货价格数据库建设起步较晚，缺乏长周期的历史数据积累，普遍存在数据可得性引发的小样本问题。因此，如何处理高频数据样本的有限性与低频长周期的预测，成为供应链金融风险管理中难以回避的问题。加之，传统的同频数据建模方式极易损失高频数据中的有效信息，从而存在模型误设的可能。比如目前广泛使用的向量自回归(VAR)方法往往无法捕捉资产的每日高频信息，仅适于探究资产的长期波动趋势。而且简单的同频化处理，只会带来更严重的小样本问题。基于此，国内学者何娟和王建等(2015)通过对高频数据进行充分蒙特卡洛模拟，进而实现低频长周期的风险预测，取得了较好的实证效果。然而需要指出的是，上述研究并未考虑宏观经济波动对于现货资产长期波动的影响。这对于当下宏观经济下行周期的供应链金融实践而言显得至关重要。

① 王建，何娟.考虑外部系统性风险因素的供应链金融长期价格风险测度研究[J].金融经济学研究，2016，31(4)：47－59.

事实上，在金融资产的波动率研究领域，宏观经济环境与金融市场波动二者之间的关系仍然是尚未解决的核心问题。据此，Engle and Rangel(2008)提出了样条广义自回归条件异方差(Spline GARCH)模型去构建高频的金融市场波动和低频的宏观经济变量的关系，但是在低频波动的建模中无法灵活选择宏观经济波动的代理变量。另一方面，混合频率数据抽样回归过程(MIDAS)可以直接运用高频数据实现对低频周期的预测，并被广泛运用于宏观经济变量以及金融市场的波动率预测。随后，Engle et al(2013)进一步提出了混合频率数据抽样广义自回归条件异方差模型(GARCH-MIDAS)，该模型的最大优点即在于继承 GARCH 族模型刻画资产高频波动率的优点的同时，能够直接将宏观经济变量通过混频数据抽样刻画资产的长期波动部分。而且该方法能够充分利用高频数据的更新信息，实现资产长期波动的预测，有效解决了高频数据样本有限性和长期预测的难题。正是基于此，Asgharian et al (2013)以及 Conrad and Loch(2015)先后运用 GARCH-MIDAS 模型研究宏观经济变量对于股市波动率的影响和重要性。然而需要指出的是，目前尚未发现将 GARCH-MIDAS 模型用于国内大宗商品市场波动尤其是现货商品价格风险的管理研究。

基于此，立足国内供应链金融实践中面临的高频数据获得性引发的小样本问题与长期风险预测并存的现实，本章试图探究宏观经济波动作为外部系统性风险因素(Campbell, 2009)如何作用于现货资产的长期波动以及整体波动？该影响在经济周期的不同阶段是否存在不对称性，即系统性风险因素在经济下行期的影响是否更为显著？该模型样本外长周期预测能力如何？为了解决上述问题，本章分别以高频数据的已实现波动率和四类宏观经济景气指数作为宏观经济波动的代理变量，建立相应的 GARCH-MIDAS 模型。

5.2　考虑外部系统性风险因素的现货资产条件波动率模型

5.2.1　基于已实现波动率的 GARCH-MIDAS-RV 的条件波动率模型

1. 基于固定时间窗的 GARCH-MIDAS-RV-F 模型

固定时间窗的已实现波动率的 GARCH-MIDAS 模型，简称为 GARCH-MIDAS-RV-F。

$$r_{i,t}=\mu+\sqrt{\tau_t\times g_{i,t}}\,z_{i,t},\ \forall i=1,\cdots,N_t \tag{5-1}$$

$r_{i,t}$ 为某一既定风险持有期内(比如 1 周、1 月、3 个月以及 6 个月等)，第 i 个交易日的对数收益率，μ 为条件均值，新息项 $z_{i,t}$ 服从均值为 0、方差为 1 的独立同分布。波动率由长期波动率 τ_t 和短期波动率 $g_{i,t}$ 两部分组成。因此，GARCH-MIDAS 模型为典型的成分波动率模型。短期波动率由均值回复过程的 GARCH 模型刻画，如式

(5-2)所示。长期波动率则通过低频周期内的已实现波动率混频数据抽样回归过程进行刻画，见式(5-3)～式(5-5)。

$$g_{i,t}=(1-\alpha-\beta)+\alpha\frac{(r_{i-1,t}-\mu)^2}{\tau_t}+\beta g_{i-1,t} \tag{5-2}$$

$$\tau_t=m+\theta\sum_{k=1}^{k}\varphi_k(w_1,w_2)RV_{t-k} \tag{5-3}$$

$$RV_t=\sum_{i=1}^{N_t}r_{i,t}^2 \tag{5-4}$$

$$\varphi_k(w_1,w_2)=\frac{\left(\frac{k}{K}\right)^{w_1-1}\left(1-\frac{k}{K}\right)^{w_2-1}}{\sum_{j=1}^{k}\left(\frac{j}{K}\right)^{w_1-1}\left(1-\frac{j}{K}\right)^{w_2-1}} \tag{5-5}$$

式中，$\sum_{k=1}^{k}\varphi_k(w_1,w_2)=1$，$\varphi_k(w_1,w_2)$ 为 Beta 函数型权重结构，可以灵活地呈现出已实现波动率对于长期波动部分影响的衰减规律。

正如 Engle et al(2013)的实证研究表明，在 GARCH-MIDAS-RV 模型中，最优的 w_1 的取值往往为 1，因此，该模型中的长期波动率的衰减机制为单调递减形态，而且其衰减的速度取决于 w_2，w_2 越大，其衰减得越快。因此，在后续实证分析中，GARCH-MIDAS-RV 的参数估计中仅估计 w_2 的值。最大滞后阶数 K 根据最大似然函数法则确定。

2. 基于滚动时间窗的 GARCH-MIDAS-RV-R 模型

在前述固定风险窗口的分析框架下，某一既定的风险的持有期内每个交易日的长期波动成分均为同一固定值。为了实现每个交易日的长期波动成分的时变性，引入滚动时间窗下的长期波动模型，如式(5-6)～式(5-9)所示，该模型实现了既定风险持有期内每个交易日的已实现波动率的时变性，进而通过混频数据抽样回归实现长期波动成分的时变性，滚动时间窗的长度用变量 N' 表示。

$$r_i=\mu+\sqrt{\tau_i\times g_i}\varepsilon_i,\ \forall i=1,\cdots,N' \tag{5-6}$$

$$g_i=(1-\alpha-\beta)+\alpha\frac{(r_{i-1}-\mu)^2}{\tau_i}+\beta g_{i-1} \tag{5-7}$$

$$\tau_i=m+\theta\sum_{k=1}^{k}\varphi_k(w_1,w_2)RV_{i-k} \tag{5-8}$$

$$RV_i=\sum_{j=1}^{N'}r_{i-j}^2 \tag{5-9}$$

然而，低频周期内的已实现波动只能视为衡量外部宏观经济环境变化的近似代理变量，接下来，将引入更直观地衡量宏观经济状态的经济指标 X_V，建立 GARCH-MIDAS-X_V 模型。

5.2.2　基于宏观经济变量的 GARCH-MIDAS-*Xv* 模型

$$\tau_i = m + \theta \sum_{k=1}^{k} \varphi_k(w_1, w_2) Xv_{i-k} \tag{5-10}$$

为保证长期波动部分的非负性，Engle et al(2013)等学者取其对数形式。本章更关注宏观经济变量波动对于资产长期波动的影响，因此宏观经济变量波动的代理变量 Xv_{i-k} 的非负性可以确保长期波动 τ_i 的非负性。

众所周知，宏观经济的周期波动是通过一系列经济变量的活动来传递和扩散的，任何一个经济变量本身的波动都不足以代表宏观经济的整体波动。因此，不同于 Engle et al(2013)等研究中选择宏观经济的单个指标作为其代理变量，比如工业生产指数和生产者出厂价格指数。本章选择中国经济景气监测中心发布的预警指数（商业周期指数，Business Cycle Signal，综合反映当前的宏观经济状态和程度）、一致指数（Coincident Index，综合反映当前的经济状态）、领先指数（Lead Index，反映宏观经济的未来变化趋势）和滞后指数（Lag Index，综合检验经济的当前状态）作为宏观经济变量的代理指标。相应的四类直接引入宏观经济变量的 GARCH-MIDAS 波动率模型，在后续部分中分别以 GARCH-MIDAS-X*v*-BC，GARCH-MIDAS-X*v*-CI，GARCH-MIDAS-X*v*-Lead 以及 GARCH-MIDAS-X*v*-Lag 表示。

5.3　实证分析

5.3.1　样本数据选择及基本分析

鉴于钢贸供应链融资的普遍性以及近年来华东地区集中爆发的违约事件，本章选取螺纹钢 HRB400 Φ20 为样本，样本区间为 2005 年 1 月 4 日至 2015 年 9 月 30 日，共计 2 697 个观测值。考虑到基础设施建设为主体的投资要素在国民经济结构所扮演的角色，作为重要基建原材料的螺纹钢的需求具有显著的强周期特征。具体而言，与原油、铜等其他大宗商品类似，螺纹钢价格的波动主要取决于两大因素：其一为商品属性因素，即来自实体经济的供求因素；其二为金融属性因素。尤其需要指出的是，螺纹钢的金融属性源于两个方面，一是钢贸行业的融资性需求，尤其是如火如荼的钢贸供应链融资；二是钢材期货产品（螺纹钢、线材）以及上游产品（铁矿石、焦煤以及焦炭期货）的出现，使得钢材成为一种资本市场的投资品种（投资需求）。因此，无论是商品属性还是金融属性均会受到外部宏观经济环境的影响。

为了全面分析系统性风险因素在价格波动过程中的作用，本章将全样本切分成三个子样本区间，如图 5－1 所示。其中，子样本区间Ⅰ(2005.01～2008.05)处于国际金融危机爆发前，螺纹钢价格微幅波动及单边上升的阶段；子样本区间Ⅱ(2008.06～2011.05)为国际金融危机爆发及快速复苏阶段，不仅覆盖了危机爆发后价格快速跳水的阶段，还包含2009年4万亿元投资计划实施后的复苏阶段，呈典型的"V"型反转周期；子样本区间Ⅲ(2011.06～2015.09)，4万亿元投资计划带来经济的快速复苏，但同时进一步加剧了钢铁行业的产能过剩问题，随着国内经济增速的回落，螺纹钢价格进入绵长的下跌周期。

进一步对比分析螺纹钢价格与四大经济景气指数运行走势(见图5-1至图5-3)，可以进一步确认钢铁行业存在显著的顺周期特征，经济上行时会伴有显著的价格上涨，经济下行时则出现显著的下跌。

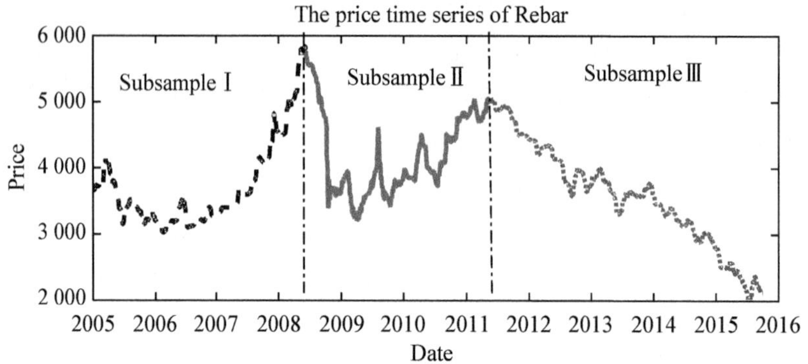

图5-1 样本区间内螺纹钢的价格序列

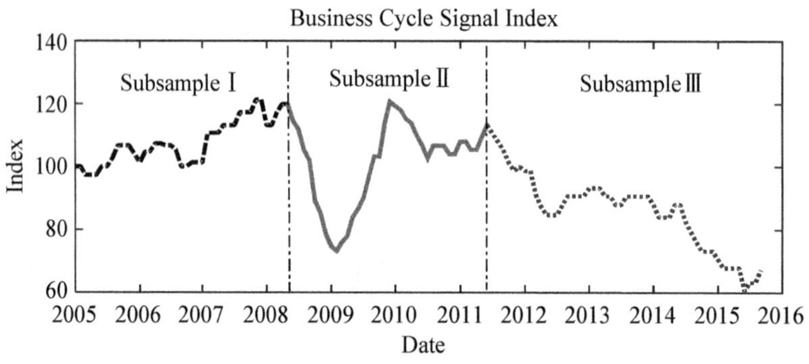

图5-2 中国宏观经济景气预警指数

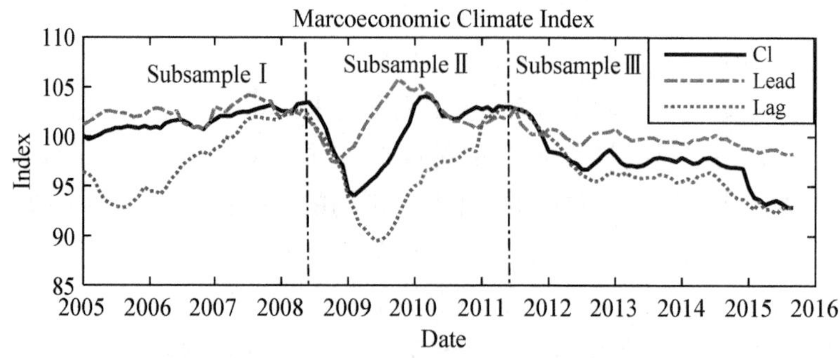

图5-3 中国宏观经济景气指数(一致、领先以及滞后指数)

为了保证数据的平稳性，对宏观经济景气四大指数进行一阶对数差分处理，得到水平变量 X_t。进一步，为研究宏观经济波动对于螺纹钢价格波动的影响，还需得到宏观经济波动的代理变量：条件方差 $\hat{\varepsilon}_t^2$。与 Engle et al(2013)处理方法类似，运用 ARMA(p,q)模型回归。需要指出的是，考虑到中国经济景气监测中心发布的四大景气指数已经考虑季节性因素的影响，因此在运用 ARMA(p,q)模型进行回归时，不再考虑季节性虚拟变量，如式(5-11)所示。

$$X_t=\sum_{i=1}^{p}\varphi_i X_{t-i}+\sum_{i=1}^{q}\theta_i\varepsilon_{t-i}+\varepsilon_t \tag{5-11}$$

其中，最优 p,q 阶数的选取通过 BIC 准则确定。四大宏观经济变量的条件方差如图 5-4 所示。其中，与经济周期同步的预警指数和一致指数的两次最大波动分别出现在 2008 年下半年的国际金融危机时期和 2015 年年初经济增速继续探底期。

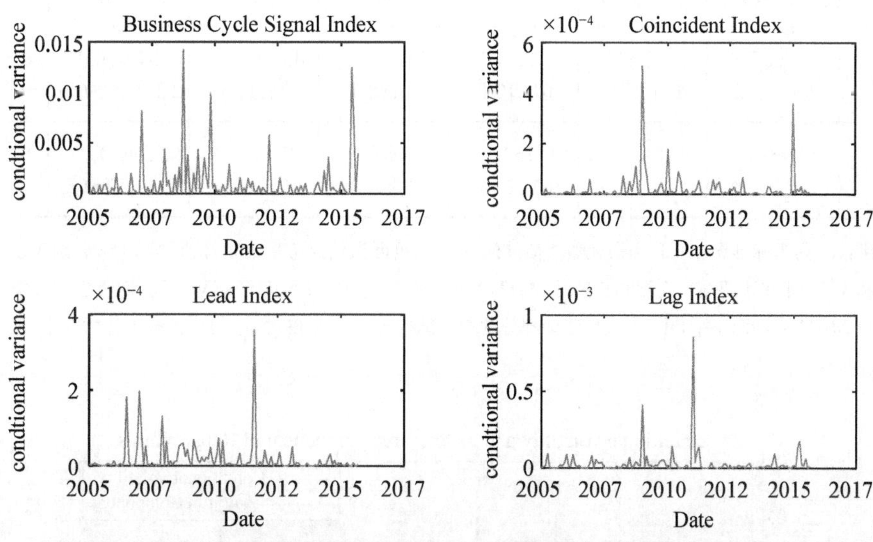

图 5-4　中国宏观经济波动代理变量：四类景气指数的条件方差序列

5.3.2　不同 GARCH-MIDAS 的波动率模型参数估计

如表 5-1 所示，六类 GARCH-MIDAS 模型中的参数估计值均比较显著。只有在引入预警指数的 GARCH-MIDAS-Xv-BC 模型中，长期波动部分的常数 m 值不显著，且该估计值为−1.486e-07，接近于 0，因此可以忽略此因素。进一步观察长期波动部分的关键参数值 θ，其最小值为 0.06，最大值为 3.47，均为正值，这说明了随着外部系统性风险因素波动的增大，螺纹钢价格的长期波动部分也会随之增大。根据最大似然函数值和贝叶斯信息准则判断，基于已实现波动率的两类 GARCH-MIDAS-RV 模型估计效果表现要强于直接引入宏观经济变量的四类 GARCH-MIDAS-Xv 模型，其中，GARCH-MIDAS-Xv-BC 的模型刻画效果最优。六类

GARCH-MIDAS 模型得出螺纹钢价格的条件波动率和长期波动部分如图 5－5 至 5－10所示。

表 5－1 GARCH-MIDAS-RV 与 GARCH-MIDAS-Xv 的参数估计

模　型	μ	α	β	θ	ω	m	LL/BIC
RV-F	−0.000 5*** (9.062 7e-05)	0.308 8*** (0.017 1)	0.647 0*** (0.012 9)	0.068 4*** (0.015 7)	5.467 3*** (0.559 5)	2.322 7e-05*** (5.947 8e-06)	8 311.35 −16 575.3
RV-R	−0.000 5*** (9.112 3e-05)	0.312 4*** (0.017 3)	0.641 8*** (0.013 1)	0.064 6*** (0.014 6)	5.312 4*** (0.558 9)	2.510 4e-05*** (6.201 8e-06)	8 306.83 −16 601.7
Xv-BC	−5.35e-04*** (0.000 1)	0.293 9*** (0.016 2)	0.663 8*** (0.013 4)	0.083 4*** (0.019)	2.34*** (0.201)	−1.486e-07 (4.687e-06)	8 302.03 −16 556.7
Xv-CI	−0.000 5*** (0.000 1)	0.286 7*** (0.014 9)	0.661 1*** (0.013 2)	2.000 9*** (0.358 7)	4.611 8*** (0.535 2)	2.548 1e-05*** (5.021 4e-06)	8 292.71 −16 538
Xv-Lead	−0.000 5*** (9.235e-05)	0.261 4*** (0.012 1)	0.723 6*** (0.010 1)	3.474 4** (1.561 1)	1.011 3*** (0.111 5)	6.694 3e-05*** (2.580 7e-05)	8 272.57 −16 497.7
Xv-Lag	−0.000 5*** (9.774 9e-05)	0.264 9*** (0.012 3)	0.715 3*** (0.010 5)	1.008 6*** (0.387 4)	48.878*** (17.891)	9.02 4e-05*** (3.132 7e-05)	8 275.62 −16 503.8

注：(.) 内为标准误差，LL 为最大似然估计值；BIC 为贝叶斯信息准则的估计值；**、*** 分别表示估计值在 5%和 1%的水平下显著。需要指出的是，与已实现波动率 GARCH-MIDAS-RV 相同，四类宏观经济变量的 GARCH-MIDAS 模型的估计中，令长期波动部分的权重结构 $w_1 = 1$，仅对 ω_2 估计具有更好的效果，最大滞后阶数 $K = 24$。

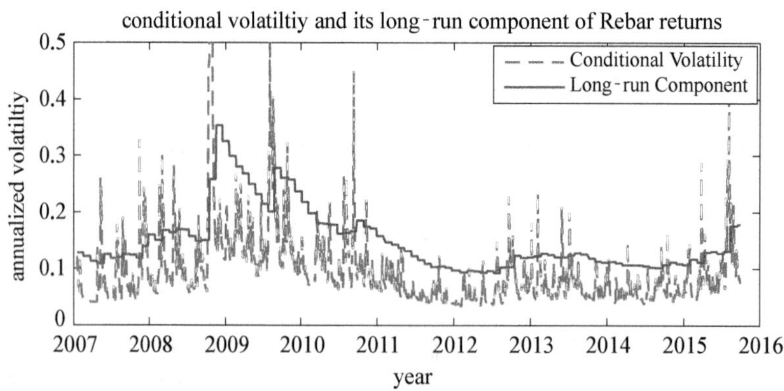

图 5－5 固定时间窗下 GARCH-MIDAS-RV 模型的螺纹钢的条件波动率及长期波动成分估计

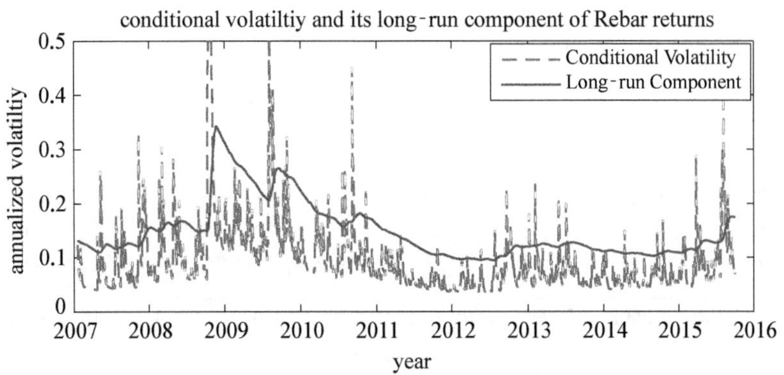

图 5－6　滚动时间窗下 GARCH-MIDAS-RV 模型的螺纹钢的条件波动率及长期波动成分估计

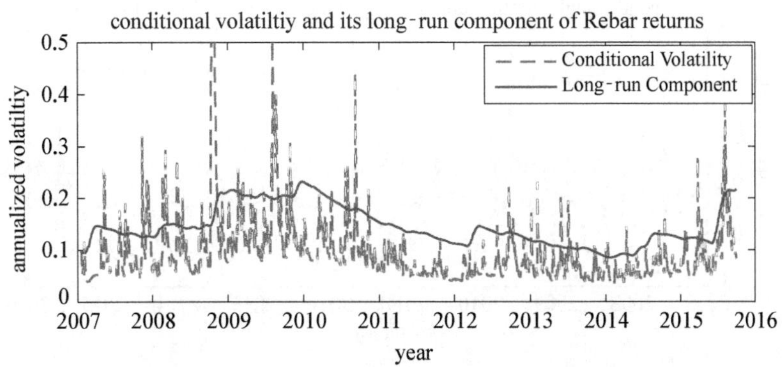

图 5－7　GARCH-MIDAS-X*v*-BC 模型的螺纹钢的条件波动率及长期波动成分估计

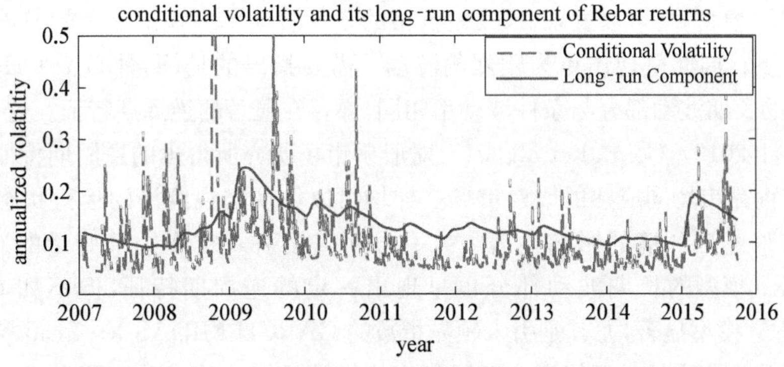

图 5－8　GARCH-MIDAS-X-CI 模型的螺纹钢的条件波动率及长期波动率估计

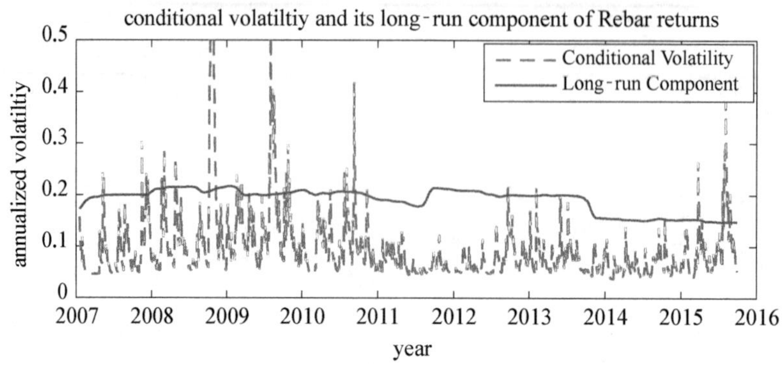

图 5-9 GARCH-MIDAS-Xv-Lead 模型的螺纹钢的条件波动率及长期波动率估计

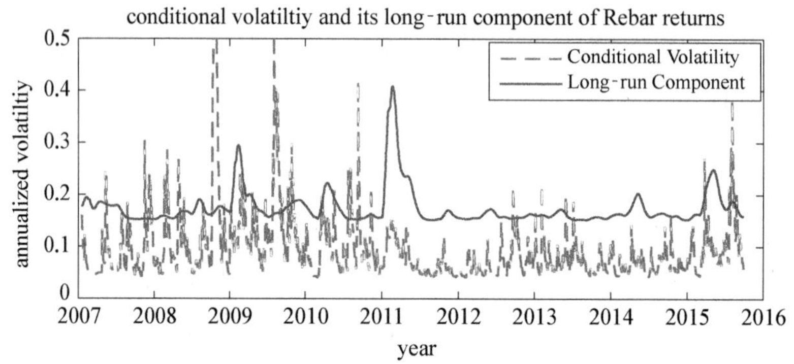

图 5-10 GARCH-MIDAS-Xv-Lag 模型的螺纹钢的条件波动率及长期波动率估计

无论是 GARCH-MIDAS-RV 模型还是直接引入宏观经济变量的 GARCH-MIDAS-Xv 模型，均可以发现，螺纹钢价格的条件波动率表现出显著的逆周期特征，即在经济下行周期呈现出更为剧烈的波动。需要指出的是，两种 GARCH-MIDAS-RV 模型的长期波动部分与条件波动率相同，亦存在显著的逆周期特征。这一规律与 Engle et al(2013)，Conrad et al(2015)对股票市场研究所得出的逆周期特征一致，这说明大宗商品市场同成熟的股票市场一样均可以体现宏观经济的运行状态，其波动过程受宏观经济环境的影响显著。另一方面直接引入宏观经济变量的 GARCH-MIDAS-Xv 模型的长期波动部分也呈现出一定的逆周期特征，但不如 GARCH-MIDAS-RV 模型显著，尤其是引入领先指数的 GARCH-MIDAS-Xv-Lead 模型，这也说明了宏观经济变量并不能完全解释资产价格的长期波动成分。那么，如何衡量外部系统性风险因素对于波动过程的影响呢？

5.3.3　外部系统性风险因素对于波动过程的贡献分析

作为外部系统性风险因素，宏观经济变量的波动直接造成了现货质押资产价格长期波动。因此，为了分析螺纹钢现货价格波动过程中系统风险因素的比重，引入长期波动成分与整体波动成分的方差比率 VR，如式(5－12)所示。以此为基础，对全样本区间以及三个子样本区间进行方差比率分析，得到外部系统性风险因素对于螺纹钢现货的整体波动贡献，结果如表 5－2 所示。

$$VR = \frac{Var[\log(\tau_t)]}{Var[\log(\tau_t g_t)]} \tag{5-12}$$

表 5－2　外部系统性风险因素对于波动过程的贡献分析

	全样本区间	子样本区间Ⅰ	子样本区间Ⅱ	子样本区间Ⅲ
VR(RV-F)	**0.284 7**	0.072 6	**0.270 9**	0.099 7
VR(RV-R)	**0.267 6**	0.064 6	**0.252 6**	0.084 2
VR(X*v*-BC)	**0.206 7**	0.042 7	0.106 3	**0.231 5**
VR(X*v*-CI)	**0.201 5**	0.106 7	0.151 5	**0.226 8**
VR(X*v*-Lead)	0.041 3	0.011 1	0.005	0.141 3
VR(X*v*-Lag)	0.067 1	0.014 2	0.151 4	0.072 8

对比六种 GARCH-MIDAS 模型，可以得出，第一，外部系统性风险因素对螺纹钢价格整体波动的贡献较为显著，其中两类已实现波动率模型分别为 28％和 26％，基于宏观经济景气预警指数和一致指数的模型中，系统性风险因素的占比也达到 20％，这对于样本外波动率预测以及风险控制措施的选择均有重要意义；第二，外部系统性风险因素对资产价格波动的贡献经周期的不同阶段影响不同，而且下行周期(子样本区间Ⅲ)的影响比上行周期(子样本区间Ⅰ)更为显著，比如预警指数和一致指数作为宏观经济代理变量的模型，长期波动部分的影响在子样本区间Ⅲ占比达到 23％。这说明，在经济下行周期进行资产价格的波动率建模时更应该考虑外部系统性风险因素。而且此时通过构建质物组合来分散风险的效果将被大幅稀释，更应考虑通过期货市场进行套期保值来对冲现货资产的价格下跌风险。因此，对于银行以及物流企业而言，在经济下行周期开展供应链金融业务可以采取如下措施：首先，在质物的选择上，关注价值稳定、周期性较弱的生活资料，丰富质物组合，以尽可能分散风险；其次，选择具有相应期货品种的大宗商品，以便更好地对冲风险。

5.4 基于稳健损失函数的 DMW 样本外预测能力检验

大量实证研究表明，进行波动率的预测评价中，往往出现使用不同损失函数得到的相互矛盾评价结果，导致决策者无法选取最优的波动率预测模型，比如 He et al (2016)。鉴于此，引入 Patton(2011)提出的一类稳健损失函数族：

$$L(\sigma^2,h;b)=\begin{cases}\dfrac{(\sigma^{2b+4}-h^{b+2})}{(b+1)(b+2)}-\dfrac{h^{b+1}(\sigma^2-h)}{b+1},b\notin\{-1,-2\}\\ h-\sigma^2+\sigma^2\log\left(\dfrac{\sigma^2}{h}\right),b=-1\\ \dfrac{\sigma^2}{h}-\log\left(\dfrac{\sigma^2}{h}\right)-1,b=-2\end{cases} \tag{5-13}$$

其中，稳健损失函数的同质程度为 $b+2$，当 $b=0$ 时，稳健损失函数为均方误差 MSE；当 $b=-2$ 时，损失函数为高斯准极大似然损失函数误差 QLIKE。h 为条件方差的预测值；$\sigma^2=(r_i-\mu)^2$ 为真实条件方差的代替指标。该损失函数族能够通过参数的调整，实现对模型高估以及低估行为的惩罚。当 $b>0$ 时，高估会产生更大的损失函数值；当 $b<0$ 时，低估行为同样产生更高的损失函数值。基于此，充分考虑可能存在的错估行为，分别取 $b=\{1,0,-1,-2\}$ 四类损失函数对 GARCH-MIDAS-RV 和 GARCH-MIDAS-Xv 模型进行样本外预测能力的比较。

进一步构建基于稳健损失函数的 DMW 检验，令 $d_t\equiv L(\sigma^2,h_{1,t};b)-L(\sigma^2,h_{2,t};b)$，则存在原假设 H0：$E(d_t)=0$ 的 DMW 检验如下：

$$DMW\equiv\frac{\sqrt{n}\,\bar{d}_n}{\sqrt{Var[\sqrt{n}\,\bar{d}_n]}}\to N(0,1),n\to\infty \tag{5-14}$$

式中，$\bar{d}_n=n^{-1}\sum_{t=1}^{n}d_t$。

在此，本章分别对 1 周、2 周、1 个月，3 个月以及 6 个月的风险持有期限进行样本外预测。需要指出的是，为了充分运用采集样本信息，本章保持总样本 N 变，进而不同的预测期限 T 对应不同的估计样本。令滚动窗口下的已实现波动率模型 GARCH-MIDAS-RV-R 为基准模型，其在不同预测期限下的损失函数值如表 5-3 所示。不难发现模型在 $b=1$，$b=0$ 以及 $b=-1$ 时均表现出较好的预测能力。当 $b=-2$ 时，损失函数值在期限为 6 个月时，预测能力最优，这与 Engle et al(2013)所得出的 GARCH-MIDAS 模型在长期风险预测中具有良好的表现的结论一致。进一步运用 DMW 检验比较其他五类 GARCH-MIDAS 波动率模型的预测能力，所得结果如表5-4至表 5-8 所示。

表 5－3　不同预测期限下 GARCH-MIDAS-RV-R 的损失函数值

损失函数	预测期限				
	1 周	2 周	1 个月	3 个月	6 个月
$b=1$	3.044 3e-15	8.302 1e-15	9.155 3e-14	2.373 0e-11	1.256 3e-11
$b=0$,MSE	1.863e-10	3.130 8e-10	1.385 4e-09	4.196 5e-08	2.261 1e-08
$b=-1$	1.540 8e-05	1.732 1e-05	3.450 8e-05	1.579 3e-04	9.460 1e-05
$b=-2$,QLIKE	3.558 1	3.058 1	3.485 9	3.498 7	2.938 8

注：因篇幅所限，本部分仅给出基准模型 GARCH-MIDAS-RV-R 在不同预测期限下的损失函数值，其余比较模型不再一一展示，其预测能力通过 DMW 检验得出。

表 5－4　样本外预测能力比较(GARCH-MIDAS-RV-R 和 GARCH-MIDAS-Xν-F)

损失函数	预测期限				
	1 周	2 周	1 个月	3 个月	6 个月
$b=1$	−9.002 7*	−3.894 8*	1.163 2	1.242 9	1.182 7
$b=0$,MSE	−6.486 7*	−6.099 7*	1.030 3	1.323 2	1.248 1
$b=-1$	−4.644 3*	−6.121 6*	0.571 5	0.903 5	0.910 7
$b=-2$,QLIKE	−3.578 6*	−3.928 7*	−0.273 4	0.994 4	0.932 8

注：表中数值为 DMW 检验的 t 统计量，当其绝对值大于 1.96 时，说明在 5%的显著性水平下拒绝二者具有同等预测能力的原假设(表中用*表示)。如果 t 统计量值为正，说明 GARCH-MIDAS-RV 模型的平均损失函数值大于 GARCH-MIDAS-X 模型；若为负，则相反。下同。

表 5－5　样本外预测能力比较(GARCH-MIDAS-RV-R 和 GARCH-MIDAS-Xν-BC)

损失函数	预测期限				
	1 周	2 周	1 个月	3 个月	6 个月
$b=1$	−5.985 4*	−5.337 4*	−2.300 7*	0.956 9	0.957 6
$b=0$,MSE	−5.558 0*	−10.618 4*	−3.188 2*	1.025 0	1.038 0
$b=-1$	−4.749 6*	−8.288 7*	−3.240 0*	1.330 0	1.373 4
$b=-2$,QLIKE	−3.952 2*	−4.610 0*	−2.543 3*	1.041 2	1.008 3

表 5－6　样本外预测能力比较(GARCH-MIDAS-RV 和 GARCH-MIDAS-Xν-CI)

损失函数	预测期限				
	1 周	2 周	1 个月	3 个月	6 个月
$b=1$	6.357 7*	4.113 7*	1.783 3	1.205 5	1.150 9
$b=0$,MSE	7.794 3*	7.041 5*	2.251 3*	1.495 6	1.319 0
$b=-1$	6.870 1*	7.124 0*	2.769 2*	1.907 7	1.277 5
$b=-2$,QLIKE	5.064 3*	4.212 8*	2.400 7*	1.180 2	0.896 2

表 5-7　样本外预测能力比较(GARCH-MIDAS-RV 和 GARCH-MIDAS-Xv-Lead)

损失函数	预测期限				
	1 周	2 周	1 个月	3 个月	6 个月
$b=1$	6.019 4*	6.021 1*	0.882 5	1.056 5	1.058 9
$b=0$,MSE	6.888 7*	5.321 6*	1.209 5	1.072 9	1.079 7
$b=-1$	5.598 7*	3.462 2*	1.597 9	1.356 8	0.969 9
$b=-2$,QLIKE	4.044 9*	2.545 6*	1.648 1	1.384 7	−0.186 7

表 5-8　样本外预测能力比较(GARCH-MIDAS-RV 和 GARCH-MIDAS-Xv-Lag)

损失函数	预测期限				
	1 周	2 周	1 个月	3 个月	6 个月
$b=1$	6.390 5*	4.550 9*	0.180 4	1.046 8	1.099 2
$b=0$,MSE	7.565 3*	7.426 5*	0.448 4	1.098 8	1.181 1
$b=-1$	6.293 8*	5.282 3*	0.990 6	1.500 7	1.535 5
$b=-2$,QLIKE	4.566 4*	3.221 7*	1.458 0	1.585 8	1.433 5

通过分析表 5-4 至表 5-8 中各模型的预测能力结果,可以发现,与基准模型 GARCH-MIDAS-RV-R 相比,当预测期限为 1 周和 2 周时,固定风险窗口下 GARCH-MIDAS-RV-F 和基于预警指数的 GARCH-MIDAS-Xv-BC 模型预测能力更弱;而三类基于宏观经济景气指数的 GARCH-MIDAS-Xv-CI,GARCH-MIDAS-Xv-Lead 以及 GARCH-MIDAS-Xv-Lag 模型在 2 周内的预测能力均要强于基准模型。进一步,当预测期限拓展至 1 个月时,基于预警指数的 GARCH-MIDAS-Xv-BC 模型预测能力最强。当预测期限延伸至更持久的 3 个月以及 6 个月时,可以发现,与基准模型相比,各模型的 DMW 检验的 t 统计量的绝对值均小于 1.96,样本外预测能力并无显著差异。因此,在供应链金融实践中,可以直接运用已实现波动率 GARCH-MIDAS 模型和基于宏观经济景气指数 GARCH-MIDAS 模型对螺纹钢进行较长期限的样本外波动率预测。

5.5　本章小结

依据国内供应链金融实践中多以具有强周期属性的大宗商品作为质押资产这一典型事实,将外部宏观经济波动引致的系统性风险因素考虑进质押资产的长期价格风险预测中。分别以既定持有期内的已实现波动率和四类宏观经济景气指数作为宏观经济波动的代理变量建立 GARCH-MIDAS-RV,GARCH-MIDAS-Xv 条件波动率模型,研究系统性风险因素对于质押资产的波动过程的影响,进而运用更为稳健的损失函数展开样本外预测能力的检测。以上海螺纹钢为样本的实证分析，可以得出以下结论和启示：

第一，样本期内螺纹钢的价格波动呈现典型的逆周期特征，而且最大的两次波动出现在 2008 年的金融危机时期和 2015 年年初的经济下滑期，所得结论进一步验证了钢铁行业本身具有的强周期属性。

第二，外部系统性风险因素对于整体风险的贡献不可忽视，且存在周期的不对称性，在经济周期的下行周期更为显著，最高达近 23%。这一结论说明，在经济下行周期，如果不进一步调整质押商品结构，扩大弱周期且价值相对稳定的生活消费品的质押比例，质物组合分散风险的能力将大大弱化；其次，应积极运用期货市场对冲现货市场的价格风险。

第三，考虑系统性风险因素的六种 GARCH-MIDAS 模型在不同的预测期限内均表现出了较好的预测能力，尤其是季度和半年度长周期预测，为供应链金融长期价格风险预测提供了一类新方法。

第 6 章 宏观经济下行区间供应链金融业务的动态套期保值策略

6.1 引　言

近年来，随着宏观经济增速放缓，钢铁、煤炭以及有色金属等作为工业基础原材料的大宗商品需求持续萎缩，行业景气度持续下降。受此影响，国内供应链金融实践中，作为质押资产的大宗商品价格快速回落，迅速降低了其对于借款企业主体信用风险的缓释作用，最终导致国内供应链金融业务风险骤增，物流企业以及银行等参与者纷纷采取缩量避险措施（表 6－1 中清晰地展示了中储股份供应链金融相关业务的营收变化，自 2013 年起，已连续三年巨量收缩）。这很大程度上源于宏观经济环境引致的外部系统性风险因素向微观借款企业主体信用风险的传递反馈过程。

表 6－1　中储股份供应链金融相关业务营收变化（2012—2015 财年）　　单位：万元

营业收入	2012 年	2013 年	2014 年	2015 年
动产监管业务	27 512 （＋22％）	17 282.76 （－37.18％）	8 501.96 （－50.81％）	4 020.65 （－52.71％）
物流贸易业务	2 400 000 （＋15.54％）	2 519 607.78 （4.84％）	1 839 671.62 （－26.77％）	1 493 552.09 （－18.81％）

数据来源：中储股份 2012—2015 年年报。

事实上，宏观经济变量一直是资产系统性风险的重要决定因素[Andersen et al (2005)；Campbell and Diebold(2009)]。尤其是对具有巨大实体经济需求和金融投资（投机）需求的大宗商品而言，无论是其商品属性抑或金融属性均会受到宏观经济波动的影响，比如实体经济需求会影响其商品属性，而货币政策环境的变化则会通过金融属性因素影响其价格波动[Baker(2015)；Tang and Zhu(2016)]。因此，有必要在大宗商品的价格波动建模和预测中把宏观经济因素考虑进来。

另一方面，经济下行时期，外部系统性风险因素带来的大宗商品价格的普跌现象，也使得大宗商品表现出更强的相关性[Patton(2012)；Cheng and Xiong(2014)]，进而削弱了通过构建质物组合实现分散风险的效率。因此，对于以现货资产的价值作为覆盖贷款本息的物流企业而言，通过在期货市场持有相反的头寸实现套期保值，将成为宏观经济下行压力下，供应链金融业务风险管控的有效措施。

不同于发达国家以应收账款等权利质押为主的业务模式，国内供应链金融多以流动性较弱、风险持有期限较长的现货商品质押为主，这就决定了供应链金融风险控制的关键在于质押资产的长期价格风险预测。然而需要指出的是，由于国内现货价格数据库的建设起步较晚，缺乏长周期的历史数据积累，普遍存在数据可得性引发的小样本问题。因此，如何处理高频数据样本的有限性与低频长周期的预测，成为供应链金融风险管理中难以回避的问题。传统的同频数据建模方式极易损失高频数据中的有效信息，从而存在模型误设的可能。比如传统的向量自回归（VAR）方法往往无法捕捉资产的每日高频信息，仅适于探究资产的长期波动趋势[Cologni et al（2008）；Batten et al（2010）]。而且简单的同频化处理，只会带来更严重的小样本问题。基于此，在第 3 章和第 4 章通过对高频数据进行充分蒙特卡洛模拟，进而实现了低频长周期的风险预测，取得了较好的实证效果。然而需要指出的是，上述研究并未考虑宏观经济波动对于现货资产长期波动的影响。这对于处于下行周期的供应链金融实践而言显得至关重要。

在金融资产的风险测度领域，自 Engle（1982）开创性地提出 ARCH 波动率模型以来，以 GARCH 族模型为代表的经典波动率模型更多注重于资产收益率时间序列自身信息的挖掘，甚少考虑宏观经济变量，也即长于统计层面的刻画，疏于经济含义的挖掘。而少数考虑宏观经济变量的研究亦认为宏观经济基本面对于金融资产波动率所起作用甚微，因此宏观经济基本面与金融市场的波动之间的关系依然是尚未解决的核心问题。这很大程度上源于传统的金融风险管理研究中更多关注于短期风险预测，尤其是向前一个交易日的预测（One Day ahead Forecast）。而对于短期波动率的建模和预测，传统 GARCH 族模型足以胜任，然而对于刻画和捕捉资产长期波动趋势显然无能为力。

事实上，传统的波动率模型往往无力解释和说明资产长期波动趋势的形成原因和经济含义。无论是宏观金融市场还是微观金融资产的波动，均源于外部信息事件对于非预期收益的冲击。更为重要的是，不同的信息事件产生的冲击强度不同，换言之，存在短期记忆或长记忆特征，而且外部宏观信息事件还会造成波动率结构的突变行为。以 GARCH 族模型为代表的传统的波动率模型用于描述资产长期波动趋势的无条件方差往往为一固定值，这显然与资产的低频波动存在时变特征这一典型事实不符。基于此，Engle et al（1999）提出了成分 GARCH 族模型，将资产的波动率模型分为短期波动成分和长期波动成分，而其中长期波动成分即用来捕捉外部宏观经济事件对于资产波动的长期冲击。该模型虽然通过长期波动成分实现了对长记忆特征的刻画，但是长期波动成分依然会以一定的均值回复速率趋向于某一固定值。为此，Engle et al（2008）进一步提出了样条 Spline-GARCH 族模型，给出了长期波动成分（低频波动）的指数函数形式，但是在低频波动的建模中无法灵活选择宏观经济波动的代理变量，其经济解释能力并不能在函数形式中直接体现，而是需要通过横截面回归分析，去挖掘宏观经济变量对于长期波动成分的解释能力。

另一方面，Ghysels(2002)提出的混合频率数据抽样回归过程(MIDAS)可以直接运用高频数据实现对低频周期的预测，并被广泛运用于宏观经济变量以及金融市场的波动率预测，比如 Ghysels et al(2006)，Andreou et al(2013)等。在此基础上，Engle et al(2013)提出了基于混频数据抽样回归的 GARCH-MIDAS 模型，该模型继承了 Spline-GARCH 中的短期波动成分的表现形式，同时通过对低频的已实现波动率或者宏观经济变量的混频数据抽样过程刻画资产的长期波动成分的时变性，在捕捉资产的长记忆和结构突变特征的同时，进一步提升了模型对于长期波动成分的起因和经济意义的解释力。而且该方法能够充分利用高频数据的更新信息，实现资产长期波动的预测，有效解决了高频数据样本有限性和长期预测的难题。正是基于此，Asgharian et al(2013)以及 Conrad et al(2014，2105)先后运用 GARCH-MIDAS 模型研究宏观经济变量对于股市波动率的影响和重要性。除此之外，国内学者郑挺国等(2014)同样基于 GARCH-MIDAS 模型，研究了宏观经济基本面对于国内股市波动率建模和测度的影响。然而需要指出的是，目前尚未发现将 GARCH-MIDAS 模型用于国内大宗商品市场波动尤其是现货商品价格风险管理研究。

综上所述，与第 2 章和第 3 章中基于风险分散策略的质物组合优化研究不同，本章致力于解决宏观经济下行时期供应链金融的风险管理问题。首先，风险管理策略层面，鉴于宏观经济下行时期质押资产价格的普跌现象会使得基于风险分散策略的资产组合理论可能面临失灵问题，提出基于风险对冲策略的供应链金融风险管理视角，以实现对于宏观经济波动引致的系统性风险因素的有效对冲；其次，在模型层面，立足国内供应链金融实践中面临的高频数据获得性引发的小样本问题与长期风险预测并存的现实，同时考虑到现有波动率模型长于统计意义的描述，疏于背后经济含义的挖掘。因此，分别以低频周期的已实现波动率和宏观经济景气预警指数作为宏观经济波动的代理变量，建立 GARCH-MIDAS-RV 和 GARCH-MIDAS-Xv 模型，去刻画描述系统性风险因素的长期波动成分，有效规避了采用现有同频数据建模方法导致的高频数据有效信息的损失。进一步将 GARCH-MIDAS 模型拓展至 DCC-MIDAS，建立考虑宏观经济因素的质物资产期现货间的动态相关结构模型；进一步，基于 DCC-MIDAS 模型对期现货资产条件波动率以及相关结构的刻画，建立考虑物流企业风险厌恶异质性的动态套期保值比率模型。

6.2　模型与方法

6.2.1　考虑物流企业风险厌恶异质性的最优动态套期保值比率模型

首先假设物流企业所持有质押资产的现货和期货品种组成的套期保值组合的收益率 r_p 为：

$$r_p = r_s - hr_f \tag{6-1}$$

式中，r_s 和 r_f 分别表示现货和期货价格的对数收益率，h 为套期保值比率。

进一步，考虑作为多头现货资产持有者的物流企业风险偏好的异质性，参照文献 Alizadeh et al(2008)，Lee(2009)以及 Conlon et al(2015)，建立基于均值—方差的套期保值期望效用函数如下[①]：

$$EU(r_p) = E(r_p) - \lambda Var(r_p) \tag{6-2}$$

式中，$\lambda > 0$ 反映了套保者的风险厌恶程度，其值愈大，套保者的风险厌恶程度愈高。令期望效用函数最大，并对套保比率 h 求偏导，得到最优套期保值率 h^*。

$$\max Eu(r_p) = \max\{E(r_s) - hE(r_f) - \lambda[Var(r_s) + h^2 Var(r_f) - 2h\operatorname{cov}(r_s, r_f)]\}$$

$$\begin{aligned} h^* &= \frac{\operatorname{cov}(r_s, r_f)}{Var(r_f)} - \frac{E(r_f)}{2\lambda Var(r_f)} \\ &= \rho_{s,f}\frac{\sigma_s}{\sigma_f} - \frac{E(r_f)}{2\lambda\sigma_f^2} \end{aligned} \tag{6-3}$$

考虑到风险厌恶系数设定存在任意性，存在最优套期保值比率小于 0 的情形，从而毫无经济意义。因此，为保证 $h^* \geqslant 0$，风险厌恶系数存在如下约束条件：

$$\lambda \geqslant \frac{E(r_f)}{2\sigma_s\sigma_f\rho_{s,f}} \tag{6-4}$$

式中，σ_s，σ_f 分别为质押资产的现货价格和期货价格的时变条件波动率；$\rho_{s,f}$ 为现货质物资产和其相应期货品种的时变相关系数。

基于式(6-4)不难得出，动态套期保值策略中每次最优套保比率的计算均会对应一个风险厌恶系数的下限值 $\lambda_{l,i}$，因此为了保证每次套期保值比率均具有经济意义，令 $\lambda_L = \max\{\lambda_{l,i}\}$。

进一步分析可以发现，当期货市场的头寸期望收益 $E(r_f) > 0$ 时，现货资产持有者的风险厌恶程度越高，对应的最优套期保值比率 h^* 越大，也就是说需要在期货市

① 该效用函数还可以表示为 $EU(r_p) = E(r_p) - 0.5\lambda Var(r_p)$，其中，系数 0.5 并没有实际意义，仅为方便计算的角度设定，比如文献 Fernandez(2008)。

场持有数量更多的空头头寸。相反，如果 $E(r_f)<0$，套保者的风险厌恶程度越高，对应的 h^* 则越小。当 $E(r_f)=0$ 或者风险厌恶系数 $\lambda\to+\infty$ 时，最优套期保值比率退化为最小方差套期保值比率：

$$h^*=\rho_{s,f}\frac{\sigma_s}{\sigma_f} \tag{6-5}$$

通过上述分析可以发现，无论物流企业风险偏好如何，质押资产的期现货的条件波动率及其相关结构的准确刻画是得到最优的动态套期保值比率的关键。同时，考虑到经济下行区间内，宏观经济波动作为外部系统性风险因素对于资产的条件波动率及其相关结构的影响，接下来，将分别引入混频数据抽样回归的 GARCH-MIDAS 成分波动率模型及其多元拓展而得到的动态条件相关结构模型 DCC-MIDAS，分别刻画考虑了宏观经济波动因素的现货和期货价格的时变条件波动率和动态相关结构。

6.2.2 基于 GARCH-MIDAS 模型的条件波动率模型

$$r_{i,t}=\mu_i+\sqrt{\tau_{i,t}\times g_{i,t}}\,z_{i,t},\ \forall t=1,\cdots,N_v \tag{6-6}$$

式中，$r_{i,t}(i=s,f)$ 为某一质押资产的现货和期货品种在某一既定风险持有期 N_v（如 1 周、1 个月、3 个月以及 6 个月等）内，第 t 个交易日的对数收益率；μ_i 为条件均值；新息项 $z_{i,t}$ 服从均值为 0、方差为 1 的独立同分布。

条件波动率由长期波动 $\tau_{i,t}$ 和短期波动 $g_{i,t}$ 两部分组成，因此，GARCH-MIDAS 模型为典型的成分波动率模型。短期波动部分通过呈均值回复过程的 GARCH(1,1)模型刻画，如式(6－7)所示。由外部系统性风险因素引致的长期波动成分则分别通过低频周期内的已实现波动率(Realized Volatility，RV)的混频数据抽样回归过程(MIDAS)进行刻画，见式(5－8)。

$$g_{i,t}=(1-\alpha_i-\beta_i)+\alpha_i\frac{(r_{i,t-1}-\mu_i)^2}{\tau_{i,t}}+\beta_i g_{i,t-1} \tag{6-7}$$

已实现波动率作为宏观经济波动的代理变量时，长期波动部分表示如下：

$$\tau_{i,t}=m_i+\theta_i\sum_{k=1}^{k_v}\varphi_k(w_{v,1}^i,w_{v,2}^i)RV_{i,t-k} \tag{6-8}$$

$$RV_{i,t}=\sum_{j=1}^{N_v}r_{i,t-j}^2 \tag{6-9}$$

$$\varphi_k(w_{v,1}^i,w_{v,2}^i)=\frac{\left(\frac{k}{k_v}\right)^{w_{v,1}^i-1}\left(1-\frac{k}{k_v}\right)^{w_{v,2}^i-1}}{\sum_{j=1}^{k_v}\left(\frac{j}{k_v}\right)^{w_{v,1}^i-1}\left(1-\frac{j}{k_v}\right)^{w_{v,2}^i-1}} \tag{6-10}$$

其中，参数 θ_i 决定了资产长期波动部分与宏观经济变量波动之间的关系，当 θ_i 为正值时，说明资产的长期波动部分与宏观经济变量波动的方向一致，其值越大，受宏观经济波动的影响越显著。$\varphi_k(w_{v,1}^i, w_{v,2}^i)$ 为 Beta 函数型权重结构，可以灵活描述宏观经济波动的代理变量对长期波动部分影响的衰减规律，比如单调递减和单峰形态。当 $w_{v,1}$ 的取值为 1，该模型中的长期波动率的衰减机制为单调递减形态，而且其衰减的速度取决于 $w_{v,2}$，$w_{v,2}$ 越大，其衰减得越快。事实上，单调递减形态的衰减机制在实证研究中应用得最为广泛，比如文献 Engle et al(2013)，Conrad et al(2014)。实证研究中，则根据参数估计的显著性、最大似然函数值以及 BIC 信息准则来确定是否限制 $w_{v,1}=1$，仅对 $w_{v,2}$ 估计。低频变量的最大滞后阶数 k_v 由最大似然函数法则确定。

而低频周期内已实现波动率只能视为系统性风险因素的近似代理变量(Noisy Proxy)。为了更为精确地刻画宏观经济波动这一系统性风险要素，直接引入低频的宏观经济变量的波动指标 X_v，式(6-8)则相应表示为：

$$\tau_{i,t}=m_i+\theta_i\sum_{k=1}^{kv}\varphi_k(w_{v,1}^i, w_{v,2}^i)Xv_{i,t-k} \tag{6-11}$$

式中，X_v 为宏观经济变量一阶差分处理后序列的条件方差，通过 ARMA(p, q)或者 GARCH(1,1)模型进行回归得到。

6.2.3　基于 DCC-MIDAS 模型的资产动态相关结构模型

为了描述资产间的动态相关结构，Colacito，Engle 以及 Ghysels(2011)对 GARCH-MIDAS 模型进行多元化拓展，提出了 DCC-MIDAS 模型。该模型融合了 Engle(2002)提出的动态相关结构模型(Dynamic Conditional Correlation, DCC)和 GARCH-MIDAS 模型，将资产间的条件协方差矩阵分解成条件方差矩阵和相关系数矩阵，并分步对其估计。首先运用 GARCH-MIDAS 模型对组合内的单个资产进行条件波动率的估计，并得到标准残差项；进一步将标准残差项的条件相关结构分解为短期相关成分和长期相关成分。与 GARCH-MIDAS 相似，短期相关成分运用自回归的 DCC 模型刻画，长期相关成分则通过对标准残差项的样本自相关函数的 MIDAS 过程刻画。接下来运用 DCC-MIDAS 模型刻画套保组合内单一资产的现货和期货的动态相关结构。

令现货和期货的标准残差项 $z_{i,t}$ 的时变相关系数矩阵为 R_t，其中 $q_{sf,t}$ 为伪相关系数矩阵 Q_t 的组成元素。长期相关成分 $\hat{\rho}_{sf,t}$ 为标准残差项的相关系数矩阵 c_t 的混频抽样回归过程，权重 $\varphi_k(w_{c,1}, w_{c,2})$ 同样为 Beta 函数型权重结构，见式(6-10)。

$$R_t=diag(Q_t)^{-\frac{1}{2}}Q_t diag(Q_t)^{-\frac{1}{2}} \tag{6-12}$$

$$q_{sf,t}=\overline{\rho}_{sf,t}(1-a-b)+az_{s,t-1}z_{f,t-1}+bq_{sf,t-1} \tag{6-13}$$

$$\bar{\rho}_{sf,t}=\sum_{k=1}^{k_c}\varphi_k(w_{c,1},w_{c,2})c_{sf,t-k} \tag{6-14}$$

$$c_{sf,t}=\frac{\sum_{k=t-N_c}^{t}z_{s,k}z_{f,k}}{\sqrt{\sum_{k=t-N_c}^{t}z_{s,k}^2}\sqrt{\sum_{k=t-N_c}^{t}z_{f,k}^2}} \tag{6-15}$$

式中，N_c 的取值与 N_v 相同，均表示低频周期内交易日的数量；k_c 为低频周期内相关系数的混频抽样回归过程的最大滞后阶数。

6.2.4 模型检验

1. 基于稳健损失函数的样本外波动率预测能力检验

大量实证研究表明，进行波动率的预测评价中，往往出现使用不同损失函数得到相互矛盾的评价结果，导致决策者无法选取最优的波动率预测模型，比如 Arouri et al (2012)，鉴于此，引入 Patton(2011)提出的一类稳健损失函数族：

$$L(\sigma^2,h;b)=\begin{cases}\dfrac{(\sigma^{2b+4}-h^{b+2})}{(b+1)(b+2)}-\dfrac{h^{b+1}(\sigma^2-h)}{b+1},\ b\notin\{-1,-2\}\\ h-\sigma^2+\sigma^2\log\left(\dfrac{\sigma^2}{h}\right),b=-1\\ \dfrac{\sigma^2}{h}-\log\left(\dfrac{\sigma^2}{h}\right)-1,b=-2\end{cases} \tag{6-16}$$

其中，稳健损失函数的同质程度为 $b+2$，当 $b=0$ 时，稳健损失函数为均方误差 MSE；当 $b=-2$，损失函数为高斯准极大似然损失函数误差 QLIKE。h 为条件方差的预测值；$\sigma^2=(r_i-\mu)^2$ 为真实条件方差的代替指标①。该损失函数族能够通过参数 b 的调整，实现对模型高估以及低估行为的惩罚。当 $b>0$ 时，高估会产生更大的损失函数值，$b<0$ 时，低估行为同样产生更高的损失函数值(图 6-1 可以清晰地展现出稳健函数对于错估行为的惩罚)。基于此，充分考虑可能存在的错估行为，分别取 $b=\{1,0,-1,-2\}$ 四类损失函数对 GARCH-MIDAS-RV 和 GARCH-MIDAS-Xv 模型进行样本外预测能力的比较。

① 尽管已实现波动率 RV 可以视为真实条件波动率更好的代理变量，但是囿于大宗商品现货交易特点，我们无法获得其日内交易高频数据，因此无法得到已实现波动率，故取去均值后的收益率的平方作为条件方差的代理变量。

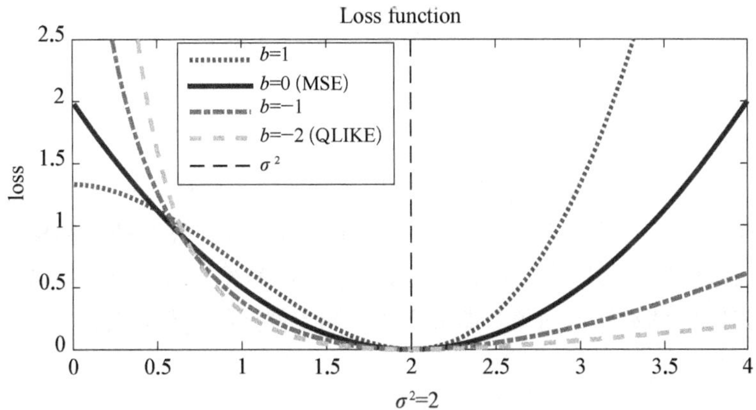

图6-1 不同稳健损失函数对于模型错估行为的惩罚(假设资产的真实条件方差为2)

(1) DMW 检验。

进一步构建基于稳健损失函数的DMW检验[Diebold and Mariano(1995)以及West(1996)],令 $d_t \equiv L(\sigma^2, h_{1,t}; b) - L(\sigma^2, h_{2,t}; b)$,则存在原假设 H_0:$E(d_t)=0$ 的DMW检验如下:

$$DMW \equiv \frac{\sqrt{n}\,\overline{d}_n}{\sqrt{Var[\sqrt{n}\,\overline{d}_n]}} \rightarrow N(0,1), n \rightarrow \infty \qquad (6-17)$$

式中,$\overline{d}_n = n^{-1}\sum_{t=1}^{n} d_t$。

DMW检验的局限性在于需要提前设定基准模型,而且仅适用于模型的两两比较,对于存在多个备选模型的评价而言,则显得无能为力。

(2) MCS 检验。

MCS(Model Confidence Set)检验,也即模型置信集检验,由 Hansen et al(2011)正式提出。所谓模型置信集合,也即在某一既定置信水平 $1-\alpha$ 下,包含最优模型的一类集合。MCS检验不需要提前设定基准模型,而且承认了有限样本数据的局限性。对于信息量大有价值的数据样本,可以判别出唯一的最优模型;相反,也存在信息量小的数据样本,此时,无法判别出唯一的最优模型。假设存在初始预测模型集合 M^0,包含模型数量 $i=1,2\cdots,m_0$。定义相对预测评价变量 $d_{ij,t}$,$d_{ij,t} \equiv L_{i,t} - L_{j,t}\ \forall i,j \in M^0$。

对集合 M^0 中所有模型进行等预测能力检验,满足原假设 H_0:$E(d_{ij,t})=0$。如果在给定的显著性水平 α 下拒绝原假设,那么则将具有最差预测能力的模型从初始集合 M^0 中淘汰,不断重复上述过程,直至集合中模型不再拒绝原假设,则保留下来的模型集合就是模型置信集 $M^*_{1-\alpha}$。MCS通过自举法(Bootstrap Methods)实现。

2. 样本外套期保值效率检验

为了评价套期保值是否有效,以未套保现货资产的方差与套保组合的方差的差值占未套保现货资产的方差的比值作为衡量套期保值效率的指标，如式(6－18)所示。

$$HE = 1 - \frac{\sigma^2(\hat{r}_p)}{\sigma^2(\hat{r}_s)} \tag{6-18}$$

式中，$\hat{r}_p = \hat{r}_s - h^* \hat{r}_f$；$\hat{r}_s$，$\hat{r}_f$ 分别为样本外预测期限内的现货和期货的真实收益率。需要指出的是，在计算最优套期保值比率 h^* 时，为了得到较为精确的期货预期收益率 $E(r_f)$，在此做如下处理：根据 BIC 法则建立 ARMA(p,q)模型，并基于最小均方误差(MMSE) 对样本外不同预测期限内的多期条件期望进行估计。

6.3 实证分析

6.3.1 样本数据选择及统计描述

长期以来，我国一直是全球主要的铜生产国和最大消费国。铜作为重要的工业基础原材料，在我国工业体系中占有重要地位，其价格走势与宏观经济状态呈典型的顺周期关系。而且相对于螺纹钢等钢铁产品[①]，铜期货品种起步更早，发展得更为成熟。因此，铜具有更强的金融属性，一直是我国供应链金融实践中的主力品种。尤其是 2014 年 6 月出现的青岛港融资铜事件，更进一步凸显出铜在供应链金融实践中扮演的重要角色。基于此，选取长江有色 1＃铜的每日成交均价和沪铜 3 月主力合约的收盘价分别作为铜的现货和期货价格，同时考虑到现货价格数据的可得性以及来源的可靠性(期现货价格数据均源自上海期货交易所)，样本区间为 2005 年 1 月 4 日至 2014 年 6 月 30 日，共计 2 297 个样本数据，如图 6－2 所示。

众所周知，宏观经济的周期波动是通过一系列经济变量的活动来传递和扩散的，任何一个经济变量本身的波动都不足以代表宏观经济的整体波动。因此，实证研究中，Engle et al(2013)，Conrad et al(2014)等以往学者研究中选择宏观经济的单个指标作为其代理变量，比如工业生产指数(Industrial Production Index，IPI)和生产者出厂价格指数(Producer Price Index，PPI)；Engle et al(2008)将国内生产总值 GDP、通胀指标 CPI 以及短期利率水平作为宏观经济波动的代理变量。虽然 GDP 也能衡量宏观经济状态，但是我国 GDP 的发布数据往往是季度数据，时效性相对较差。基于上述分析，本章选择中国经济景气监测中心发布的预警指数(商业周期指数，Business Cycle Signal)，作为宏观经济变量的代理指标。相对于经济景气一致指数和先行指数，该指标能够客观描述宏观经济的运行状况和预测未来走势，是经济状

① 国内钢铁产品的期货品种，螺纹钢和线材均始于 2009 年 4 月，4 万亿元投资计划带来短暂的价格复苏的同时，也进一步加剧了钢铁行业的产能过剩问题。随着国内经济增速的回落，螺纹钢价格自 2011 年年中即进入绵长的下跌周期。相对而言，期铜具有更完整的价格波动周期。

况的“晴雨表”和“报警器”，包含工业生产指数、固定资产投资、社会消费品零售总额、海关进出口总额、财政收入、工业企业利润总额、城镇居民人均可支配收入、金融机构各项贷款、货币供应量 M2、居民消费价格指数 10 项指标，能够全面反映包括实体经济和金融环境的宏观经济运行状态，因此可以解释大宗商品的商品属性和金融属性所引起的价格波动成分。而且该指标为月度数据，相对 GDP 而言具有更高的时效性。

如图 6－2 和图 6－3 所示，整个样本区间内，铜的期现货价格与宏观经济预警指数具有较为一致的变动趋势，从而进一步证实了铜的强周期属性。而且样本期内，共经历了两次经济下行区间，分别为 2008 年 6 月至 2008 年 12 月和 2011 年 7 月至 2014 年 6 月①。

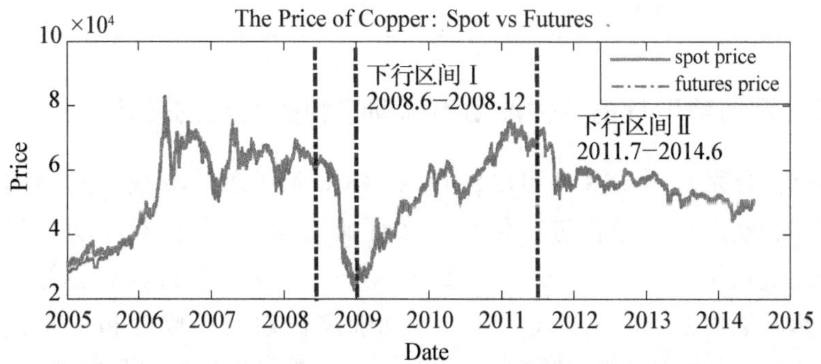

图 6－2　样本区间内铜的期货和现货价格的时间序列

数据来源：上海期货交易所。

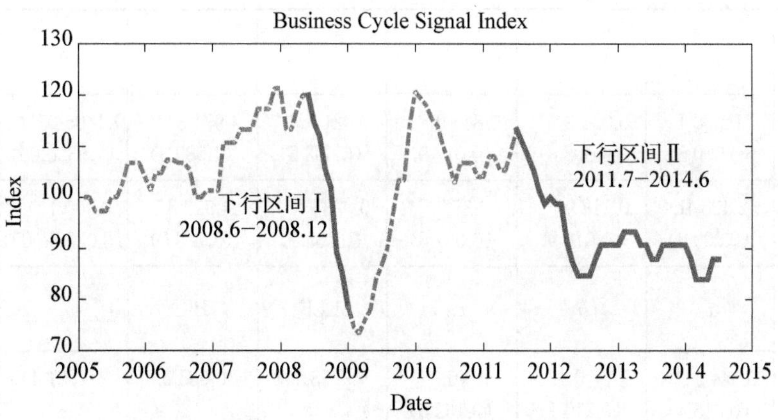

图 6－3　样本区间内中国宏观经济景气预警指数序列

数据来源：中国经济景气监测中心。

① 需要指出的是，我国宏观经济预警指数在 2014 年下半年开始继续回落，宏观经济状态处于趋冷区间，至 2015 年 12 月，预警指数值已经低至 67.3，其主要构成指标工业生产指数连续 18 个月处于蓝色过冷状态，考虑到铜的现货价格的数据的可得性，样本仅取到 2014 年 6 月。

如表 6－2 所示，比较分析样本区间内铜的现货和期货收益率的统计特征可以发现，二者的均值和标准差均较为接近，但是现货铜的收益率体现出更高的峰度和轻微的右偏特征，期铜收益率的峰度仅为 4.689，并未体现出显著的超额峰度，但存在一定程度的左偏特征。进一步通过 J-B 正态检验亦可以发现，铜的现货收益率体现出非正态特征更为显著，而期铜更接近于正态分布，这恰恰反映了国内期铜市场已经发展得较为成熟。而且二者具有很强的相关性，期货市场可以为现货市场的投资者提供较好的套保交易。

表 6－2　全样本区间内铜的现货和期货收益率序列统计特征描述

	均　值	标准差	偏　度	峰　度	J-B Test	相关系数
现货 s	2.113 6e-04	0.016 1	0.063 8	9.459 4	3 993.1	0.716 0
期货 f	2.402 4e-04	0.017 6	−0.323 4	4.689	312.931 9	

6.3.2　铜的期现货的条件波动率和动态相关结构的估计

本部分将分别基于 DCC-MIDAS-RV 和 DCC-MIDAS-Xv 模型对铜的期现货的条件波动率和动态相关结构进行估计。实证研究发现，令长期波动部分和长期相关成分的权重结构 $w_{v,1}=1$，$w_{c,1}=1$，仅对 $w_{v,2}$，$w_{c,2}$ 估计具有更好的效果。通过最大似然函数以及 BIC 等判定准则，分别确定长期波动成分和长期相关成分在 MIDAS 回归过程的最大滞后阶数 $k_v=12$，$k_c=6$。估计结果如表 6－3 和表 6－4 所示。

表 6－3　样本期内 DCC-MIDAS-RV 模型的条件波动率和动态相关结构的参数估计

GARCH-MIDAS	μ	α	β	θ	w_v	m	LLF/BIC
现货	0.000 1 (0.000 3)	0.096 3*** (0.008 3)	0.845 9*** (0.017 9)	0.021 7*** (0.002 8)	4.971 3*** (1.589 3)	7.169e-05*** (7.832e-06)	5910.5 −11 774.6
期货	−2.408 1e-05 (0.000 3)	0.118 9*** (0.016 9)	0.837 7*** (0.031 6)	0.028 7*** (0.005 9)	4.999 8* (3.123 5)	0.000 1*** (3.025 8e-05)	5589.5 7 −11 132.7
DCC-MIDAS	a	b	w_c	LLF	BIC	ρ_s	
	0.044 5*** (0.015 4)	0 (0.210 1)	1.001*** (0.162 6)	−5 331.13	10 685.5.5	0.721 4	

注：(.) 内为标准误差，LLF 为最大似然函数估计值；BIC 为贝叶斯信息准则的估计值；*，*** 分别表示估计值在 10%和 1%的水平下显著。下同。

表 6－4　样本期内 DCC-MIDAS-Xv 的条件波动率和动态相关结构的参数估计

GARCH-MIDAS	μ	α	β	θ	w_v	m	LLF/BIC
现货	0.000 1 (0.000 3)	0.072 9*** (0.006 2)	0.859 2*** (0.011 0)	0.052 0*** (0.000 8)	5.000 1*** (1.072)	8.535e-05*** (7.696 1e-06)	5 876.79 −11 707.2
期货	2.434 7e-05 (0.000 3)	0.073 9*** (0.009 3)	0.854 9*** (0.017 0)	0.075 6*** (0.016 1)	5.000 0*** (1.376 9)	0.000 1*** (1.407 3e－05)	5 556.08 −11 065.7
DCC-MIDAS	a	b	w_c	LLF	BIC	ρ_s	
	0.037 2*** (0.010 4)	0 (0.270 1)	1.001*** (0.143 9)	−5 549.18	11 121.6	0.724 1	

首先分析期现货条件波动率的估计参数，除条件均值外，其他参数估计值在统计意义上均比较显著。其中短期波动部分的参数，$\alpha>0$，$\beta>0$ 且 $\alpha+\beta<1$，满足 GARCH(1,1) 的平稳性条件；长期波动部分参数 θ 均大于 0，而且以宏观经济景气预警指数作为宏观经济变量 GARCH-MIDAS-Xv 模型中 θ 值更大，说明宏观经济波动与资产的长期波动部分呈现显著的正相关关系，宏观经济预警指数的波动会显著影响铜的期现价格的长期波动。最后根据 LLF 和 BIC 准则，可以发现 DCC-MIDAS-RV 模型在样本内估计和拟合能力略优于 DCC-MIDAS-Xv 模型。

进一步观测 DCC-MIDAS 模型对于铜的期现货动态相关结构的刻画，发现两类模型的估计中参数 b 均为 0，且参数 a 的数值较小，式(6－13)退变为 $q_{sf,t}=\bar{\rho}_{sf,t}(1-a)+az_{s,t-1}z_{f,t-1}$，此时，期现货动态相关结构将主要取决于长期相关成分 $\bar{\rho}_{sf,t}$。

如图 6－4 和图 6－5 所示，无论是以低频周期内的已实现波动率还是经济景气预警指数的条件方差作为宏观经济波动的代理变量，铜的现货和期货价格的条件波动率和长期波动成分的高低起伏基本吻合，二者呈现出显著的逆周期特征，这一规律与 Engle et al(2013)，Conrad et al(2014)对股票市场研究所得出的逆周期特征一致，这说明大宗商品市场同成熟的股票市场一样均可以体现宏观经济的运行状态，其波动过程受宏观经济环境的影响显著。进一步，将宏观经济景气预警指数作为宏观经济波动的解释变量的 GARCH-MIDAS-Xv 模型更能捕捉铜的现货和期货的长期波动部分的逆周期特征，而且期货品种表现得更为显著。最后观测期现货间的动态相关结构，现货和期货之间的相关结构与资产波动的高低起伏也呈现出一定程度的一致性，即在经济下行的高风险时期表现出更强的相关性。但是，对于整个样本周期而言，期现货的相关性最强的时点与风险最高的时点并不一致。因此，期现货的条件波动率对于动态套期保值而言影响更为关键。

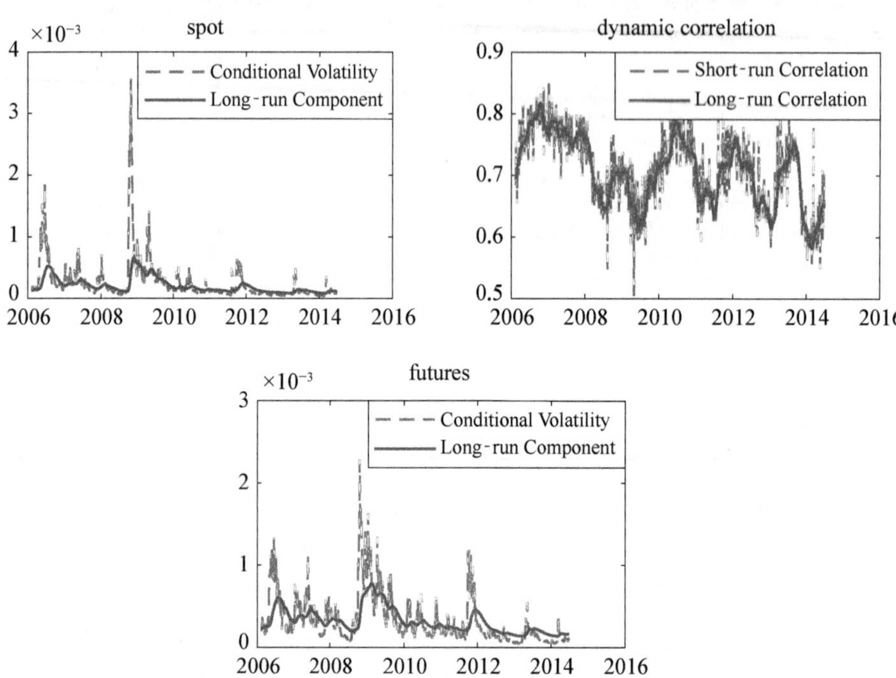

图 6-4　基于 DCC-MIDAS-RV 模型的铜的期现货价格的条件波动率和动态相关结构

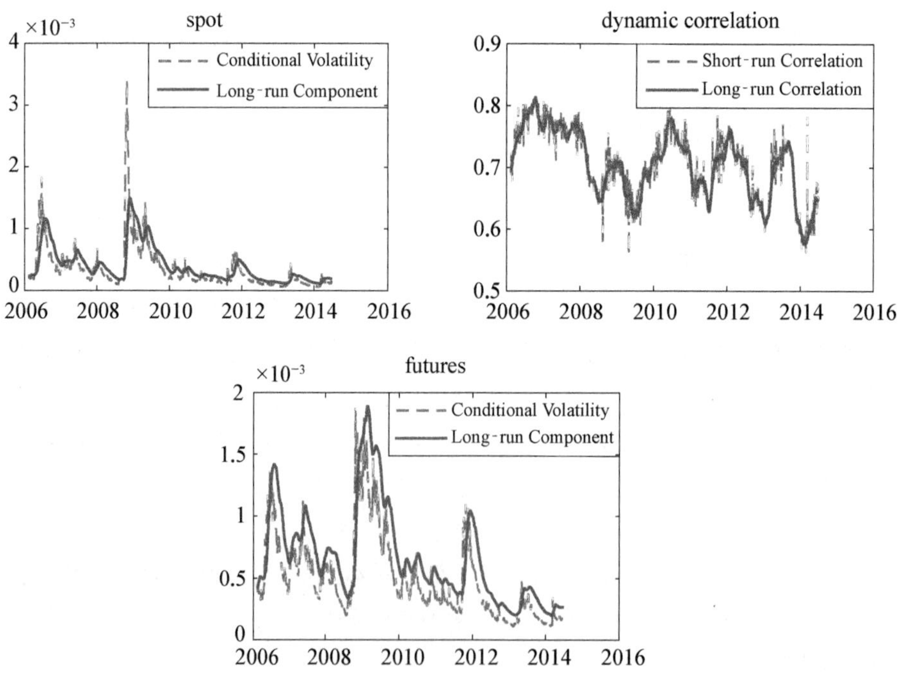

图 6-5　基于 DCC-MIDAS-X*v* 模型的铜期现货的条件波动率和动态相关结构

6.3.3 外部系统性风险因素对于波动过程的贡献分析

如前所述，宏观经济波动作为外部系统性风险因素，直接体现在大宗商品价格的长期波动成分中。因此，为了衡量铜的期、现价格波动过程系统风险因素的比重，引入长期波动成分与整体波动成分的方差比率 VR，如式(6－19)所示。以此为基础，对全样本区间以及两个下行子样本区间进行方差比率分析，得到外部系统性风险因素对于铜的整体波动贡献，结果如表 6－5 所示。

$$VR = \frac{Var[\log(\tau_t)]}{Var[\log(\tau_t g_t)]} \tag{6-19}$$

表 6－5　外部系统性风险因素对于铜期现货价格波动过程的贡献分析

	全样本区间 (2005.01—2014.06)	下行区间Ⅰ (2008.07—2008.12)	下行区间Ⅱ (2011.07—2014.06)
VR(RV-S)	0.336 6	0.286 8	0.183 9
VR(RV-F)	0.291 7	0.235 5	0.217 1
VR(Xv-S)	0.621 1	0.495 4	0.485 9
VR(Xv-F)	0.701 6	0.577 8	0.663 3

通过表 6－5 可以发现，无论是在全样本区间还是两个下行区间，外部系统性风险因素对于铜的期现货价格的波动均有重要影响。尤其是在以经济景气预警指数作为宏观经济变量的模型中，长期波动成分对于整体波动的贡献接近甚至超过 50%，这进一步说明了宏观经济基本面这一系统性风险变量是商品属性和金融属性均较为显著的铜的价格波动的重要决定因素。那么，考虑了宏观经济基本面这一系统性风险因素是否能改善资产波动率的样本外多期预测能力呢？接下来，将基于 Pattton (2011)提出的稳健损失函数族，运用 DMW 检验以及模型置信集检验 MCS，分别对两类 GARCH-MIDAS 模型与标准 GARCH 模型与 FIGARCH 模型进行比较。

6.3.4 基于稳健损失函数的波动率预测能力检验

作为供应链金融风险控制的关键决策变量，风险持有期限的选择需要综合考虑银行以及物流企业的风险偏好、质物资产本身的流动性以及借款企业的资信状况。同时，鉴于 GARCH-MIDAS 模型在多期预测的优势，与前述几章不同，在预测期限的选择中，本章放弃向前 1 个交易日的预测，增加半年度预测。综上，分别对铜的现货和期货展开期限为 1 周、2 周、1 个月、3 个月以及 6 个月的样本外多期条件波动率和动态相关结构的预测。需要指出的是，为了充分运用采集样本信息，保持总样本 N 变，进而不同的预测期限对应不同的估计样本。这一处理方式可以同时实现预测样本和估计样本的灵活调整，在检验样本外不同期限的预测能力的同时，也检验了模型样本内估计的稳健性，比如 Engle et al(2013)以及 Wang et al(2015)。

选取稳健的损失函数是确保样本外预测能力的前提。根据式(6－19)，分别得到不同期限条件下两类 GARCH-MIDAS 波动率模型的稳健损失函数，其损失函数均值如表6－6和表6－7所示。二者并未表现出显著性差异，为了进一步辨别二者的样本外预测能力，引入适用于模型两两比较的 DMW 相对预测能力检验，结果如表6－8所示。结果显示，以低频周期的已实现波动率作为长期波动变量的 GARCH-MIDAS 模型要优于以宏观经济预警指数作为长期波动变量的模型。这在一定程度上说明了选取宏观经济变量代理指标的重要性，也同时说明基于已实现波动率的 GARCH-MIDAS 模型在实证分析中表现出了较强的普适性。

表6－6　不同预测期限下现货铜条件波动率平均损失函数值

损失函数		预测期限				
		1周	2周	1个月	3个月	6个月
$b=1$	RV	2.640 1e-12	1.496 4e-12	1.014 4e-12	1.993 4e-12	2.823 0e-11
	Xv	2.656 3e-12	1.509 8e-12	1.028 6e-12	2.032 4e-12	2.825 0e-11
$b=0$	RV	1.498 5e-08	9.017 5e-09	6.986 8e-09	1.070 5e-08	3.723 9e-08
	Xv	1.502 4e-08	9.107 0e-09	7.091 4e-09	1.092 3e-08	3.733 6e-08
$b=-1$	RV	1.235 6e-04	8.355 6e-05	7.289 9e-05	9.199 1e-05	1.349 7e-04
	Xv	1.227 1e-04	8.393 4e-05	7.342 6e-05	9.311 4e-05	1.350 4e-04
$b=-2$	RV	2.282 7	1.757 6	1.574 2	2.240 9	2.286 6
	Xv	2.259 8	1.755 2	1.571 5	2.243 7	2.276 5

表6－7　不同预测期限下期货铜条件波动率平均损失函数值

损失函数		预测期限				
		1周	2周	1个月	3个月	6个月
$b=1$	RV	7.691 4e-13	6.145 0e-13	6.769 0e-13	6.916 6e-13	1.854 0e-11
	Xv	7.943 9e-13	6.378 1e-13	7.010 9e-13	7.183 0e-13	1.856 8e-11
$b=0$	RV	6.614 5e-09	5.639 6e-09	5.722 9e-09	5.579 6e-09	2.932 0e-08
	Xv	6.837 4e-09	5.853 7e-09	5.935 3e-09	5.770 5e-09	2.947 2e-08
$b=-1$	RV	8.121 7e-05	7.190 8e-05	6.874 1e-05	6.184 1e-05	1.169 9e-04
	Xv	8.318 0e-05	7.383 4e-05	7.054 6e-05	6.325 4e-05	1.178 9e-04
$b=-2$	RV	2.352 5	1.870 2	1.628 1	1.452 3	1.819 1
	Xv	2.369 7	1.886 8	1.642 5	1.462 9	1.825 4

表 6 - 8　铜的条件波动率样本外预测能力 DMW 检验—GARCH-MIDAS-RV 和 GARCH-MIDAS-Xv

损失函数		预测期限				
		1 周	2 周	1 个月	3 个月	6 个月
$b=1$	现货	−20.807 1*	−0.469 6	−0.871 4*	−2.132 5*	−1.218 9
	期货	−8.476 6*	−1.105 1	−2.003 4*	−3.236 9*	−2.055 8*
$b=0$	现货	−14.574 8*	−0.182 3	−0.483 9	−1.840 9	−1.409 7
	期货	9.854 0*	−0.873 9	−1.533 0	−3.151 6*	−2.310 9*
$b=-1$	现货	−8.203 3*	0.046 2	−0.143 6	−0.996 0	−0.064 6
	期货	−9.297 9*	−0.658 5	−1.114 5	−2.621 9*	−1.994 3*
$b=-2$	现货	−5.557 4*	0.222 3	0.147 5	−0.175 2	1.226 8
	期货	−7.525 1*	−0.460 3	−0.748 2	−1.928 7	−1.197 6

注：表中数值为 DMW 检验的 t 统计量，当其绝对值大于 1.96 时，说明在 5%的显著性水平下拒绝二者具有同等预测能力的原假设，表中用 * 表示。如果 t 统计量的值为正，说明 GARCH-MIDAS-RV 模型的平均损失函数值大于 GARCH-MIDAS-Xv 模型；若为负，则相反。

为了进一步验证 GARCH-MIDAS 模型的样本外预测能力，引入前期研究中普遍使用的标准 GARCH 模型和长记忆模型 FIGARCH 模型作为对比。同时考虑到 DMW 检验在模型比较范围上的局限性，即更适于两两比较。在此引入适用于多元(重)预测能力检验的模型置信集 MCS 检验，检验结果如表 6 - 9 和表 6 - 10 所示。

表 6 - 9　不同预测期限下现货铜条件波动率 MCS 检验

损失函数		预测期限				
		1 周	2 周	1 个月	3 个月	6 个月
$b=1$	GARCH-RV	1	0.191 4	0.605 0	1	0.684 4
	GARCH-Xv	0***	0.191 4	0.397 4	0.016 7**	0.507 4
	GARCH	0***	0.905 3	0.397 4	0***	0.049 5**
	FIGARCH	0***	1	1	0.016 7**	1
$b=0$	GARCH-RV	1	0.109 2	0.572 2	1.000 0	0.713 3
	GARCH-Xv	0***	0.146 3	0.324 2	0.054 6*	0.290 8
	GARCH	0***	0.904 2	0.324 2	0***	0.290 8
	FIGARCH	0***	1	1	0.054 6*	1.00 0
$b=-1$	GARCH-RV	1	0.146 7	0.309 0	1	0.852 4
	GARCH-Xv	0***	0.100 6	0.309 0	0.315 1	0.852 4
	GARCH	0***	0.943 9	0.309 0	0***	0.748 6
	FIGARCH	0***	1	1	0.139 7	1

续 表

损失函数		预测期限				
		1 周	2 周	1 个月	3 个月	6 个月
$b=-2$	GARCH-RV	1	0.171 3	0.279 2	1	0.562 6
	GARCH-Xv	0***	0.088 8	0.279 2	0.865 0	0.812 9
	GARCH	0***	0.996 3	0.279 2	0***	0.812 9
	FIGARCH	0***	1	1	0.356 8	1

注:MCS 检验中,置信水平设置为 95%($\alpha=5\%$),Bootstrap 次数为 10 000 次,Block Bootstrap 的区块长度为 2,表中数值为 MCS 检验的 p 值。*,**,*** 分别表示在 10%,5%以及 1%的显著性水平下被置信集排除。下同。

表 6-10 不同预测期限下期货铜条件波动率 MCS 检验

损失函数		预测期限				
		1 周	2 周	1 月	3 个月	6 个月
b=1	GARCH-RV	1	0.393 7	1	1	1
	GARCH-Xv	0***	0.175 4	0.125 4	0.001 1***	0.016 4**
	GARCH	0***	0.175 4	0.023 2**	0***	0***
	FIGARCH	0***	1	0.698 6	0***	0.541 3
$b=0$	GARCH-RV	1	0.492 2	1	1	1
	GARCH-Xv	0***	0.126 1	0.262 6	0.001 8***	0.010 0**
	GARCH	0***	0.492 2	0.015 8**	0***	0.001 6***
	FIGARCH	0***	1	0.800 3	0***	0.704 3
$b=-1$	GARCH-RV	1	0.509 2	1	1	1
	GARCH-Xv	0***	0.101 3	0.417 8	0.010 1**	0.098 9*
	GARCH	0***	0.509 2	0.015 5**	0***	0.016 5**
	FIGARCH	0***	1	0.887 7	0.001 0***	0.759 8
$b=-2$	GARCH-RV	1	0.514 2	1	1	1
	GARCH-Xv	0***	0.069 3	0.617 8	0.066 5	0.507 5
	GARCH	0***	0.514 2	0.013 7**	0***	0.050 3*
	FIGARCH	0***	1.000 0	0.977 8	0.004 0**	0.726 5

通过表 6-9 和表 6-10 中 MCS 检验的结果可以发现,考虑了外部系统性风险因素两类 GARCH-MIDAS 模型表现出了更强的样本外多期预测能力,尤其是 GARCH-MIDAS-RV 模型。当预测期限为 2 周时,在 95 % 的置信集中,至少也表现出了与 GARCH 模型和 FIGARCH 模型同等的预测能力。其次是考虑了长记忆特征的 FIGARCH 模型,标准的 GARCH 模型预测能力最差。事实上,GARCH-

MIDAS 模型的长期(低频)波动部分,能在一定程度上刻画资产波动的长记忆特征和结构突变成分,这也正是其具有较高预测能力的原因。

6.3.5 考虑物流企业风险厌恶异质性的动态套期保值比率设定

如前所述,由于自身风险管理能力以及管理者自身风险厌恶程度的差异,不同的物流企业往往表现出风险厌恶程度的异质性。因此,为了刻画物流企业风险厌恶程度的异质性,同时保证动态套期保值比率的经济意义,也即 $h^* \geqslant 0$,在以已实现波动率作为低频变量的 DCC-MIDAS-RV 模型中,风险厌恶系数的下限值 $\lambda_L = 4.710\,1$,而直接引入宏观经济变量的 DCC-MIDAS-Xv 模型中,$\lambda_L = 2.467\,7$。正是基于上述考虑,与现有文献中风险厌恶系数的取值方式不同,比如 Lence(1996),Conlon et al (2015)分别取 $\lambda = 1$(低风险厌恶程度),$\lambda = 3$(中等风险厌恶程度),$\lambda = 10$(高风险厌恶程度),本章舍弃对低风险厌恶程度的取值,分别取 $\lambda = 5$(中等风险厌恶程度),$\lambda = 7$(较高风险厌恶程度),$\lambda = 10$(高风险厌恶程度)以及 $\lambda \to +\infty$(最小方差套期保值),分析样本期内的动态套期保值比率。

需要指出的是,基于 DCC-MIDAS-RV 和 DCC-MIDAS-Xv 两种模型对于期货铜的收益率的条件均值的估计均不显著,如表 6-3 和表 6-4 所示,因此以期货收益率无条件均值作为相应的预期收益率 $E(r_f)$。不同风险厌恶程度下物流企业的最优动态套期保值比率如图 6-6 所示。

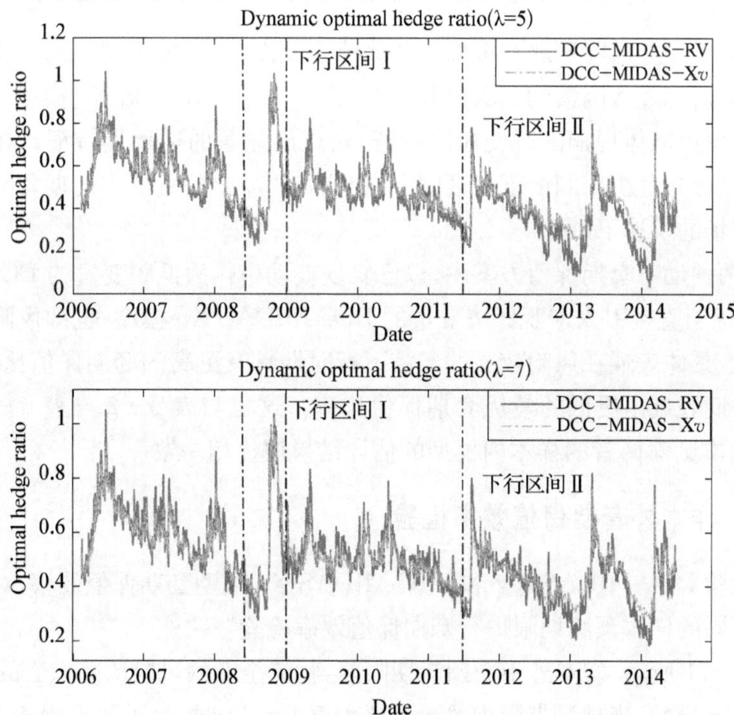

(接下图)

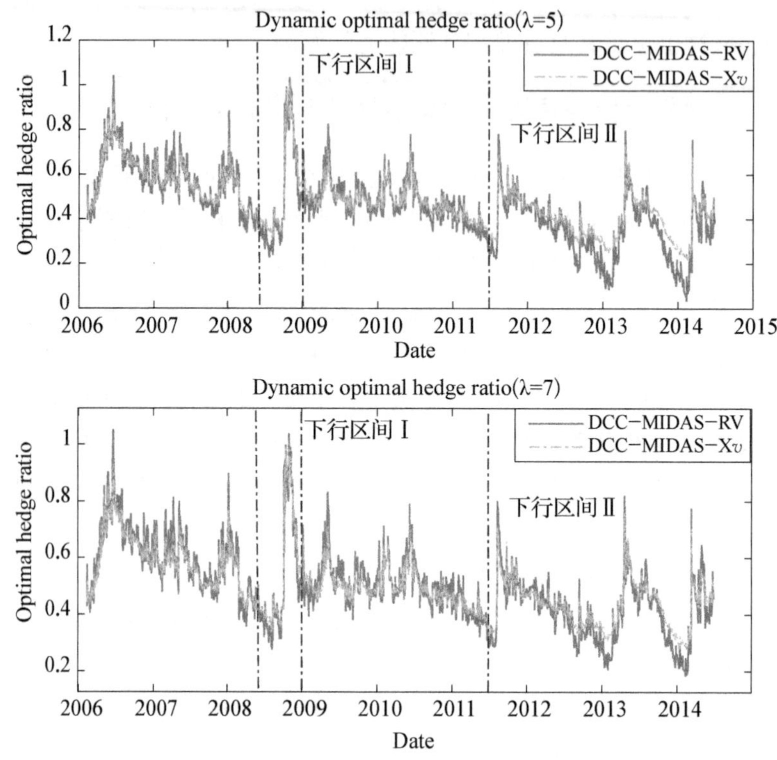

图 6-6　不同风险厌恶程度下铜现货和期货间的动态套期保值比率

首先，对于中等风险厌恶程度以上的物流企业而言，相比于初始的 1∶1 套期保值策略，考虑了宏观经济因素的 DCC-MIDAS-RV 与 DCC-MIADS-Xυ 模型所得到动态套期保值比率更能体现铜的时变风险特征，表现出显著的逆周期特征。在经济下行区间，尤其是金融危机期间的下行区间Ⅰ，物流企业需要数量更多的期货头寸对冲铜价在现货市场的快速下跌。

其次，两种动态套期保值方案中，以已实现波动率作为低频变量的 DCC-MIDAS-RV 模型要优于直接引入宏观经济变量的 DCC-MIDAS-Xυ 模型，也即风险的变化捕捉更为敏锐，具体表现在风险较高的经济下行时期具有更高的套期保值比率，而在风险较低的时期表现出更低的最优套期保值比率。这也与表 6-2 与表 6-3 中，LLF 与 BIC 信息准则对两者的样本内模型的估计结果评价相一致。

6.3.6　样本外套期保值效率检验

为了检验 DCC-MIDAS-RV 和 DCC-MIDAS-Xυ 模型套期保值效率，对小节6.3.4 中的五类不同的样本预测期限进行套期保值效率检验。

如表 6-11 所示，样本外不同预测期限内，物流企业的风险厌恶系数的下限值 λ_L 存在较大的差异性，当预测期限内风险厌恶程度 $\lambda < \lambda_L$ 时，为了便于比较不同风险厌恶程度对于套期保值效率的影响，我们保持全样本分析时风险厌恶系数的取值方式，

同时过滤掉没有经济意义的套期保值比率（小于 0）的情形，令 $h^*=\max\{\hat{h}^*, 0\}$，也即当最优套期保值比率的估计值 $\hat{h}^*$ 小于 0 时，不做套保处理。两类模型动态套期保值效率如表 6－12 所示。

表 6－11　样本外预测风险厌恶系数的下限值

风险厌恶程度		预测期限				
		1 周	2 周	1 月	3 个月	6 个月
λ_L	RV	19.445 3	10.019 0	2.452 0	6.880 0	12.385 7
	Xv	15.383 6	6.152 8	1.454 0	6.453 1	9.081 6

表 6－12　样本外套期保值效率检验（DCC-MIDAS-RV 和 DCC-MIDAS-Xv）

风险厌恶程度		预测期限				
		1 周	2 周	1 月	3 个月	6 个月
$\lambda=5$	RV	0.092 9	0.294 3	0.343 6	0.280 9	0.283 9
	Xv	0.110 0	0.389 6	0.410 9	0.285 3	0.323 3
$\lambda=7$	RV	0.156 1	0.416 8	0.392 3	0.304 6	0.364 1
	Xv	0.153 5	0.452 3	0.431 4	0.301 6	0.375 6
$\lambda=10$	RV	0.198 8	0.499 1	0.421 6	0.317 9	0.416 6
	Xv	0.279 5	0.495 2	0.444 3	0.312 0	0.409 8
$\lambda\to+\infty$	RV	0.751 0	0.639 4	0.466 1	0.325 6	0.500 4
	Xv	0.698 5	0.580 0	0.466 0	0.325 4	0.473 3

通过表 6－12，可以得出以下结论：首先，两类 DCC-MIDAS 模型下得到的动态套期保值方案均取得了较好的套保效率，尤其是当样本外预测期限大于等于 2 周时。其次，随着风险厌恶程度的提高，动态套期保值效率也在提高。这主要是由于各预测期限内期货收益率的条件期望 $E(r_f)$ 均大于 0，因此，两类 DCC-MIDAS 模型下得到的动态套期保值的比率均会随着风险厌恶程度的提高而增大，相应的套保组合的风险变小，因此就表现出更高的套保效率。

6.4　本章小结

宏观经济下行周期，受实体经济需求萎缩、行业景气度下降影响，具有强周期属性的大宗商品往往面临价格普遍下跌这一典型事实，使得通过构建相关性较弱的质物组合实现风险分散的效率大大弱化。有鉴于此，本章提出了考虑物流企业风险偏好异质性的动态套期保值策略，以对冲宏观经济波动引致的系统性风险因素。首先，分别以低频周期的已实现波动率和宏观经济预警指数的条件方差作为宏观经济波动的代理变量，建立 GARCH-MIDAS 模型，以期有效解决高频价格数据样本的小样本与长周期预测之间的难题。进一步，通过 DCC-MIDAS 模型刻画质押资产期现货间的相关结构。最后，为确保模型的稳健性，以 DMW 检验和 MCS 检验分别对模型的样本外预测能力进行检验。以上海交易所提供的铜的期现货数据为样本的实证分析表明：

（1）铜的期现货价格的波动过程，尤其是长期波动成分均体现出了显著的逆周期特征，也即在宏观经济下行时期表现出更强的波动；期现货间的相关结构的逆周期特征相对较弱。

（2）宏观经济波动作为外部系统性风险因素对于铜的期现货价格的波动的影响显著，其中，尤其是在以经济景气预警指数作为宏观经济变量的模型中，长期波动成分对整体波动的贡献接近甚至超过 50%。

（3）以稳健损失函数为基础展开的 DMW 检验和模型置信集 MCS 检验的结果表明，两类 GARCH-MIDAS 模型尤其是以低频周期的已实现波动率作为宏观经济波动代理变量的 GARCH-MIDAS-RV 模型，不同的预测期限内均表现出了较好的能力。

（4）基于两类 DCC-MIDAS 模型的动态套期保值方案无论是全样本区间还是样本外区间均取得了较好的套期保值效果，而且由于各预测期限内期货收益率的条件期望均大于 0，随着风险厌恶程度的提高，动态套期保值效率越高。

需要指出的是，本章并未考虑套期保值的交易费用（包括持仓费用和仓位调整费用）问题，在较长的预测期限内，如果交易费用较高，那么动态套期保值方案中频繁调整仓位则会增加套保成本，从而降低动态套期保值方案的效率，这也能在一定程度上解释业务实践中，简单易行的静态套保方案依然适用的原因。因此，在后续研究中，将重点聚焦于考虑交易费用的动态套期保值模型，致力于寻求最优的动态套期保值期限，实现高频动态套保方案的高成本与静态套保的低效率之间的权衡。

另一方面，物流企业也应更加关注弱周期，且价值相对稳定的质押担保品类，扩大质物组合范围，事实上，业务实践中，以中储股份和怡亚通等为代表的供应链金融先行者亦正在不断调整业务结构，日益扩大生活资料在业务中的比重。正如本书绪论中指出，此时供应链金融业务的风控重点亦将由自偿性为主体的债项缓释向大数据技术支持的评级技术和自偿性授信技术的集成运用转变。

第 7 章
考虑宏观经济不确定性和行业特征的供应链金融长期价格风险预测

7.1 引　言

诚如第 5 章和第 6 章所述，宏观经济波动特征对于大宗商品这一供应链金融的底层资产价格波动具有显著影响。然而需要指出的是，我们并未考虑到不同大宗商品所在行业特征以及在宏观经济波动面前表现出的异质性。有鉴于此，本章将同时考虑宏观经济不确定性和供应链金融资产所处的行业特征，在 Jurado et al(2015)提出的不确定性模型基础上，建立混合不确定性模型 GARCH-MIDAS-CU(h)，并选取铜行业为实证分析对象，验证模型的有效性。

7.2 模型构建与方法

7.2.1 因子增广型向量自回归模型 FAVAR

FAVAR 模型由 Bernanke(2005)提出，该模型是先通过动态因子模型提取大量外生经济变量的潜在共同因子，再建立 VAR 模型进行脉冲响应分析，这样可以为模型提供合理的自由度，而且通过降维可以很方便地将大量经济变量所包含的经济信息呈现在模型中。FAVAR 模型相比传统 VAR 模型而言，可以获得大量经济变量对货币政策创新的响应。该模型假设 F_t 为 $K\times 1$ 维动态因子模型的潜在因子向量，是不可观测的，Y_t 为 $M\times 1$ 可观测的货币政策向量，从而有以下方程：

$$\left[\frac{F_t}{Y_t}\right]=\Phi(L)\left[\frac{F_{t-1}}{Y_{t-1}}\right]+\nu_t \tag{7-1}$$

式中，$\Phi(L)$ 是有限阶 d 的滞后多项式，包含 SVAR 模型的先验限制，ν_t 是均值为 0、协方差矩阵为 Q 的随机误差项。

假设 X_t 为 $N\times 1$ 维宏观经济指标，与不可观测因子 F_t 和可观测因子 Y_t 相关，即：

$$X_t=\Lambda^f F_t+\Lambda^y Y_t+e_t \tag{7-2}$$

式中，Λ^f 为 $N\times K$ 维因子载荷矩阵，Λ^y 为 $N\times M$ 维度政策向量的系数矩阵，e_t 的均值为 0 的误差项，假定为弱相关或不相关。X_t 仅取决于因子的当前值而不是滞后值，而 F_t 中包含基本因子的任意滞后值。由于 F_t 是不可预测的，目前主要通过主成分分析法、结合贝叶斯似然估计的吉布斯采样这两种方法来估计。

7.2.2 随机波动率模型

金融资产波动性特征主要通过资产收益率方差来呈现。Taylor(1986)提出了随机波动率模型(Stochastic Volatility Model)，解释了资产收益率方差序列存在的自回归现象。最简单的随机波动率模型形式如下：

$$y_t = \exp(h_t/2)\gamma \quad \gamma \sim N(0,1) \tag{7-3}$$

$$h_t = \mu + \phi(h_{t-1} - \mu) + \eta_t \quad \eta_t \sim N(0,\sigma_\eta^2) \quad t \leqslant n \tag{7-4}$$

y_t 是资产在 t 时刻的对数收益率，h_t 是随机波动率，可以同时遵循平稳过程和非平稳过程，μ 是平均波动水平，ϕ 为永久性参数，反映了当前波动对未来波动的影响程度。当 ϕ 绝对值小于 1 时，随机波动率 h_t 服从滞后 1 阶自回归模型，初始条件基于平稳分布为 $\eta_0 \sim N\left(0,\frac{\sigma_\eta^2}{(1-\phi^2)}\right)$；当 ϕ 值等于 1 时，h_t 服从随机游走过程。误差项 γ 和 η_t 都是高斯白噪声序列。

假设给定 h_{t-1}，μ，ϕ，则 h_t 的条件分布为：

$$h_t \mid h_{t-1},\mu,\phi \sim N[\mu + \phi(\theta_{t-1} - \mu],\sigma_\eta^2)$$

h_t 的期望为：

$$E(h_t) = \mu$$

h_t 的方差为：

$$\begin{aligned} var(h_t) &= var[\mu + \phi(h_{t-1} - \mu) + \eta_t] \\ &= \phi^2 var(h_{t-1}) + \sigma_\eta^2 \\ var(h_{t-1}) &= \frac{\sigma_\eta^2}{(1-\phi^2)} \end{aligned}$$

则得到分布 $h_t \sim N\left(\mu,\frac{\sigma_\eta^2}{(1-\phi^2)}\right)$。

y_t 的条件分布为：

$$y_t \mid h_t \sim N[0,\exp(h_t)]$$

SV 模型的衍生模型是 SVt 和 SVJt 模型。SVt 模型是由 t 分布估计观测误差、波动率中的水平效应和波动性演化中的协变量共同定义的。该模型具体形式如下：

$$y_t = x'_t\beta + w_t^\gamma \exp(h_t/2)\gamma \quad \gamma \sim N(0,1) \tag{7-5}$$

$$h_t = \mu + z'_t\alpha + \phi(h_{t-1} - \mu) + \eta_t \quad t \leqslant n \tag{7-6}$$

式中，x_t，w_t 和 z_t 是协变量，γ 定义为水平效应，u_t 服从均值为 0、方差为 $\frac{\nu}{(\nu-2)}$ 的 t 分布。参数 ν 是通过实际数据估计得到的，且大于 2。$\{w_t\}$ 序列是一个非负过程。t 分布可以写成特殊的正态分布形式：

$$\gamma = \lambda_t^{-\frac{1}{2}}\varepsilon_t \quad \varepsilon_t \sim N(0,1) \quad \lambda_t \sim \text{Gamma}\left(\frac{\nu}{2},\frac{\nu}{2}\right) \tag{7-7}$$

SVJt 模型是在 SVt 模型的基础上多了一个跳跃分量，以允许更大的瞬时运动。该模型的具体形式是：

$$y_t = x'_t\beta + k_t q_t w_t^{\gamma} \exp(h_t/2)\gamma \tag{7-8}$$

$$h_t = \mu + z'_t\alpha + \phi(h_{t-1} - \mu) + \eta_t \quad t \leqslant n \tag{7-9}$$

式中，q_t 是一个伯努利随机变量，取概率为 k 的值 1 和概率为 $1-k$ 的值 0。时变变量 k_t 表示当跳跃发生时，跳跃的远近，并假定先验服从以下分布：

$$\log(1 + k_t) \sim N(-0.5\delta^2, \delta^2) \tag{7-10}$$

$k_t q_t$ 可以被看作是一个有限活动 Levy 过程的离散化。跳跃模型在资本资产定价连续时间模型中应用广泛。

估计随机波动率参数的方法有广义矩估计法 GMM（Generalized Moment Method）、伪极大似然法 QML（Quasi Maximum Likelihood）、马尔可夫蒙特卡洛模拟 MCMC。广义矩估计法 GMM 由 Hansen（1982）提出，其只在大样本条件下渐进有效，小样本不适用。而 QML 在有限样本下估计效果很差，而且必须先转化为线性状态空间模型后才能估计。MCMC 估计随机波动率的效果最好，本部分采用 MCMC 模拟下的吉布斯采样来估计波动率模型参数。

7.2.3　马尔可夫蒙特卡洛模拟算法

马尔可夫链是一个随机过程，使用一个简单的序列过程，从一个状态过渡到另一个状态，在某个状态 $x^{(i)}$ 开始马尔可夫链，用过渡函数 $p(x^{(t)} \mid x^{(t-1)})$ 确定下一个状态，$x^{(2)}$ 是以最后一个状态为条件的，然后继续迭代以创建状态序列：$x^{(1)} \rightarrow x^{(2)} \rightarrow \cdots \rightarrow x^{(t)} \rightarrow \cdots$，该状态序列称为马尔可夫链或简单链。马尔可夫链生成 T 状态序列过程如：① 设 $t=1$；② 生成初始值 u，令 $x^{(1)}=u$；③ 设 $t=t+1$，从过渡函数 $p(x^{(t)} \mid x^{(t-1)})$ 中采样新值 u，令 $x^{(t)}=u$；④ 直到 $t=T$。在这个迭代过程中，$t+1$ 处的下一个状态仅基于 t 前一个状态，即每个马尔可夫链在状态空间中游荡，并且过渡到新状态仅依赖最后一个状态，正是这种局部依赖性使得该过程是无记忆性的。当初始化马尔可夫链时，链会在状态空间中围绕起始状态游荡，则我们启动多个链，每个链具有不同的初始条件，则链最初将处于接近初始状态的状态，这个时期称为磨合期（Burn-in Period）。马尔可夫的一个重要性质是链的初始状态在经过足够长的过渡序列后，不再影响链的状态（假设满足于马尔可夫链的其他条件），此时，马尔可夫链达到稳定状态，状态反映了其平稳分布的样本。

假设随机过程 $\{X_t\}$ 每个 X_t 中在跨度 θ 内有一个值，过程 $\{X_t\}$ 具有 X_t 的给定值和 X_h 的值。当 $h>t$ 时，而不依赖于 X_s 的值；当 $s<t$ 时，则是马尔可夫过程。即若其条件分布函数满足：

$$P(X_h \mid X_s, s \leqslant t) = P(X_h \mid X_t) h > t \tag{7-11}$$

则 $\{X_t\}$ 是马尔可夫过程。若 $\{X_t\}$ 是离散时间的随机过程，则先验性质变为：

$$P(X_h \mid X_t, X_{t-1}, \cdots) = P(X_h \mid X_t) h > t \tag{7-12}$$

令 A 是 θ 的子集，则函数为：

$$p_t(\theta, h, A) = P(X_h \in A \mid X_t = \theta) h > t \tag{7-13}$$

被称为马尔可夫过程的转移概率函数，若转移概率函数基于 $h-t$，而不基于 t，则该过程是平稳转移分布。

马尔可夫蒙特卡洛模拟（Markov Chain Monte Carlo，MCMC）的基本思想是：蒙特卡洛采样和马尔可夫链。蒙特卡洛采样可以估计分布的各种特征，如平均值、峰度、方差等其他统计量，马尔可夫链涉及随机序列过程，这个过程从平稳分布中采用状态。采用 MCMC 方法目的是使得从马尔可夫链中采样的状态也是从目标分布中采样的状态，该方法下需要设置过渡函数。目标分布可以是模型参数的后验分布或是模型的后验预测分布。利用该方法，无论怎样设置链的初始值，都可以收敛至目标分布。MCMC 方法主要有 Metroplis-Hasting 采样和 Gibbs 采样两种。但是，Metroplis-Hasting 采样很难调整提议分布（Proposal Distribution）。Gibbs 采样不需要指定提议分布，能接收所有样本，提高了计算效率。故在此采用 Gibbs 采样。

贝叶斯推断是从贝叶斯角度进行统计推理的过程。贝叶斯范式是一个统计/概率分布，每次记录一个新的观测值时都会更新，其不确定性由另一个概率分布建模。在所谓的贝叶斯定理中嵌入了规范贝叶斯范式的整体思想，该定理表达了更新后的知识（后验）、先验知识（先验）和来自观察的知识（似然）之间的关系。

MCMC 方法是在贝叶斯推理的背景下考虑的，其目标是在研究者预先设定的一定先验概率密度下评估相关参数的联合后验分布。在给定数据的情况下，我们重复采样一个不变（平稳）分布为后验分布的马尔可夫链。在贝叶斯推断中，假定参数 θ 向量的先验密度为 $\pi(\theta)$，序列 $y=\{y_1, \cdots, y_n\}$ 的似然函数为 $f(y \mid \theta)$。然后根据后验分布进行推断，记为 $\pi(\theta \mid y)$，这个由贝叶斯定理得到：

$$\pi(\theta \mid y) = \frac{f(y \mid \theta)\pi(\theta)}{\int f(y \mid \theta)\pi(\theta)\mathrm{d}\theta} \tag{7-14}$$

与参数 θ 相关的先验信息通过观测数据 y 获取，其中 $m(y)=\int f(y \mid \theta)\pi(\theta)\mathrm{d}\theta$

称为标准化常数或边际分布。在似然函数或标准化常数难以确定时，后验分布不具有封闭形式，所以需要从后验分布中采样，MCMC 算法是通过递归对条件后验分布进行采样，在模拟中使用条件参数的最新值。Gibbs 采样算法是由 Geman Stuart 和 Geman Donald 两人于 1984 年提出。该方法需要计算各个变量的条件后验分布。首先设置未知参数向量 $\theta=(\theta_1,\cdots,\theta_p)$，该算法主要程序如下：

（1）选择任意起始点 $\theta^{(0)}=(\theta_1^{(0)},\cdots,\theta_p^{(0)})$，此时 $i=0$。

（2）给定 $\theta^{(i)}=(\theta_1^{(i)},\cdots,\theta_p^{(i)})$，

① 从条件后验分布 $\pi\left(\theta_1^{(i+1)}\middle|\theta_2^{(i)},\cdots,\theta_p^{(i)}\right)$ 中提取 $\theta_1^{(i+1)}$；

② 从条件后验分布 $\pi\left(\theta_2^{(i+1)}\middle|\theta_1^{(i)},\theta_2^{(i)},\cdots,\theta_p^{(i)}\right)$ 中提取 $\theta_2^{(i+1)}$；

③ 从条件后验分布 $\pi\left(\theta_3^{(i+1)}\middle|\theta_1^{(i)},\theta_2^{(i)},\theta_4^{(i)},\cdots,\theta_p^{(i)}\right)$ 中提取 $\theta_3^{(i+1)}$；

④ 以此类推，逐步提取 $\theta_4^{(i+1)},\cdots,\theta_p^{(i+1)}$。

（3）直至 $i=i+1$，再返回第 2 步。

接下来示范简单随机波动率模型 SV 参数估计的 MCMC 方法，$\Theta=\{\gamma,\phi,\sigma_\eta,h_t\}$，定义先验密度为 $\pi(\theta)$，后验分布为 $\pi(\theta,h\mid y)$。采样过程如下：

① 初始化 θ，h。

② 采样 $h\mid\gamma,\phi,\sigma_\eta,y$。

对于随机波动率 h，式(7-3)(7-4)构成非线性非高斯状态空间模型，采样 h 的简单方式是给定 $(h_1,\cdots,h_{t-1},h_{t+1},\cdots,h_n)$ 和其他参数，估计 h_t 的条件后验分布，该方式是单个移动采样。主要有两个有效的随机波动率采样方法：一个是混合采样（Kim, Shephard and Chib, 1998），用正态混合分布近似非线性非高斯状态空间模型，将原模型转化为线性高斯状态模型，通过重新加权进行校验。另一个方法是多步移动采样（Shephard, 1997），该方法通过在原始模型的精确后验分布中采样逼近模型。

③ 采样 $\phi\mid\sigma_\eta,h$。

ϕ 的先验密度为 $\pi(\phi)$，假设 $\phi=2\phi^*-1$，$\dfrac{(\phi+1)}{2}\sim\mathrm{Beta}(\alpha_{\phi0},\beta_{\phi0})$，Beta 分布是为了满足约束 $|\phi|<1$，ϕ 的条件后验分布为：

$$\pi(\phi\mid\sigma_\eta,h)\propto\pi(\phi)\times\sqrt{1-\phi^2}\exp\left\{-\frac{(1-\phi^2)h_1^2}{2\sigma_\eta^2}\right\}\times\exp\left\{-\frac{\sum_{t=1}^{n-1}(h_{t+1}-\phi h_t)^2}{2\sigma_\eta^2}\right\}$$

$$\propto\pi(\phi)\times\sqrt{(1-\phi^2)}\exp\left\{-\frac{\sum_{t=2}^{n-1}h_t^2}{2\sigma_\eta^2}\left(\phi-\frac{\sum_{t=1}^{n-1}h_th_{t+1}}{\sum_{t=2}^{n-1}h_t^2}\right)^2\right\}$$

条件后验密度不构成任何基本很容易采用的分布，若 $\pi(\phi)\times\sqrt{1-\phi^2}$ 忽略，则

剩下的与正态分布核一致，该例用 Metropolis-Hasting(M-H)算法。M-H 算法的主要思想如下：首先，从建议分布(Proposal Distribution)中采样，该分布接近于采样的条件后验分布，并选择易于产生随机样本的建议分布。然后，以一定概率接受候选样本作为新样本，当候选样本被拒绝时，使用上一次迭代中绘制的旧样本作为新样本。在某些条件下，这些步骤迭代产生来自目标条件后验分布的样本。选择建议密度的方法有很多，主要取决于目标的条件后验分布。

具体而言，令 $q(\theta^*,\theta^{(i)})$ 为当前点 $\theta^{(i)}$ 建议的概率密度函数，$\alpha(\theta_0,\theta^*)$ 定义为当前点 θ_0 至 θ^* 的接受率，M-H 算法如下：

选择任意起始点 $\theta^{(0)}$。

从建议概率密度函数 $q(\theta^* \mid \theta^{(i)})$ 中生成候选点 θ^*。

以概率 $\alpha(\theta^{(i)},\theta^*)$ 获得点 θ^*，令 $\theta^{(i+1)}=\theta^*$；否则，令 $\theta^{(i+1)}=\theta^{(i)}$。

令 $i=i+1$，返回第 2 步。

接受率为：

$$\alpha(\theta_0,\theta^*)=\min\left\{1,\frac{\pi(\theta^* \mid y)q(\theta_0 \mid \theta^*)}{\pi(\theta_0 \mid y)q(\theta^* \mid \theta_0)}\right\}$$

式中，$\pi(\theta \mid y)$ 定义为目标后验分布。

在模型中采样 ϕ，首先获得候选点 $\phi^* \sim TN_{[-1,1]}(\mu_\phi,\sigma_\phi^2)$，其中 TN 是指在域 $-1<\phi<1$ 的截断正态分布。

$$\mu_\phi=\frac{\sum_{t=1}^{n-1}h_t h_{t+1}}{\sum_{t=2}^{n-1}h_t^2}$$

$$\sigma_\phi^2=\frac{\sigma_\eta^2}{\sum_{t=2}^{n-1}h_t^2}$$

该建议的概率密度函数是不包含项 $\pi(\phi)\times\sqrt{1-\phi^2}$ 的条件后验分布，被认为接近于我们的目标条件后验分布，是相同域的截断正态分布。接下来计算接受率，令 $q(\phi)$ 为建议的概率密度函数，并且 ϕ_0 定义为上一次迭代中绘制的旧样本。从当前点 ϕ_0 至候选点 ϕ^* 的接受率定义为 $\alpha(\phi_0,\phi^*)$：

$$\alpha(\phi_0,\phi^*)=\min\left\{1,\frac{\pi(\phi^* \mid \sigma_\eta,h)q(\phi_0)}{\pi(\phi_0 \mid \sigma_\eta,h)q(\phi^*)}\right\}=\min\left\{1,\frac{\pi(\phi^*)\sqrt{1-\phi^{*2}}}{\pi(\phi_0)\sqrt{1-\phi_0^2}}\right\}$$

条件后验分布中省略项的比率，当 $u<\alpha(\phi_0,\phi^*)$ 时，可以通过绘制一个统一的随机数 $u\sim U(0,1)$ 来接受候选点 ϕ^* 实现接受步骤。

④ 采样 $\sigma_\eta \mid \phi, h$。

假设 σ_η 的先验为 $\sigma_\eta^2 \sim IG\left(\frac{v_0}{2}, \frac{V_0}{2}\right)$，其中 IG 是逆 gamma 分布，则 σ_η 的条件后验分布为：

$$\pi(\sigma_\eta \mid \phi, h) \propto \sigma_\eta^{-\left(\frac{v_0}{2}+1\right)} \exp\left\{-\frac{V_0}{2\sigma_\eta}\right\} \times \frac{1}{\sigma_\eta} \exp\left\{-\frac{(1-\phi^2)h_1^2}{2\sigma_\eta^2}\right\} \times \prod_{t=1}^{n-1} \frac{1}{\sigma_\eta} \exp \left\{-\frac{(h_{t+1}-\phi h_t)^2}{2\sigma_\eta^2}\right\} \propto \sigma_\eta^{-\left[\frac{(v_0+n)}{2}+1\right]} \exp\left\{-\frac{V_0+(1-\phi^2)h_1^2+\sum_{t=1}^{n-1}(h_{t+1}-\phi h_t)^2}{2\sigma_\eta^2}\right\}$$

逆 gamma 分布的核，则采样为 $\sigma_\eta^2 \mid \phi, h \sim IG\left(\frac{\hat{v}_0}{2}, \frac{\hat{V}_0}{2}\right)$，其中：

$$\hat{v} = v_0 + n$$

$$\hat{V} = V_0 + (1-\phi^2)h_1^2 + \sum_{t=1}^{n-1}(h_{t+1}-\phi h_t)^2$$

⑤ 采样 $\gamma \mid h, y$。

采样 γ 可以以采样 σ_η 相同的方式进行，令先验为 $\gamma \sim IG\left(\frac{\gamma_0}{2}, \frac{W_0}{2}\right)$，$\gamma$ 条件后验分布通过 $\gamma \mid h \sim IG\left(\frac{\hat{\gamma}}{2}, \frac{\hat{W}}{2}\right)$ 获得，其中：

$$\hat{\gamma} = \gamma_0 + n$$

$$\hat{W} = W_0 + \sum_{t=1}^{n} \frac{y_t^2}{e^{h_t}}$$

⑥ 返回第 2 步。

7.2.4 核密度估计

核密度估计(Kernel Denstity Estimation)是用来估计未知的密度函数，是一种非参数检验方法，由 Rosenblatt(1955)和 Emanuel Parzen(1962)提出，Ruppert 和 Parzen 基于数据集密度函数聚类算法提出修订的核密度估计方法，核密度估计在估计边界区域的时候会出现边界效应。假设时间序列 $X=(X_1, X_2, \cdots, X_n)$ 服从分布 $F(X)$，则其核密度函数为：

$$\hat{f}(x_0) - \frac{1}{nh}\sum_{i=1}^{N} K\left(\frac{x_i - x}{h}\right) \tag{7-15}$$

式中，K 是核函数，当 $K>0$ 时，$\int K(x)\mathrm{d}x = 1$；h 是光滑参数，称为带宽。带宽对核密度估计的精确度影响更大，带宽越大，核密度函数越光滑。而 h 过大会造成过度拟合问题，h 过小又会带来拟合不够等问题，导致核密度函数不够光滑。

7.2.5 构建行业经济不确定性模型

首先令行业经济不确定性变量 $y_t \in Y_t = (y_{1t}, \cdots, y_{N_y t})'$ 在未来 h 期的不确定性 $U_{jt}^{y}(h)$ 运用 y_t 在未来 h 期预测误差的条件波动率计量：

$$U_{jt}^{y}(h) = \sqrt{E[(y_{jt+h} - E[y_{jt+h} \mid I_t])^2 \mid I_t]} \tag{7-16}$$

式中，$E(. \mid I_t)$ 表示至 t 时刻经济主体获得信息集 I_t 的条件期望值。$E(y_{jt+h} \mid I_t)$ 是可预测部分，该方法剔除了可预测信息，剩下的全是不可预测部分信息，符合不确定性的基本概念。

假设总共 N_y 个行业经济不确定性变量，最后通过权重 $w_j(1/N_y)$ 加权单个行业经济不确定性变量 y_t 的不确定性 $U_{jt}^{y}(h)$ 获得总的行业经济不确定性指数 $U_t^{y}(h)$：

$$U_t^{y}(h) = \lim_{N_t \to \infty} \sum_{j=1}^{N_t} w_j U_{jt}^{y} z(h) \equiv E_w[U_{jt}^{y}(h)] \tag{7-17}$$

未来 h 期预测误差为 $V_{jt+h}^{y} \equiv y_{jt+h} - E[y_{jt+h} \mid I_t]$，该误差的条件波动率为 $E[(V_{jt+h}^{y})^2 \mid I_t]$。预测误差的时变波动性产生了 y_{jt+h} 中其他不可预测变量，高于或超过未来一期预测误差的随机波动率产生的变化，并带来不确定性。

将 $X_t = (X_{1t}, \cdots, X_{Nt})'$ 作为预测变量，先对 $\{X_{it}\}$ 序列进行取对数处理，以使序列平稳。假设变量 X_{it} 具有因子结构形式：

$$X_{it} = \Lambda_i^{F'} F_t + e_{it}^{X} \tag{7-18}$$

式中，F_t 是 $r_F \times 1$ 的潜在共同因子向量，Λ_i^{F} 是 F_t 向量的因子载荷矩阵，e_{it}^{X} 是误差项，在近似动态因子结构模型中，e_{it}^{X} 具有有限截面相关性特征，且 $N(r_F) < N$。

行业经济不确定性变量 y_{jt} 序列是用来估计行业经济不确定性，其中在 $h \geqslant 1$ 时，通过因子增广型预测模型进行估计。对潜在共同因子向量 F_t 的旋转一致性估计 $\hat{F}_t$ 建立因变量 y_{jt} 的动态方程。

$$y_{jt+1} = \phi_j^{y}(L) y_{jt} + \gamma_j^{F}(L) \hat{F}_t + \gamma_j^{W}(L) W_t + v_{jt+1}^{y} \tag{7-19}$$

$\phi_j^{y}(L)$，$\gamma_j^{F}(L)$，$\gamma_j^{W}(L)$ 分别是 L 滞后算子的 P_y，P_F，P_W阶有限阶多项式。向量 $\hat{F}_t$ 的元素是 F_t 旋转因子的一致性估计，W_t 包含附加预测值。y_{jt+1}，$\hat{F}_t$，W_t 都具有时变波动性。行业经济不确定性变量 y_{jt} 满足滞后四阶自回归过程 AR(4)：

$$y_{jt} = \phi_{j-1}^{y}(L) y_{jt-1} + \phi_{j-2}^{y}(L) y_{jt-2} + \phi_{j-3}^{y}(L) y_{jt-3} + \phi_{j-4}^{y}(L) y_{jt-4} + \gamma_j^{F}(L) \hat{F}_t + \gamma_j^{W}(L) W_t + v_{jt+1}^{y} \tag{7-20}$$

当因子具有动态自回归特征时，以上模型可以用因子增广型向量自回归模型表示（FAVAR）。令 $Z_t \equiv \left(\hat{F}_t', W_t'\right)'$ 是 $r = r_F + r_W$ 维向量，其集合了 r_F 维估计因子和 r_W 维附加预测值。令 $G_t \equiv (Z'_t, \cdots, Z'_{t-q+1})'$，$Y_{jt} = (y_{jt}, y_{jt-1}, \cdots, y_{jt-q+1})'$，则可以写成 FAVAR 形式：

$$\begin{bmatrix} G_t \\ Y_{jt} \end{bmatrix} = \begin{bmatrix} \Phi^G & 0 \\ \Lambda'_j & \Phi^Y_j \end{bmatrix} \begin{bmatrix} G_{t-1} \\ Y_{jt-1} \end{bmatrix} + \begin{bmatrix} V^G_t \\ V^Y_{jt} \end{bmatrix} \tag{7-21}$$

探讨 Z 和 y_j 预测因子中的随机波动率如何影响未来 h 期不确定性。随机波动率的选择很关键，因为其允许在第二个时刻构建冲击，与其本身有独立的冲击。不确定性本身就可以独立地影响经济活动。而 GARCH 模型不能独立冲击。假设 F_t 的每个因素都序列相关，且满足一阶自回归过程 AR(1)：

$$F_t = \Phi^F F_{t-1} + v^F_t \tag{7-22}$$

预测误差 v^F_t 是方差为 $(\sigma^F_t)^2$ 的鞅差分序列，预测误差方差是 $\Omega^F(h) = \Omega^F(h-1) + (\Phi^F)^{2(h-1)}(\sigma^F)^2$，其随 h 增加而增加，在任意 t 时刻下不变。假设对 F 的冲击可以用时变随机波动率呈现，即 $v^F_t = \sigma^F_t \varepsilon^F_t$，其波动率平方的对数满足滞后一阶自回归过程 AR(1)：

$$\log(\sigma^F_t)^2 = \alpha^F + \beta^F \log(\sigma^F_{t-1})^2 + \tau^F \eta^F_t \quad \eta^F_t \sim N(0,1) \tag{7-23}$$

随机波动率模型要求冲击与第一时刻无关，在第二时刻计算冲击。则表述为：

$$E_t(\alpha^F_{t+h})^2 = \exp\left[\alpha^F \sum_{s=0}^{h-1}(\beta^F)^s + \frac{(\tau^F)^2}{2}\sum_{s=0}^{h-1}(\beta^F)^{2(s)} + (\beta^F)^h \log(\sigma^F_t)^2\right] \tag{7-24}$$

为了理解预测因子中的不确定性如何影响变量 y_t，假设 y_t 的预测模型只有一个预测因子 $\hat{F}_t$，则：

$$y_{jt+1} = \phi^y_j y_{jt} + \gamma^F_t \hat{F} + v^y_{jt+1} \tag{7-25}$$

式中，$v^y_{jt+1} = \sigma^y_{jt+1}\varepsilon^y_{jt+1}$，$\varepsilon^y_{jt+1} \sim N(0,1)$，并且波动率平方的对数满足滞后一阶自回归过程 AR(1)：

$$\log(\sigma^y_{jt+1})^2 = \alpha^y_j + \beta^y_j \log(\sigma^y_{jt})^2 + \tau^y_j \eta_{jt+1} \quad \eta_{jt+1} \sim N(0,1) \tag{7-26}$$

利用马尔可夫蒙特卡洛模拟，从预测模型的最小二乘残差中估计随机波动率参数 α_j，β_j，τ_j，通过以上估计得到的模型来计算行业经济不确定性变量 y_t 未来 h 期预测误差的条件波动率 $U^y_{jt}(h)$，最后通过权重 w_j 简单加权单个行业经济不确定性变量 y_t 的不确定性指数 $U^y_{jt}(h)$，最终获得总的行业经济不确定性指数 $U^y_{jt}(h)$，记为 CU(h)。

7.2.6　GARCH-MIDAS-CU(h)模型

在加入外生变量 CU(h)后，长期波动率成分 l_t 通过行业经济不确定性 CU(h)的波动率进行估计。

$$\tau_i = m + \theta_{CU} \sum_{k=1}^{kCU} \phi_k(\omega_1, \omega_2) X^{CU}_{t-k} \tag{7-27}$$

式中，X_{t-k}^{CU} 表示行业经济不确定性 CU(h)的变化，通过差分得到。

为了验证行业经济不确定性 CU(h)对大宗商品价格波动的影响，下文比较了预测期为 1 个月、3 个月、12 个月时的行业经济不确定性 CU(1)，CU(3)，CU(12)和经济政策不确定性指数 EPU 对大宗商品价格波动的预测效果。

7.3 行业不确定性模型的实证分析

7.3.1 铜行业与宏观经济的相关性

1. 铜是重要工业原料

铜被广泛应用于电力电缆、机械制造、建筑工业、汽车等基础领域，是使用最为广泛的基础金属之一。铜在开采出来以后，有 65%用于制作电线和电动机等电气设备，有 25%用在工业机械上，其余的都用在屋顶及管道等建筑上。铜具有良好的导电性、导热性和安全性，是重要的工业原料。

铜供应链结构(见图 7-1)：上游是铜矿开采阶段，主要通过露天开采、地下开采等方式开采出铜精矿；中游是精铜和粗铜冶炼阶段，主要用火法和湿法等方式冶炼出

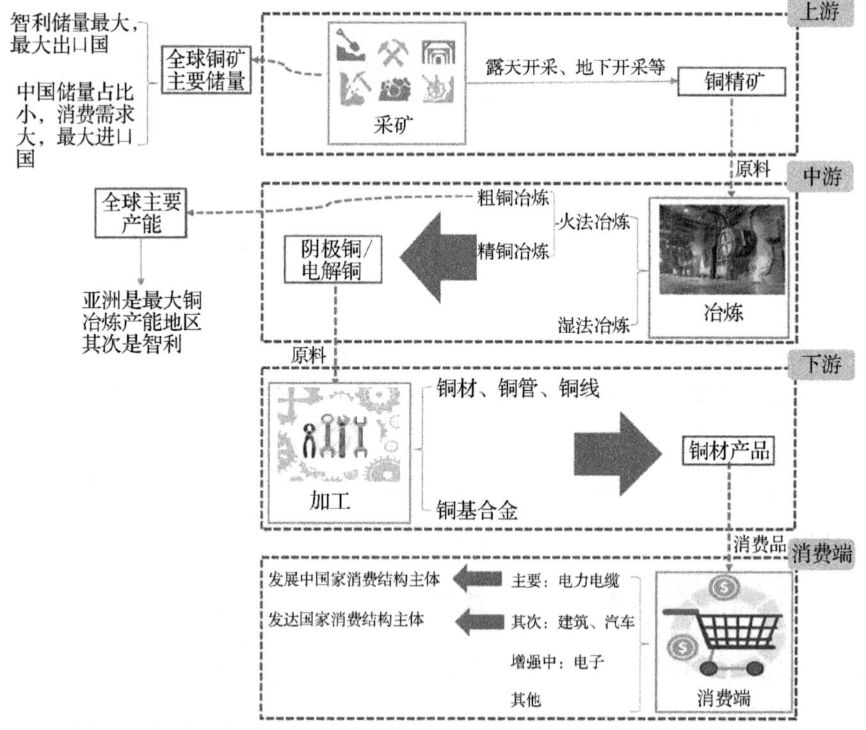

注：根据公开资料绘制而成。

图 7-1　铜供应链结构

阴极铜/电解铜；下游是加工阶段，主要加工成铜材、铜管、铜线和铜基合金等产品；最后一个阶段就是消费端，铜材产品主要用于建造电力电缆和建筑、汽车等材料。

2. 铜行业具有明显的顺周期性质

如图 7－2 所示，上海期货交易所 SHFE 期铜价格和宏观经济景气指数(先行指数)走势基本同步，说明铜行业具有显著的顺周期性质。当经济景气度上升时，期铜价格会随之增长；反之，当经济环境恶劣，景气度下降时，期铜价格会随之降低。总体而言，期铜价格走势较好地反映了经济形势，2008 年金融危机致使期铜价格跌落谷底；2016 年受经济下行、三期叠加影响，期铜价格在低位徘徊；2018 年、2019 年受多边贸易争端风险，期铜价格不温不火；自新型冠状病毒感染疫情暴发以来，期铜价格直线下降。

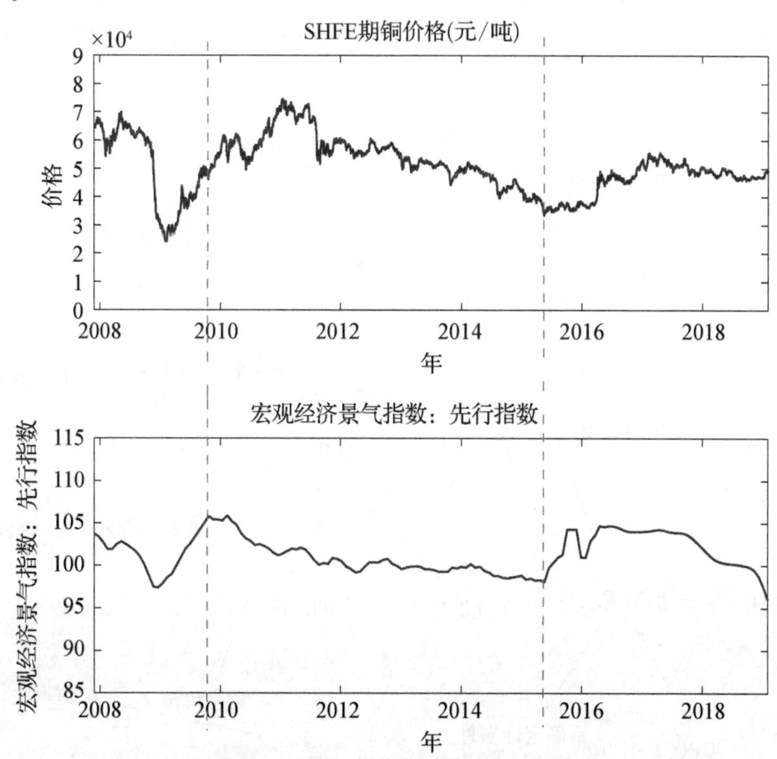

图 7－2　SHFE 期铜价格(元/吨)和宏观经济景气指数(先行指数)

3. 铜是“宏观经济的晴雨表”

铜的需求被视为能直接反映市场的经济活动，能直观、准确地反映当前实体经济的走向，一旦实体经济有起伏，铜价很容易受到影响。由于铜在工业生产中的重要性和对宏观经济的敏感性，铜被赋予“铜博士”之称，是宏观经济的晴雨表。

7.3.2　样本选择

以具有明显顺周期性质、与宏观经济具有高度相关性的铜行业为例，选取 140 个中国宏观经济指标、6 个国际大宗商品指标和 40 个铜行业经济不确定性指标，以总共 186 个指标作为总体信息集 $\{X_{it}\}$（参见附录表 1）。其中 140 个中国宏观经济指标包括实际产出、物流、房地产等 15 个类别，最终用 40 个铜行业经济不确定性变量去构建行业不确定性指数。样本区间为 2007 年 9 月—2020 年 4 月，这些都是月度频率的经济数据，主要通过 wind、锐思数据库获取。

1. 期铜价格的影响因素

如图 7－3 所示，呈现了期铜价格的影响因素间关系。实际上，铜行业的内生、外生性冲击会通过期铜价格波动来呈现，依据该关系，选择了 40 个铜行业的潜在冲击指标，称为铜行业经济不确定性指标。从图 7－3 中可以看出，铜成本 TC/RC、LME 期铜价格、石油价格、美元汇率、黄金价格、期铜库存能直接影响期铜价格，而其他的因素通过影响期铜的供求关系来间接影响期铜价格，进而给铜行业带来不同程度的冲击。

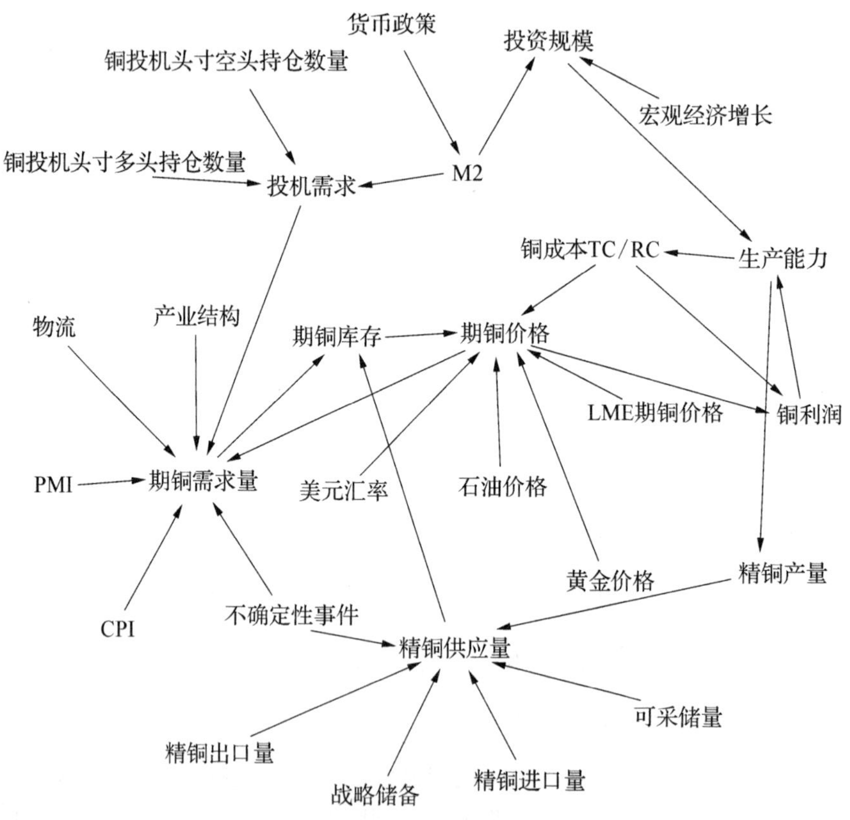

图 7－3　期铜价格的影响因素可视化网络关系图

2. 铜精炼费 RC

如图 7－4 所示，呈现了 2007 年 9 月—2020 年 4 月国内现铜粗炼费 TC、精炼费 RC。铜精矿通过火法冶炼，再粗炼提出粗铜，这个过程产生的费用叫粗炼费 TC；铜精矿通过火法冶炼，再精炼提纯出精铜，这个过程产生的费用叫精炼费RC。TC和RC费用走势一致，这两个数据的比例是10∶1。TC/RC是冶炼厂商和矿商协商确定的，铜矿的价格等于精铜价格减去TC/RC，当TC/RC下降时，冶炼厂商的收益下降，而矿商的收入增加；当TC/RC下降时，表明冶炼厂商通过降低费率来争夺矿商的铜矿，此时铜矿供不应求。TC/RC自2016年以后大幅下降，反映了冶炼厂商的加工能力持续增强，同时利润进一步被削弱；2020年2月7日以后TC/RC有了小幅的增长趋势，有利于冶炼厂商的产能释放。

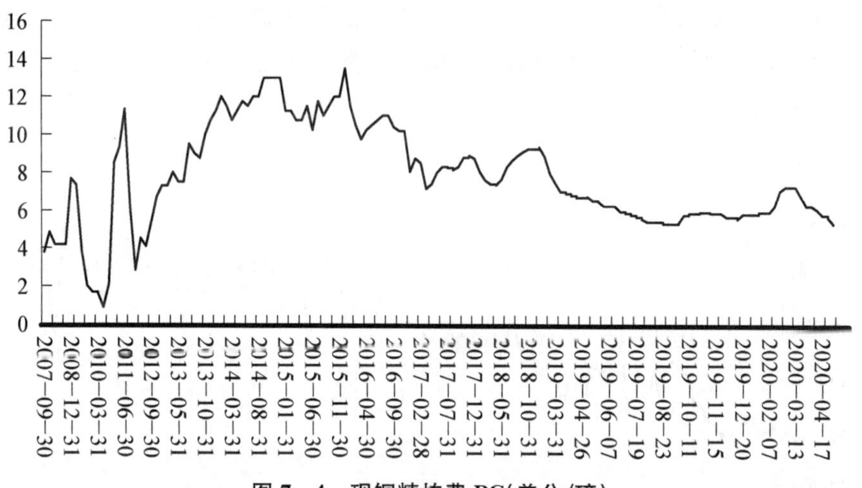

图7-4　现铜精炼费RC(美分/磅)

3. 铜升贴水

如图7-5所示，呈现了2009年6月—2020年3月国内铜升贴水涨幅情况。升贴水是指现货价格与期货价格的差值，如果现货价格大于期货价格，为“现货升水”；反之，则为“现货贴水”。2019年3月29日，铜升水为1 190元/吨，达到近年峰值。之后又大幅下跌，后阶段现铜升贴水涨幅趋稳。2020年，受新型冠状病毒感染疫情的影响，国内铜贴水持续走低。

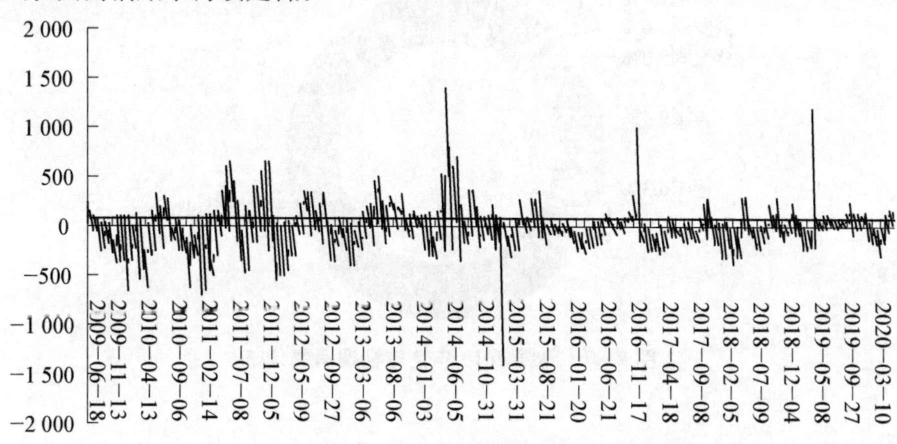

图7-5　铜升贴水(元/吨)

4. 精炼铜消费量

如图 7－6 所示，呈现了 2007 年 9 月至 2020 年 3 月，每月中国精炼铜消费情况，总体是以上下浮动的向上趋势增长。精铜主要用于电力、工业制造、交通运输、房地产等方面，2019 年 2，受春节及消费淡季影响，精铜消费量见底，处于库存累积阶段，随后高速增长。2019 年 12 月，精铜消费 126.41 万吨，同比增长 7.93%，由于 2 月份精铜消费低迷，2019 年精铜消费量相比上年同期减少 10.94 万吨，同比下降 0.86%。从图 7－6 中可以看出中国精铜消费存在明显的季节性特征，自 2010 年以后几乎每年 2 月份都是全年消费的低谷期，在 3 月份消费活动开始活跃，年底是全年消费的高潮期。如图 7－7 所示，2019 年中国全球精铜消费量占全球的 68.4%，是名副其实的精铜消费大国。

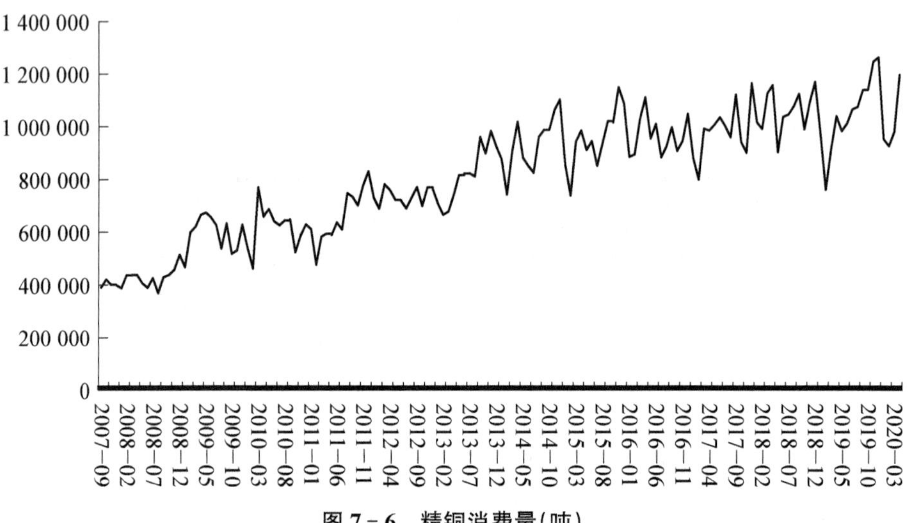

图 7－6　精铜消费量(吨)

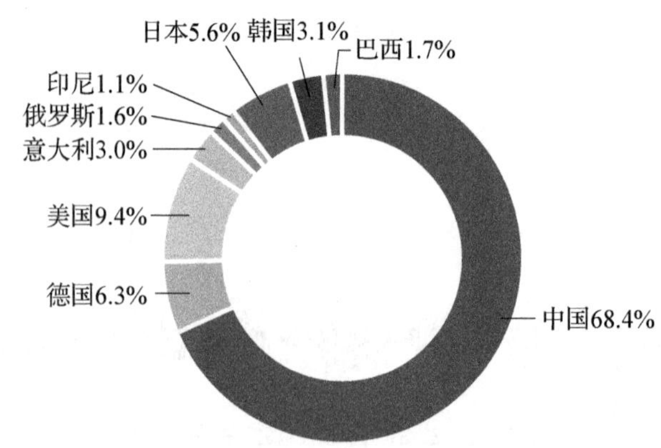

图 7－7　精铜 2019 年全球精铜消费分布

5. 废铜进口量

如图 7-8 所示，呈现的是 2007 年 9 月—2020 年 3 月国内废铜进口情况。国内对精铜的需求量加大，通过进口废铜来提炼精铜，以满足需求。但是，随着禁洋垃圾环保政策的持续推进，废铜进口量逐年降低，供应趋紧。而且精、废铜价差不断缩小，致使废铜失去了价格优势，进而铜加工企业减少了废铜的进口量。2019 年 12 月，废铜进口量为7.1 万吨，同比下降 71%；2019 年全年废铜进口量为 148.7 万吨，同比下降 38.4%。

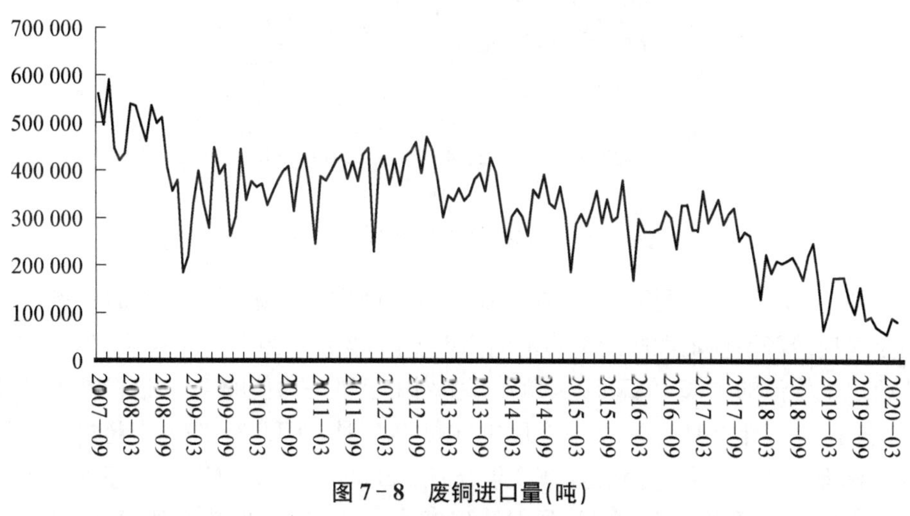

图 7-8　废铜进口量(吨)

7.3.3　数据处理

由于中国新年一般在每年的 1～2 月份，国家统计局和海关总署只公布 2 月份的累计值，造成部分经济数据存在缺失问题，这个现象称为“新年效应”(Fernald, 2014)。本章对存在缺失值问题的变量进行新年效应处理，使相关变量的上年 12 月至当年 1 月的增长率等于当年 1 月至 2 月的增长率，即可得出 1 月份、2 月份的相关数据。并用 X12-ARIMA 模型对具有明显季节效应的变量进行季节调整。最后，对所有经济变量进行 Stock 和 Watson 变换，以使数据平稳。

7.3.4　描述性分析

本章通过对原数据的平稳性检验和 FAVAR 模型变换后，计算不确定性指数时一共有 148 个观测变量，样本区间为 2008 年 1 月—2020 年 4 月。分别计算变量 y_t 未来 1 个月、3 个月、12 个月预测误差的条件波动率 $U_{jt}^{y}(h)$，最后加总 40 个变量的条件波动率，以获得总的铜行业不确定性模型 $U_t^y(1)$，$U_t^y(3)$，$U_t^y(12)$ (见图 7-9)，并记为CU(1)，CU(3)，CU(12)。

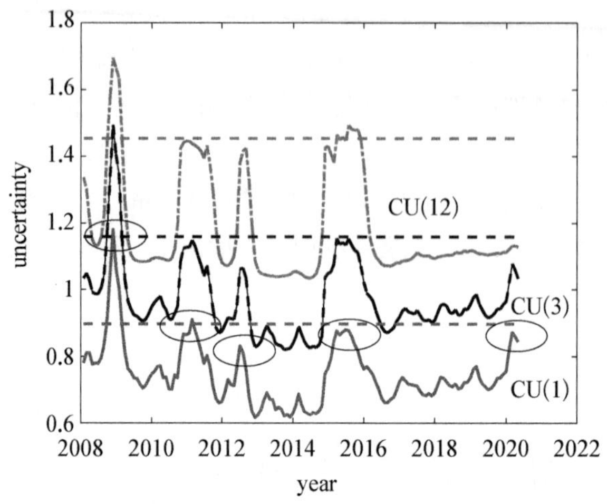

图 7-9　铜行业经济不确定性指数 CU(1),CU(3),CU(12)

如图 7-9 所示,预测期越长,铜行业经济不确定性也越强。水平的三条直线表示高于对应经济不确定性序列平均值的 1.65 倍标准差。当 $h=1,3,12$ 时,都有两个峰值超过平均值的 1.65 倍标准差,CU(1)序列中超过平均值的 1.65 倍标准差共 6 个月,分别是 2008 年 9 月—2009 年 1 月和 2011 年 2 月。CU(3) 序列中超过平均值的 1.65 倍标准差共 5 个月,分别是 2008 年 9 月—2009 年 1 月。CU(12)序列中超过平均值的 1.65 倍标准差共 11 个月,分别是 2008 年 10 月—2009 年 2 月,2015 年 3 月、5 月、7—10 月,三个指数超出平均值的 1.65 倍标准差的月份数有一定的差异。铜行业经济不确定指数 CU(1),CU(3),CU(12)在 2008—2010 年、2011 年、2015—2016 年和 2020 年年初出现峰值,其中 2008—2010 年金融危机对铜行业的经济不确定性最为显著,欧债危机、供给侧改革和新型冠状病毒感染疫情对铜行业的经济不确定性冲击的强度仅次于金融危机。

7.3.5　参数估计分析

在用马尔可夫蒙特卡洛模拟 MCMC 估计随机波动率模型时,用 Gibbs 采样对每个参数进行 50 000 次迭代,并进行退火,再进行 50 000 次的“burning”,利用迭代结果重新设定初始值,对模型进行 50 000 次迭代,最终完成模拟。

μ 是平均波动水平,其贝叶斯后验均值为 -0.762,后验置信区间是$(-0.993,-0.53)$。ϕ 的贝叶斯后验均值为 0.480,小于 1,说明模型的协方差是平稳的,随机波动率 h_t 服从滞后 1 阶自回归模型,ϕ 的后验置信区间是$(-0.122,0.91)$。σ_η 是扰动项 η_t 的标准差,其后验均值为 0.242,后验置信区间是$(0.029,0.52)$。如表 7-1 所示。

表 7-1　随机波动率模型马尔可夫蒙特卡洛模拟的参数估计结果

	均　值	标准差	5%分位数	50%分位数	95%分位数	ESS
μ	−0.762	0.146	−0.993	−0.762	−0.53	3 886
ϕ	0.480	0.321	−0.122	0.531	0.91	862
σ_η	0.242	0.155	0.029	0.221	0.52	2 042

7.3.6　核密度估计

本节对随机波动率模型参数的仿真后验分布结果进行分析。如图 7-10 所示，呈现了 2008 年 1 月—2020 年 4 月前 h 预测期以百分比为单位绘制的估计波动率 $\exp(h_t/2)$ 的 5%，50%，95%后验分位数，虚线表示未来 10 个月的波动率预测，黑线表示估计波动率的均值，灰线为估计波动率的 5%至 95%的置信区间，这反映了蒙特卡洛方法在波动率估计中的风险。此外，铜行业波动性具有显著的集聚效应。

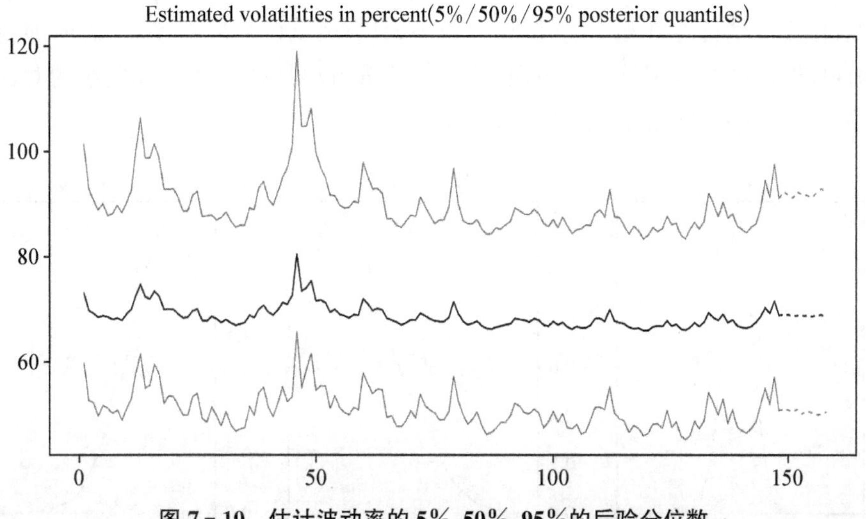

图 7-10　估计波动率的 5%，50%，95%的后验分位数

其中，均值和 5%估计波动率在未来 10 个月内会有一定的下降，而 95%估计波动率在未来 10 个月内震荡起伏。2020 年 5 月以后，随着复工复产的稳健推进，以及各国积极采取的有效防控措施，铜行业中的冶炼、生产、贸易等业务逐步恢复，铜行业的波动性也随之降低。

如图 7-11 所示，呈现了随机波动率模型中参数 μ，ϕ，σ_η 的轨迹图，三个参数围绕后验均值上下波动，并逐步趋向收敛，说明随机波动率模型的估计结果有效，而且三个参数的后验分布达到稳定状态。

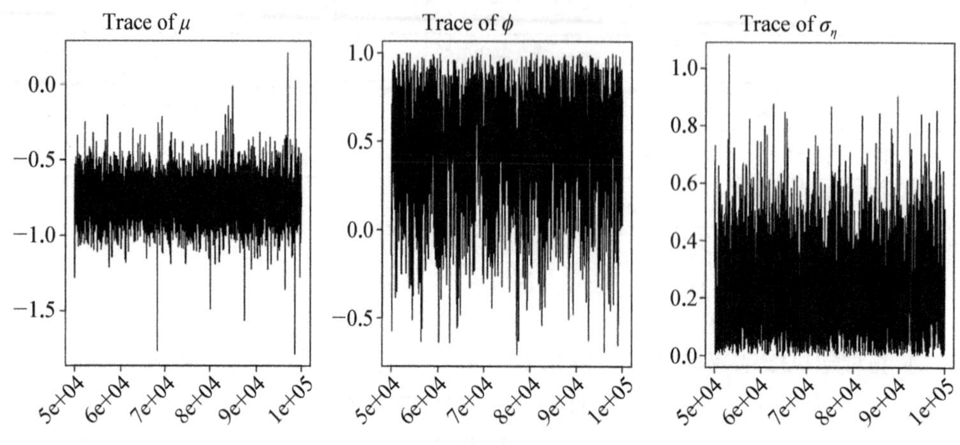

图 7-11 随机波动率模型中参数的轨迹图

如图 7-12 所示，呈现了随机波动率模型中参数 μ，ϕ，σ_η 的核密度估计结果。其中实线表示参数的后验密度估计，虚线表示前验密度估计。参数 μ 的核密度估计相对集中，核密度估计在 0 和 3 之间，误差很小，具有较高的后验概率，这表明即使在考虑了随机波动性之后，仍然存在重尾。SV 模型允许增加持久性 ϕ 和较小的对数波动率方差 σ_η^2，会有更平滑的时变波动率估计。

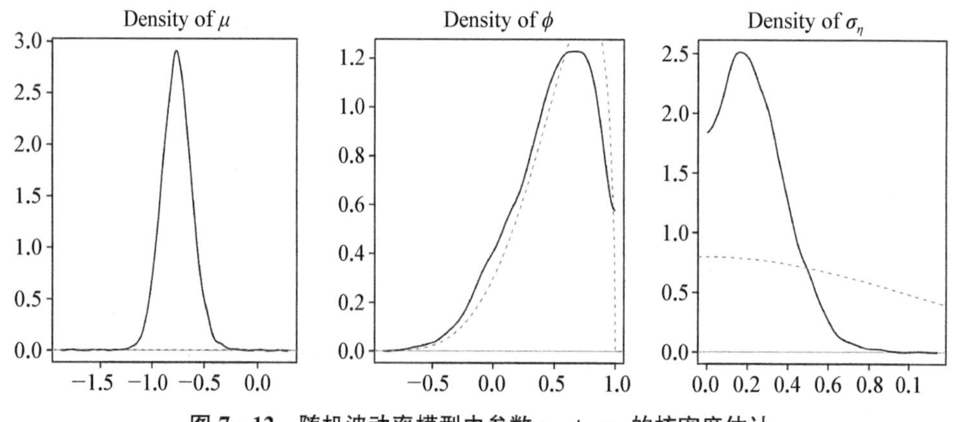

图 7-12 随机波动率模型中参数 μ，ϕ，σ_η 的核密度估计

参数 ϕ 的核密度估计中，后验密度估计呈现右偏趋势，表明样本中存在一些偏大的异常值，使参数贝叶斯估计值比实际值偏大，参数可能被高估。参数 ϕ 的边缘后验分布核密度估计的曲线平滑，有明显的单峰对称特征，表明参数贝叶斯估计值的误差非常小。

参数 σ_η 的核密度估计中，后验密度估计呈现左偏趋势，表明参数估计的误差较小，预测较为准确。参数 σ_η 的边缘后验分布核密度估计的曲线平滑，有明显的单峰对称特征，表明参数贝叶斯估计值的误差非常小。

7.4 GARCH-MIDAS-CU(*h*)模型的实证分析

7.4.1 样本描述性统计

本节选取大宗商品期铜作为研究对象，将行业经济不确定性模型 CU(*h*)和经济政策不确定性指数 EPU 共同作为外生变量，比较这两个不确定性指数预测期铜价格波动率的准确性，样本区间为 2008 年 1 月—2020 年 4 月。

如表 7-2 所示，呈现了期铜价格序列、行业经济不确定性指数 CU(*h*)和经济政策不确定性指数 EPU 的描述性统计。其中，期铜价格共有 2 999 个观测值，行业经济不确定性指数 CU(*h*)和经济政策不确定性指数共有 148 个观测值，经济政策不确定性指数 EPU 的均值、最大值、最小值和标准差远高于行业经济不确定性指数 CU(*h*)的均值、最大值、最小值和标准差。

表 7-2 描述性统计

变 量	观测个数	均 值	最大值	最小值	标准差	峰 度	偏 度
期铜价格序列	2 999	50 343	76 270	22 380	9 738	3.08	−0.001
行业经济不确定性指数 CU(1)	148	0.75	1.18	0.62	0.09	6.81	1.47
行业经济不确定性指数 CU(3)	148	0.97	1.49	0.82	0.11	6.85	1.60
行业经济不确定性指数 CU(12)	148	1.19	1.69	1.03	0.16	3.23	1.22
经济政策不确定性指数 EPU	148	281.09	970.83	26.14	230.97	4.12	1.42

7.4.2 数据处理

首先，将期铜价格数据对数差分成收益率序列 $\{r_t\}$，并进行 ADF 单位根检验，以使数据平稳。其中，p_t 是第 t 日的期铜价格数据，p_{t-1} 是前一日的期铜价格数据。

$$r_t = \ln(p_t) - \ln(p_{t-1}) \tag{7-28}$$

然后，对行业经济不确定性指数 CU(*h*)和经济政策不确定性指数 EPU 数据进行差分处理，再进行 ADF 单位根检验。接着，运用 ARMA(p,q)模型进行处理，以剔除季节性影响，其中 p,q 最优阶数通过 AIC 准则确定，将得到的残差序列进行平方以衡量外生变量的波动率。

$$X_t = \sum_{i=1}^{p} \phi_i X_{t-i} + \sum_{i=1}^{q} \theta_i \varepsilon_{t-i} + \varepsilon_t \tag{7-29}$$

行业经济不确定性指数 CU(*h*)和经济政策不确定性指数 EPU 数据经过 ARMA

(p, q)模型处理后，样本区间变为2008年1月—2020年3月，期铜收益率序列共2978个观测值，行业经济不确定性指数CU(h)和经济政策不确定性指数变为147个观测值，本节对变换后的数据进行GARCH-MIDAS模型分析。

如图7-13所示，呈现了期铜日收益率序列和日价格序列的走势。其中，期铜日收益率序列在区间(−0.05,0.1)上上下波动，逐步趋于平稳，即收益率序列具有明显的集聚性效应。2008年，金融危机致使期铜价格跌落谷底；2016年，受经济下行、三期叠加影响，期铜价格在低位徘徊；2018年、2019年，受多边贸易争端风险影响，期铜价格不温不火；自新型冠状病毒感染疫情暴发以来，期铜价格直线下降。

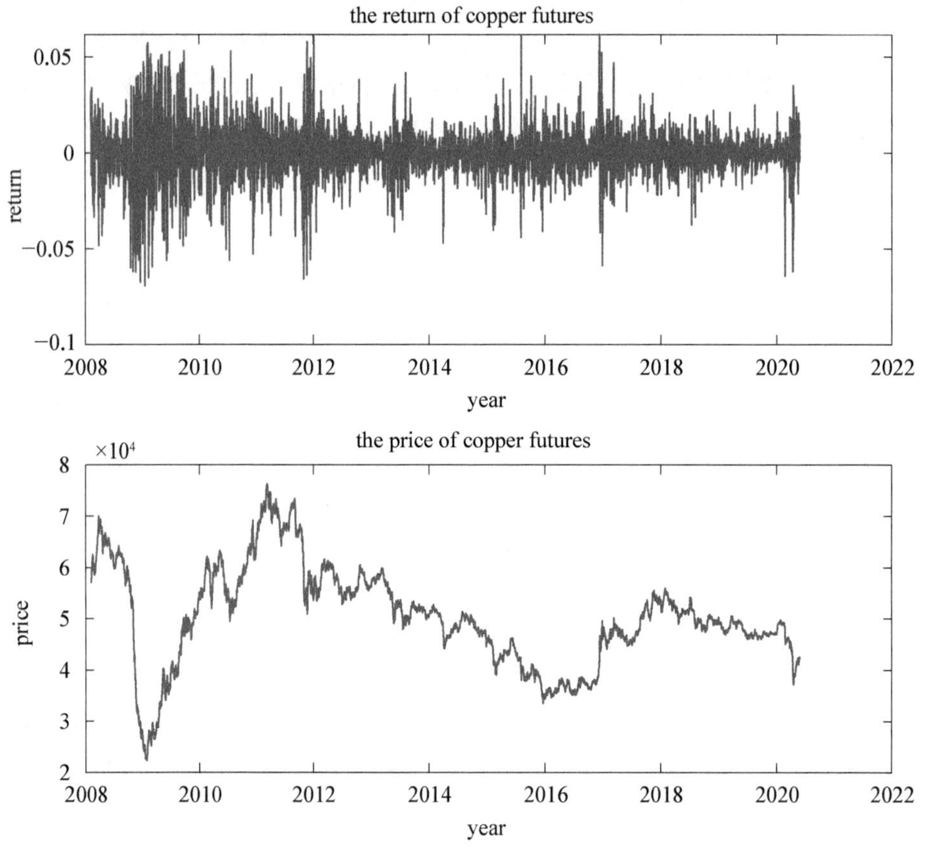

图7-13 期铜日收益率和日价格序列

如图7-14所示，呈现了中国经济政策不确定性指数EPU的走势。中国经济政策不确定性指数EPU是由Baker(2015)统计得出，以《南华早报》作为统计样本，然后用“经济政策”“不确定性”等组成关键词检索出相关文章，根据要求从中删除不符合要求的文章，再进行标准化等操作计算得出。本节在几个拐点处标示了相关重大经济不确定性事件，其中中美贸易摩擦带来的经济政策不确定性达到近年峰值，远高于金融危机所带来的经济政策不确定性。

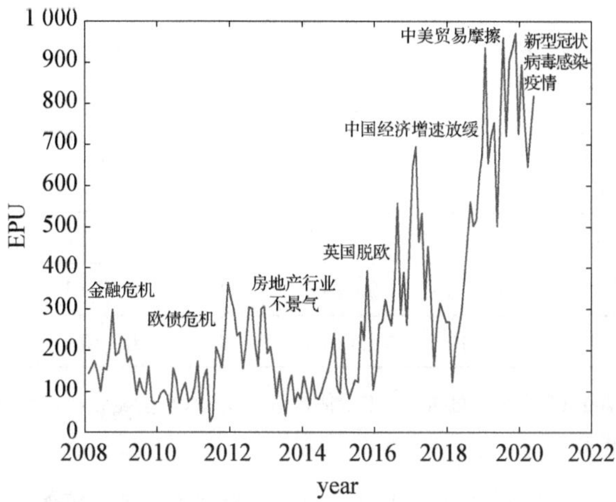

图 7-14　中国经济政策不确定性指数 EPU

7.4.3　参数估计分析

本节用 GARCH-MIDAS 模型分别实证分析铜行业经济不确定性指数 CU(h)和经济政策不确定性指数 EPU 对 SHFE 期铜价格的影响，两模型参数估计结果如表 7-3、表 7-4 所示。

表 7-3　GARCH-MIDAS-CU(h)模型参数估计结果

	GARCH-MIDAS-RV	GARCH-MIDAS-CU(1)	GARCH-MIDAS-CU(3)	GARCH-MIDAS-CU(12)
μ	−6.195 3e-05 (0.7811)	−7.180 9e-05 (0.736 8)	−4.056 5e-05 (0.854 2)	−4.581 3e-05 (0.837 38)
α	0.091 9*** (0)	0.074 2*** (0)	0.084 5*** (0)	0.088 0*** (0)
β	0.858 9*** (0)	0.899 5*** (0)	0.886 0*** (0)	0.882 1*** (0)
θ	0.135 6*** (0)	0.163 9*** (0)	0.153 6*** (1.592 8e-06)	0.050 8*** (4.954 7e-05)
ω	1.794 7 (0.021 6)	10.583*** (0)	2.940 9*** (3.346e-05)	2.644 2 (0.010 7)
m	1.794 7*** (0)	6.624 8e-05*** (0)	8.841 6e-05*** (0)	1.210 1e-04 (0)
LL	7 558.47	7 580.06	7 562.13	7 557.70
AIC	−15 104.9	−15 148.1	−15 112.3	−15 103.6
RMSE	4.922 4e-04	4.940 5e-04	4.936 8e-04	4.936 5e-04

续 表

	GARCH-MIDAS-RV	GARCH-MIDAS-CU(1)	GARCH-MIDAS-CU(3)	GARCH-MIDAS-CU(12)
RMAE	0.014 8	0.014 8	0.014 8	0.014 8
MSPE	3.642 8e-04	3.635 9e-04	3.655 0e-04	3.650 2e-04
MAPE	0.014 5	0.014 5	0.014 6	0.014 6
RMSD	0.019 1	0.019 1	0.019 1	0.019 1
RMAD	0.120 6	0.120 4	0.120 7	0.120 7

注：*** 表示估计值在 1%水平上显著，** 表示估计值在 5%水平上显著，* 表示估计值在 10%水平上显著。括号内的值是标准误差。

表 7－4　GARCH-MIDAS-EPU 模型参数估计结果

	GARCH-MIDAS-RV	GARCH-MIDAS-EPU
μ	−6.195 3e-05 (0.781 1)	−4.506 4e-05 (0.840 2)
α	0.091 9*** (0)	0.084 7*** (0)
β	0.858 9*** (0)	0.872 6*** (0)
θ	0.135 6*** (0)	4.711 2e-04*** (0)
ω	1.794 7 (0.021 6)	7.718 9*** (3.674 5e-04)
m	1.794 7*** (0)	7.340 7e-05*** (0)
LL	7 558.47	7 564.18
AIC	−15 104.9	−15 116.4
RMSE	4.922 4e-04	4.947 1e-04
RMAE	0.014 8	0.014 8
MSPE	3.642 8e-04	3.626 1e-04
MAPE	0.014 5	0.014 5
RMSD	0.019 1	0.019 0
RMAD	0.120 6	0.120 4

1. GARCH-MIDAS-RV 模型参数估计

已实现波动率和外生变量的 GARCH-MIDAS 模型参数估计中，截距项 μ 是 SHFE 期铜对数收益率的长期条件均值，在 10%水平上都不显著，这与郑挺国（2014）的实证结果一致，而且 μ 的参数值很小，可以剔除长期均值 μ 的影响。参数 α，β，θ 都是在 10% 水平上显著。参数 ω 大于 1，表示远期收益率对当期期铜价格波动的影响较大。

图 7－15 呈现了 GARCH-MIDAS-RV 模型估计的期铜条件波动率和长期波动率的分量，其中长期波动率通过已实现波动率进行估计，而且长期波动率能准确刻画条件波动率的长期走势。

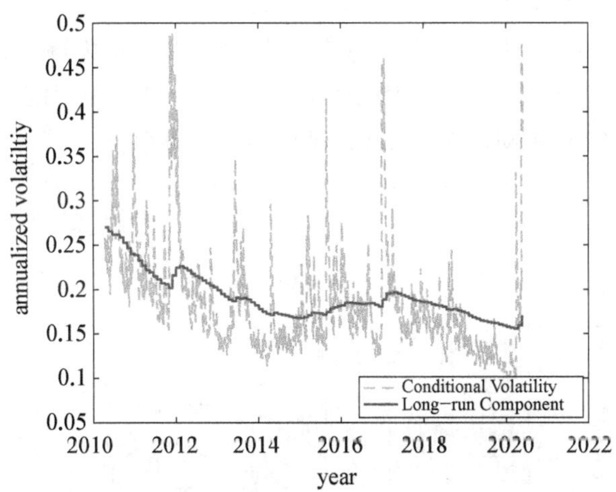

图 7－15　GARCH-MIDAS-RV 模型估计 SHFE 期铜条件波动率和长期波动率

2. GARCH-MIDAS-CU(h)模型参数估计

本节将 CU(1)，CU(3)，CU(12)三个指数作为外生变量，用 GARCH-MIDAS 模型分析三个指数对期铜价格波动预测效果。在 GARCH-MIDAS-CU(1) 模型参数估计中，除了均值 μ 不显著外，其余参数都是在 1%水平上显著。参数 $\alpha+\beta<1$ 满足约束条件，表明期铜长期波动逐步收敛至稳定值，则 SHFE 期铜收益率具有明显的 GARCH 效应。参数值 ω 远远大于 1，则未来 1 个月的收益率对当期期铜价格波动的影响很大。参数值 θ 为正值，为 0.163 9，大于 GARCH-MIDAS-RV 模型的参数值 θ，意味着 CU(1)对铜行业的长期波动具有显著正向影响，即期铜极易受到铜行业经济不确定性 CU(1)的冲击，进而带来更大的市场风险。当 CU(1)值增长时，期铜长期波动率会随之增强，即行业经济不确定性增强时，期铜价格波动率越剧烈。

此外，GARCH-MIDAS-CU(1)模型的 LL 值大于 GARCH-MIDAS-RV 模型的 LL 值，AIC 值小于 GARCH-MIDAS-RV 模型的 AIC 值，说明 GARCH-MIDAS-CU(1)模型数据拟合效果更好，模型预测更加准确。而且 GARCH-MIDAS-CU(1)模型损失函数值 MSPE，RMAD 均小于 GARCH-MIDAS-RV 模型损失函数值 MSPE，RMAD，说明加入外生变量 CU(1)能够提高模型的预测精度。从表 7－3 中可以看出 GARCH-MIDAS-CU(1)模型中对数似然值、AIC、损失函数值数据都要优于 GARCH-MIDAS-CU(3)，GARCH-MIDAS-CU(12)、GARCH-MIDAS-EPU 模型中对数似然值、AIC、损失函数值数据，说明当预测期 $h=1$ 时，铜行业经济不确定性指数 CU(1)能够更好地解释铜行业的波动性。

图 7-16 至图 7-18,呈现了 GARCH-MIDAS-CU(h)模型估计的期铜条件波动率和长期波动率,长期波动率分别通过行业经济不确定性 CU(1),CU(3),CU(12)进行估计。其中,相比 GARCH-MIDAS-CU(3)和 GARCH-MIDAS-CU(12)模型,GARCH-MIDAS-CU(1)模型中估计的长期波动率更能刻画期铜条件波动率的长期走势,而且 GARCH-MIDAS-CU(1)模型的参数估计结果优于 GARCH-MIDAS-CU(3)和 GARCH-MIDAS-CU(12)模型的参数估计结果,GARCH-MIDAS-CU(1)模型的损失函数值也要小于 GARCH-MIDAS-CU(3)和 GARCH-MIDAS-CU(12)模型的损失函数值,即 GARCH-MIDAS-CU(1)模型预测效果更优。

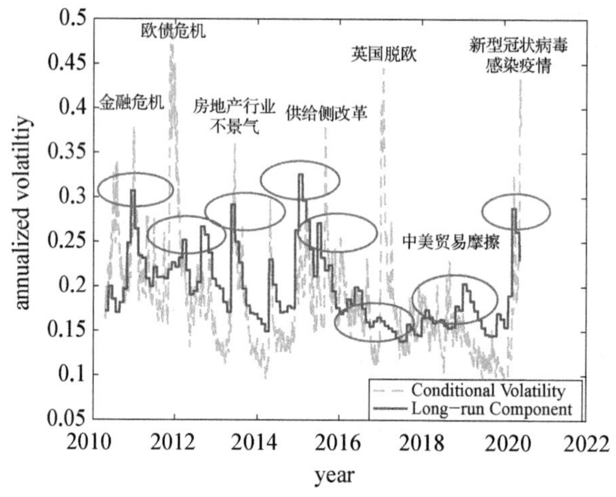

图 7-16 GARCH-MIDAS-CU(1)模型估计 SHFE 期铜条件波动率和长期波动率

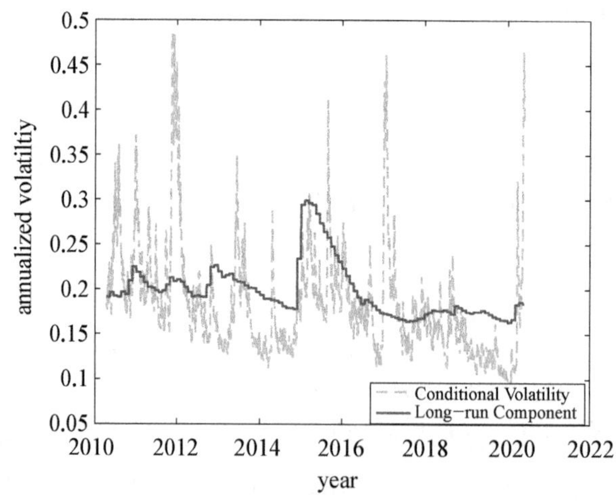

图 7-17 GARCH-MIDAS-CU(3)模型估计 SHFE 期铜条件波动率和长期波动率

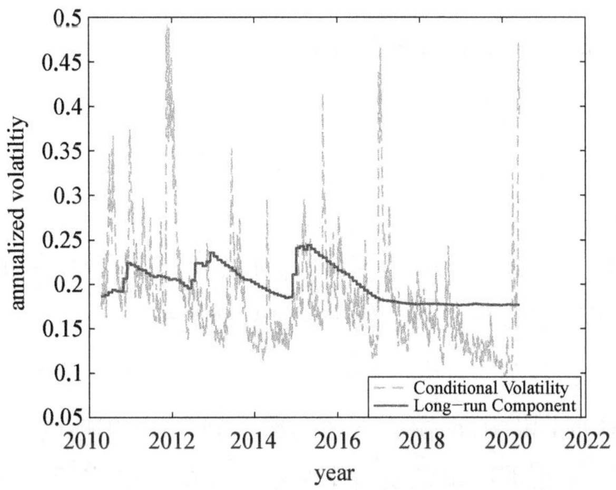

图 7－18　GARCH-MIDAS-CU(12)模型估计 SHFE 期铜条件波动率和长期波动率

3. GARCH-MIDAS-EPU 模型参数估计

GARCH-MIDAS-EPU 模型参数估计中，除了均值 μ 不显著外，其余参数都是在 1%水平上显著，参数 $\alpha+\beta<1$ 满足约束条件。其中似然函数值 LL 大于 GARCH-MIDAS-RV 模型中的似然函数值 LL，AIC 值和损失函数值 MSPE，RMSD，RMAD 小于 GARCH-MIDAS-RV 模型中的 AIC 值和损失函数值 MSPE，RMSD，RMAD，说明加入外生变量 EPU 可以提高基准价格预测模型的精度。但是，GARCH-MIDAS-EPU 模型的似然函数值 LL、AIC 值、损失函数值 RMSE 均劣于 GARCH-MIDAS-CU(1)模型的似然函数值 LL、AIC 值、损失函数值 RMSE，则说明行业经济不确定性 CU(1)的价格波动预测效果优于经济政策不确定性指数 EPU。

图 7－19 呈现了 GARCH-MIDAS-EPU 模型估计的期铜条件波动率和长期波动率的分量。

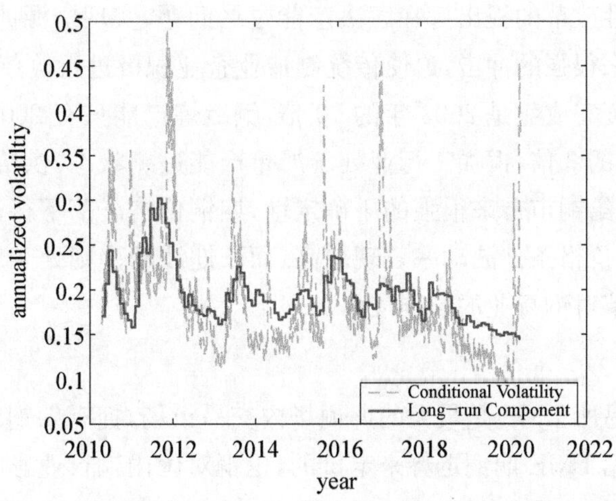

图 7－19　GARCH-MIDAS-EPU 模型估计 SHFE 期铜条件波动率和长期波动率

7.4.4 重大经济不确定性事件分析

本节分析图 7-16 至图 7-19 中标注的重大经济不确定性事件对期铜价格波动率的影响。

1. 金融危机

2008—2010 年的金融危机给铜行业带来很强的不确定性，期铜长期波动率表现很剧烈，对铜行业的冲击程度仅次于供给侧结构性改革。

2. 欧债危机

受欧债危机强冲击影响，期铜条件波动率达到 2010 年后的历史峰值，此时长期波动率表现异常剧烈，说明欧债危机对国内铜行业的影响广泛。在废铜进口禁令颁布之前，中国主要从欧美国家进口废铜来提炼精铜。2010 年，废铜进口量为 446.44 万吨，同比增长 11.66%；2011 年全年废铜进口量 468.73 万吨，同比增长 4.99%。欧债危机的爆发致使 2011 年废铜进口量增速严重放缓，并导致当年中国国内精铜供应趋紧，进而波及国内精铜消费市场。受到铜行业强经济不确定性的冲击，期铜长期波动率表现较为剧烈，但是冲击程度较为有限，小于金融危机的影响。

3. 中国房地产行业不景气

中国房地产行业不景气导致期铜长期波动率表现剧烈，达到 2010 年后长期波动率峰值。铜是重要的工业原料，主要运用于电力电缆、建筑、汽车等产业。2014 年一季度房地产业经济数据表现较差，房屋建筑竣工面积 1.85 亿立方米，同比下降4.9%，商品房销售面积 2.01 亿立方米，同比下降 3.8%。房地产行业不景气导致精铜消费萎靡，进而波及铜行业。

4. 供给侧结构性改革

供给侧结构性改革的提出旨在解决产能过剩问题，实现资源的最优配置。这给传统铜加工业带来很强的冲击，迫使传统制造业企业积极进行改革转型。2015 年铜冶炼行业固定投资完成额是 2003 年的 10 倍，铜冶炼产能只有 2003 年的 5 倍，消费增长仅是 2003 年的 3 倍，铜加工行业处于严重产能过剩状态，供给侧改革的提出使得铜矿供应趋紧，给铜市带来很强的不确定性，期铜价格震荡下行，处于金融危机后的历史低位，期铜价格条件波动率表现较高，而长期波动率则处于历史最高位，表明供给侧结构性改革对铜行业的影响最大。

5. 英国脱欧

伦敦商品交易所 LME 是最大的期铜场内交易市场，拥有期铜定价权，上海期货交易所期铜是根据 LME 期铜走势来定价的，伦铜对国内铜行业影响最为广泛，英国脱欧公投于 2016 年 6 月 23 日举行，由于市场没有提前做好准备，英镑盘中跌幅一度接近 10%，强不确定性的冲击加剧了国内铜行业的恐慌，致使国内期铜条件波动率居高不下。但随着市场加深了脱欧不确定性的认识，铜行业投资信心高涨，助推铜价反弹回升。随着铜市经济环境得以改善，期铜长期波动率处于下滑的趋势。

6. 中美贸易战

2017 年 8 月以前期铜长期波动率一直处于下降趋势，直至 2017 年 8 月 14 日，美国针对我国实施 301 调查，打响了中美贸易战第一枪。受市场环境紧张氛围的影响，期铜长期波动率有了小幅的上升，即铜行业受中美贸易摩擦短期影响较大。2017 年，中国从美国进口废铜 53.5 万吨，占进口比重的 15%。2018—2019 年，中美双方又多次加征关税，贸易争端愈演愈烈，中国从美国进口的废铜比例骤降，在禁洋垃圾政策颁布的叠加影响下，2019 年上半年自美国进口的废铜同比下降 80%以上。该阶段内期铜长期波动率震荡起伏，期间达到三个峰值，其中 2019 年 2 月的波峰较高。中国是精铜消费大国，废铜可以用来回收、冶炼成精铜，降低从美国进口的废铜会进一步压缩国内精铜供给，进而给铜行业带来较大的波动性。

但 2019 年 2 月以后，长期波动率又逐步下降，这是由于国内废铜回收资源丰富，价值较高，逐步提高废铜回收率后可满足国内需求，中国铜业对美国铜市的依赖性降低，进而受中美贸易摩擦的长期影响较小。压制《中国制造 2025》是美国对中国实施经济制裁的根本原因，美对华加征关税的名单都是《中国制造 2025》中的重点发展领域，集中于高新技术产业，所以中美贸易摩擦不确定性主要对高新技术产业的影响最大。

7. 新型冠状病毒感染疫情

新型冠状病毒感染疫情的暴发加大了铜行业的经营压力，铜价、加工费 TC/RC 的持续下行导致铜冶炼企业营收降幅进一步扩大。截至 2020 年 3 月，铜冶炼企业营收 1 853.3 亿元，同比下降 11.9%；铜加工企业营收 1 921.4 亿元，同比下降 10.6%。新型冠状病毒感染疫情促使精铜消费滞后，加剧了铜市供应过剩的局面，给铜行业带来很强的波动性。自 2020 年年初至 3 月期间，期铜长期波动率急剧上升。之后，随着国内新型冠状病毒感染疫情得以控制，各地有序提高复工率，生产、生活逐步恢复，铜市供应过剩问题得以缓解，所以期铜长期波动率在 3 月以后呈现下降的趋势，但是由于新型冠状病毒感染疫情强不确定性冲击仍然存在，该阶段的期铜长期波动率仍处于历史高位。

7.4.5 样本外价格波动的预测效果检验

本节利用损失函数来比较 GARCH-MIDAS-UC(1)模型和 GARCH-MIDAS-RV，GARCH，EGARCH，GJR 模型对价格波动性的预测精度，分别是条件方差的均方根误差 RMSE、条件方差的平均绝对误差 RMAE、条件方差的均方误差 MSPE、条件方差的平均绝对百分比误差 MAPE、条件标准差的均方根偏移 RMSD、条件标准差的均方根绝对误差 RMAD，并用 DM 检验来比较模型的预测精度。

$$RMSE=\sqrt{\frac{1}{T}\sum_{t=1}^{T}[\sigma_{t+1}^2-E_t(\sigma_{t+1}^2)]^2} \tag{7-30}$$

$$RMAE=\sqrt{\frac{1}{T}\sum_{t=1}^{T}|\sigma_{t+1}^2-E_t(\sigma_{t+1}^2)|} \tag{7-31}$$

$$MSPE=\frac{1}{T}\sum_{t=1}^{T}[\sigma_{t+1}-E_t(\sigma_{t+1})]^2 \tag{7-32}$$

$$MAPE=\frac{1}{T}\sum_{t=1}^{T}|\sigma_{t+1}-E_t(\sigma_{t+1})| \tag{7-33}$$

$$RMSD=\sqrt{\frac{1}{T}\sum_{t=1}^{T}[\sigma_{t+1}-E_t(\sigma_{t+1})]^2} \tag{7-34}$$

$$RMAD=\sqrt{\frac{1}{T}\sum_{t=1}^{T}|\sigma_{t+1}-E_t(\sigma_{t+1})|} \tag{7-35}$$

$$DM=\frac{\overline{d}}{\sqrt{var(d_t)}}\sim N(0,1) \tag{7-36}$$

$$d_t=e_{A,t}^2-e_{B,t}^2 \tag{7-37}$$

式中，σ_{t+1}^2 是条件方差，即日已实现波动率；$E_t(\sigma_{t+1}^2)$ 是条件方差的预测值；T 是观测个数。$\overline{d}$ 表示 d_t 序列的均值，$var(d_t)$ 是 d_t 序列的方差，$e_{A,t}$，$e_{B,t}$ 分别是模型 A、B 的预测误差。

本节利用 GARCH-MIDAS-CU(1)模型对 2008 年 1 月—2015 年 1 月的样本数据进行样本内估计(见表 7－5)，2015 年 2 月—2020 年 3 月的样本数据用 GARCH-MIDAS 和 GARCH-type 模型进行样本外预测误差估计(见表 7－6)。GARCH-MIDAS 模型的样本内估计与全样本估计相似。如表 7－5 所示，参数 μ 在 10%水平上不显著，参数 ω 在 10%水平上显著，其他参数在 1%水平上显著。

表 7－5　GARCH-MIDAS-CU(1)模型样本内预测估计

μ	α	β	θ	ω	m	AIC
−2.015 7e-04 (0.560 0)	0.079 8*** (0)	0.883 6*** (0)	0.130 5*** (0)	1.256 8* (0.089 7)	8.653 2e-03*** (0)	−7 176.27

表 7－6　GARCH-MIDAS-CU(1)模型和 GARCH-type 模型样本外预测估计

模　型	RMSE	RMAE	MSPE	MAPE	RMSD	RMAD
GARCH-MIDAS-CU(1)	3.346 7e-04	0.011 9	2.487 9e-04	0.012 3	0.015 8	0.110 9
GARCH	3.327 6e-04	0.011 9	2.521 6e-04	0.012 4	0.015 9	0.111 5

续　表

模　型	RMSE	RMAE	MSPE	MAPE	RMSD	RMAD
EGARCH	0.320 9	0.566 3	0.308 8	0.555 6	0.555 7	0.745 4
GJR	3.332 0e-04	0.011 9	2.523 0e-04	0.012 4	0.015 9	0.114

利用 2015 年 2 月—2020 年 3 月样本数据估计 GARCH-MIDAS-CU(1)，GARCH，EGARCH，GJR 模型的样本外预测误差，损失函数值越小，则模型预测精度越高。通过比较模型的损失函数值(见表 7 - 7)，GARCH-MIDAS-CU(1)模型的损失函数值相对较小，则加入外生变量铜行业经济不确定性指数 CU(1)能够提高模型的预测精度。本章将 GARCH-MIDAS-CU(1)模型作为基准模型，计算其他模型的 DM 检验值。传统条件异方差模型 GARCH，EGARCH，GJR 的 DM 值为负，表示这些传统对比模型的预测精度都要小于基准模型 GARCH-MIDAS-CU(1)的预测精度。

表 7 - 7　DM 检验

	GARCH-MIDAS-CU(1)	GARCH	EGARCH	GJR
DM	—	−0.031 6	−12.602 4	−0.019 3

注：GARCH-MIDAS-CU(1)模型作为 DM 检验的基准模型。

7.5　结果讨论及管理启示

通过构建 GARCH-MIDAS-CU 和 GARCH-MIDAS-EPU 模型，比较了 CU(1)，CU(3)、CU(12)和 EPU 对期铜价格波动的预测效果，根据参数估计结果和损失函数值的对比分析，发现行业经济不确定性 CU(1)相比 CU(3)，CU(12)和 EPU 更能解释期铜价格的长期波动性。在本例中，经济政策不确定性指数 EPU 的价格波动预测效果较差，意味着 EPU 并不适合分析期铜价格的长期波动，经济政策不确定性指数有一定的应用场景，即在分析大宗商品价格波动时，需要区分出对大宗商品价格产生影响的经济政策。

在重大经济不确定性事件的分析中，供给侧结构性改革对铜行业的冲击程度最大，供给侧结构性改革的推出迫使传统铜冶炼、加工、贸易企业积极转型，加大了环保成本的投入等，给传统铜行业的获益方带来较大的冲击和影响，期铜长期波动率表现最为剧烈。新型冠状病毒感染疫情和金融危机对铜行业的冲击程度仅次于供给侧结构性改革的影响。

英国脱欧和中美贸易战均在短期内对铜行业带来较大的冲击，但对铜行业的长期影响较小，期铜的长期波动率逐步趋于平稳。长期而言，市场对中美贸易摩擦问题有了充分的认识和应对策略，减少了从美国进口的废铜，减小了对美国铜市的依赖性，进而中美贸易战对铜行业的长期影响减弱。

7.6 本章小结

首先,本章构建了行业经济不确定性模型,将行业经济不确定性指标和宏观基本面指标作为总体信息集合,利用 FAVAR 模型提取出信息集合中的潜在共同因子向量,利用潜在共同因子向量的旋转一致性估计来构建因变量的动态方程。接着用随机波动率模型、马尔可夫蒙特卡洛模拟去预测因变量未来 h 期预测误差的条件波动率 $U_{jt}^{y}(h)$,最后加总行业经济不确定性指标的条件波动率获得总的行业经济不确定性指数 CU(h)。

其次,本章以具有明显顺周期性质的铜行业为例,对行业经济不确定性指数进行实证分析。研究发现铜行业经济不确定指数 CU(1),CU(3),CU(12)在 2008—2010 年、2011 年、2015—2016 年和 2020 年年初出现峰值,其中 2008—2010 年金融危机为铜行业带来最为显著的经济不确定性,欧债危机、供给侧改革和新型冠状病毒感染疫情对铜行业的经济不确定性冲击的强度仅次于金融危机。根据随机波动率模型的参数估计和核密度估计结果,发现随机波动率模型参数贝叶斯估计值的预测误差非常小,证实了构建的行业经济不确定性模型 CU(h)的合理性。

并以此为基础构建了以行业经济不确定性 CU(h)作为外生变量的 GARCH-MIDAS-CU(h)价格预测模型。然后,利用 GARCH-MIDAS 模型分别分析了外生变量 CU(1),CU(3),CU(12)和 EPU 对期铜价格波动的影响。通过比较模型的参数估计值和损失函数值,发现外生变量 CU(1)更能解释期铜价格波动性,即 GARCH-MIDAS-CU(1)模型更能描述期铜波动率的长期走势。而现有的经济政策不确定性指数 EPU 的预测效果最差,证实了本章构建的行业经济不确定性模型 CU(h)的可行性,即本章构建的行业经济不确定性指数更适用于分析相关行业的大宗商品价格问题。行业经济不确定性模型考量了行业内生、外生性冲击,而经济政策不确定性指数 EPU 只是衡量了一个时间段内经济政策所带来的不确定性冲击。此外,经济政策不确定性指数 EPU 并没有细分可能的经济政策对铜行业的冲击,并不是所有的经济政策不确定性都会对铜行业产生影响。经济政策不确定性指数 EPU 仅在特定的环境下适用。

最后,本章将 GARCH-MIDAS-CU(1)模型和传统广义条件异方差模型 GARCH,EGARCH,GJR 进行了样本外价格波动的预测效果检验,通过损失函数值和 DM 检验结果比较,发现 GARCH-MIDAS-CU(1)模型的预测更准确,即证实了本章的实证模型 GARCH-MIDAS 的预测准确性优于传统广义条件异方差模型 GARCH,EGARCH,GJR。

第 8 章

结论与未来展望

不同于银行主导的物流金融业务模式，本书立足国内供应链金融的现实环境，以商业信用和资产支持融资理论为基础，提出了考虑物流企业金融属性的供应链金融，该业务是在传统物流金融基础上依据物流企业和银行双方的比较优势进行的内部分工的二次优化，实现了银行信贷资源以商业信用的形式在供应链内部的二次配置。进一步，通过追溯物流企业供应链金融的发展脉络发现，物流企业金融属性渐次体现的过程亦是物流企业由功能型企业向平台型甚至生态企业升级的过程。最后，总结出流程性、自偿性和组合性三大特征，物流金融、贸易金融以及供应链管理的三重属性，二者构成了物流企业主导的供应链金融模式的盈利基础，亦是其风险管理的基础，其风险控制的关键在于真实贸易背景下交易商品（组合）及其衍生的现金流的控制。同时考虑到质物资产的现货交易属性，本书选取长期风险预测的视角，提出了以质物组合优化为核心的风险分散策略和以资产期现套期保值为核心的风险对冲策略。

第 2 章，为缓释现行供应链金融业务单一质物价格剧烈波动诱发的集中度风险，基于 Markowitz 风险分散理论，从金融时间序列一般规律出发，分析价格随机波动现货质物的收益率统计特征，模型化收益率序列尖峰厚尾、波动集聚性和自相关特性，建立刻画质物组合间非线性相关结构的二元 Copula-GARCH 族模型，研究不同秩相关系数下两组质物组合（铜和螺纹钢、铜和铝）对数收益率间的条件相关性，通过样本外滚动预测方法进行动态组合 VaR 预测；构造以样本内收益率的条件波动率和 Copula 函数模拟生成新质物组合的数据生成方法，拓展研究不同相关性对组合 VaR 的影响；给出置于多风险窗口质物组合的 VaR 计算解析式，提出长周期预测视角中考虑资金成本的动态质押率模型效率损失检验以及基于 Kupiec 模型精度检验的全面回测模型。实证结果显示：捕捉质物收益率下尾部相关结构变化的 Clayton-Copula 能够合理预测两组真实质物组合风险和模拟质物组合风险，且能更好地发挥组合分散风险的能力。

进一步，将二元质物组合的长期风险预测拓展至更具一般性的多元质物组合，第 3 章提出了一类更具普适性的基于蒙特卡洛模拟法的质物组合长期风险预测方法，克服了现有长期风险预测中视为基准的时间平方根法则的缺陷；在积极和保守投资策略下，建立了长期风险视角下基于均值 CVaR 质物组合优化框架，与改进的均值方差优化框架进行对比分析。为准确测度质物组合长期 CVaR,引入极值理论,建立了 ARMA-EGARCH-EVT 族模型以及多元 t-Copula 模型,刻画现货质物收益率呈现出的自相关性、"尖峰厚尾"以及波动集聚性等典型事实特征以及质物间的非线性相关结构;实证结果显示:无论采取积极型抑或保守型投资策略,长期风险预测视角下的均值 CVaR 框架均可以实现质物组合的优化,而且相较改进的均值方差模型依然具有比较优势。稳健性检验中,改变风险窗口、置信水平以及蒙特卡洛模拟次数等关键变量以及调整质物组合样本长度和样本规模,均可以验证长期风险预测视角下均值 CVaR 框架的有效性。

物流企业供应链金融风险控制的核心即在于现货资产的长期价格风险预测,而长期风险预测的关键又在于资产多期波动率的预测。而波动过程持续性产生的长记忆特征体现出更为缓慢的均值回复过程,作用于资产波动率的期限结构进而影响多期波动率的建模和预测。基于此,第 4 章沿用长期风险视角下的均值 CVaR 框架,提出了考虑长记忆特征的多元质物组合的长期风险预测方法。以长江有色 1# 铜、A00 铝,以及广州黄埔 180CST 燃料油为样本的实证研究表明:现货资产的波动过程存在显著的长记忆特征,忽视长记忆特征会带来多期波动率预测的错估,从而最终影响质物组合的有效前沿;进一步,维持其他参数不变,通过数据生成过程模拟生成得到两组长记忆程度不同的质物组合 A 和 B,研究发现,长记忆参数更高的质物组合 B 拥有更高的期望收益和更低的风险水平。这再一次说明,质物资产波动过程的长记忆特征对于资产组合的选择的重要性。

然而需要指出的是,宏观低频事件产生的结构突变行为极易导致"伪长记忆"特征的假象,从而对波动率的正确建模产生干扰。因此,为了判断现货资产波动过程长记忆特征的真伪,在第 4 章拓展研究中,运用新颖有效的样本分割检验法和 d 阶差分平稳性估计法对现货资产波动过程的长记忆特征的真伪进行检验。研究结果发现,样本期内资产波动过程的长记忆特征的决定性因素并非源于结构突变行为带来的假象,而对于燃料油而言,其长记忆特征则受到外部结构突变的影响,存在部分伪记忆特征。因此,第 5 章和第 6 章在重点考虑了外部宏观经济因素这一系统性变量的情形下展开质物资产的风险管理研究。

宏观经济下行周期,受实体经济需求萎缩,行业景气度下降影响,具有强周期属性的大宗商品往往面临价格普遍下跌这一典型事实,使得通过构建相关性较弱的质物组合实现风险分散的效率大大弱化。鉴于此,提出了考虑物流企业风险偏好异质性的动态套期保值策略,以对冲宏观经济波动引致的系统性风险因素。首先,分别以低频周期的已实现波动率和宏观经济预警指数的条件方差作为宏观经济波动的代理变量,建立 GARCH-MIDAS 模型,通过混频数据回归过程 MIDAS 描述的长期波动部分可以在刻画长记忆特征和结构突变行为的同时,有效解决高频价格数据样本的小样本与长周期预测之间的难题。进一步通过 DCC-MIDAS 模型刻画质押资产期现货间的相关结构。最后,为确保模型的稳健性,以 DMW 检验和 MCS 检验分别对模型的样本外预测能力进行检验。以上海交易所提供的铜的期现货数据为样本的实证分析表明：样本期内铜的期现货价格的波动过程，尤其是长期波动成分均体现出了显著的逆周期特征，也即在宏观经济下行时期表现出更强的波动；宏观经济波动作为外部系统性风险因素对于铜的期现货价格的波动的影响显著，其中，尤其是在以经济景气预警指数作为宏观经济变量的模型中，长期波动成分对于整体波动的贡献接近甚至超过 50%；以稳健损失函数为基础展开的 DMW 检验和模型置信集 MCS 检验的结果表明，两类 GARCH-MIDAS 模型尤其是 GARCH-MIDAS-RV 模型，不同的预测期限内均表现出了较好的能力；两类模型的动态套期保值方案无论是经济下行区间还是样本外区间均取得了较好的套期保值效果，而且由于各预测期限内期货收益率的条件期望均大于 0，随着风险厌恶程度的提高，动态套期保值效率提高。

需要指出的是，本书并未考虑套期保值的交易费用（包括持仓费用和仓位调整费用）问题，在较长的预测期限内，如果交易费用较高，那么动态套期保值方案中频繁调整仓位则会增加套保成本，从而降低动态套期保值方案的效率，这也能在一定程度上解释业务实践中简单易行的静态套保方案依然适用的原因。未来的研究中，将进一步把套期保值的交易费用考虑到资产系统性风险因素的管理中，综合运用风险分散策略和套期保值策略展开考虑物流企业金融属性的供应链金融集成风险研究，比如在考虑套期保值的情形下展开质物组合的优化研究。

此外，笔者认为长期风险视域下的供应链金融价格风险管理，除却考虑宏观经济的不确定性之外，还应考虑不同行业的异质性因素，为此，提出了同时考虑宏观经济不确定性和行业异质性特征的混合不确定性模型 GARCH-MIDAS-CU。以铜为样本的实证结果表明，相比于仅考虑宏观不确定性 EPU 模型，模型实体现出了优越性。

当前供给侧改革已成为加速我国经济结构转型，推动全要素效率提升的战略选择。而物流企业供应链金融业务作为供应链集成服务创新，在改善自身盈利结构，加速企业库存流转、提升产业链资金运行效率方面具有天然的优势。显然，物流企业主导的供应链金融正是供给侧改革的微观实践。随着数字经济时代的到来，物流企业供应链金融将以生态圈模式为载体，不断涌现出更多的服务业态，物流企业的金融属性也将更加凸显，相应的风险控制体系也将由自偿性为主体的债项缓释向大数据技术支持的评级技术和自偿性授信技术的集成运用转变。未来的研究中，将密切跟踪物流企业供应链金融的实践前沿，尤其是在供应链金融风险管理领域，寻求相应的理论突破。

参考文献

[1] Hofmann E, Belin O. Supply chain finance solutions: Relevance, Propositions, Market value [M]. Berlin: Springer, 2011.

[2] Pfohl H C, Gomm M. Supply chain finance: optimizing financial flows in supply chains[J]. Logistics Research, 2009, 1(3-4):149-161.

[3] 深圳发展银行,中欧国际工商学院"供应链金融课题组".供应链金融——新经济下的新金融[M].上海:上海远东出版社,2009.

[4] 冯耕中.物流金融业务创新分析[J].预测,2007,26(1):49-54.

[5] 李毅学,汪寿阳,冯耕中.一个新的学科发展方向——物流金融的实践发展与理论综述[J].系统工程理论与实践,2010,30(1):1-13.

[6] 胡跃飞,黄少卿.供应链金融:背景、创新与概念界定[J].金融研究,2009(8):194-206.

[7] 姜超峰.供应链金融服务创新[J].中国流通经济,2015(1):64-67.

[8] Meltzer A H. Mercantile credit, monetary policy, and size of firms[J]. The Review of Economics and Statistics, 1960, 42(4): 429-437.

[9] Petersen M A, Rajan R G. Trade credit: theories and evidence[J]. Review of Financial Studies, 1997, 10(3): 661-691.

[10] Nilsen, J H. Trade credit and the bank lending channel[J]. Journal of Money, Credit, and Banking, 2002, 34(1): 226-253.

[11] Frank M, Maksimovic V. Trade Credit, Collateral, and Adverse Selection [R]. Working Paper, University of Maryland, 2005.

[12] Love I, Preve L A, Sarria-Allende V. Trade credit and bank credit: Evidence from recent financial crises[J]. Journal of Financial Economics, 2007, 83(2): 453-469.

[13] Cull R, Xu L C, Zhu T. Formal finance and trade credit during China's

transition[J]. Journal of Financial Intermediation, 2009, 18(2): 173-192.

[14] Uesugi I, Yamashiro G M. How trade credit differs from loans: evidence from Japanese trading companies [R]. Working paper, California State University, 2004.

[15] Ferris J S. A transaction theory of trade credit use[J]. Quarterly Journal of Economics, 1981, 96(2): 247-270.

[16] Brennan M J, Maksimovic V, Zechner J. Vendor Financing[J]. Journal of Finance, 1988, 43(5): 1127-1141.

[17] Ge Y, Qiu J P. Financial development, bank discrimination and trade credit[J]. Journal of Banking & Finance, 2007, 31(2): 513-530.

[18] Seifert D, Seifert R W, et al. A review of trade credit literature: Opportunities for research in operations [J]. European Journal of Operational Research, 2013, 231, 245-256.

[19] Long M S, Malitz I B, Ravid S A. Trade credit, quality guarantees, and product marketability[J]. Financial Management, 1993, 22(4): 117-127.

[20] Wilson N, Summers B. Trade credit terms offered by small firms: Survey evidence and empirical analysis[J]. Journal of Business and Finance Accounting, 2002, 29(3-4): 317-335.

[21] Bias B, Gollier C. Trade credit and credit rationing [J]. Review of Financial Studies, 1997, 10(4): 903-937.

[22] Burkart M, Ellingsen T. In-Kind Finance: A theory of trade credit[J]. American Economic Review, 2004, 94(3): 569-590.

[23] Fabbri D, Menichini A M C. Trade credit, collateral liquidation, and borrowing constraints[J]. Journal of Financial Economics, 2010, 96(3): 413-432.

[24] Cunat V M. Trade Credit: Suppliers as debt collectors and insurance providers[J]. Review of Financial Studies, 2007, 20(2): 491-527.

[25] Boissay F, Gropp R. Trade Credit Defaults and Liquidity Provision by Firms [R]. European Central Bank Working Paper No. 753, 2007.

[26] Choi W G, Kim Y S. Trade credit and the effect of macro-financial shocks: evidence from U.S. panel data[J]. Journal of Financial and Quantitative Analysis, 2005, 40(4): 897-925.

[27] Fisman R, Raturi M. Does competition encourage credit provision? Evidence from African trade credit relationships[J]. Review of Economics & Statistics, 2004, 86(1): 345 - 352.

[28] Van Horen N. Trade credit as a competitiveness tool? Evidence from developing countries[R]. Working Paper, 2005. http://dx. doi. org/10. 2139/ssrn.562410.

[29] Fabbri D, Klapper L. Market power and the matching of trade credit terms[R]. Working Paper, World Bank, 2008.

[30] Giannetti M, Burkart M, Ellingsen T. What you sell is what you lend? Explaining trade credit contracts[J]. Review of Financial Studies, 2011, 24(4): 1261 - 1298.

[31] Kim S J, Shin H S. Sustaining production chains through financial linkages[J]. American Economic Review, 2012, 102(3): 402 - 406.

[32] Klapper L, Laeven L, Rajan R. Trade credit contracts[J]. Review of Financial Studies, 2012, 25(3): 838 - 867.

[33] Fabbri D, Klapper L. Bargaining power and trade credit[J]. Journal of Corporate Finance, forthcoming in 2016.

[34] Klapper L, Randall D. The impact of the financial crisis on supply chain financing [R]. Enterprise note No.13. World Bank, 2010.

[35] Murfin J, Njoroge K. The implicit costs of trade credit borrowing by large firms[J]. Review of Financial Studies, 2015, 28(1): 112 - 145.

[36] 刘小鲁.我国商业信用的资源再配置效应与强制性特征[J].中国人民大学学报,2012(1):68 - 77.

[37] Hofmann E. Inventory financing in supply chains: A logistics service provider-approach[J]. International Journal of Physical Distribution & Logistics Management, 2009, 39(9): 716 - 740.

[38] 余明桂,潘红波.金融发展、商业信用与产品市场竞争[J].管理世界,2010(8):117 - 129.

[39] Stiglitz J E, Weiss A. Credit rationing in markets with imperfect information[J]. American Economic Review, 1981, 71(3): 393 - 410.

[40] 王霄,张捷.银行信贷配给与中小企业贷款——一个内生化抵押品和企业规

模的理论模型[J].经济研究,2003(7):68－75.

[41] Bester H. Screening vs. rationing in credit markets with imperfect information[J]. American Economic Review, 1985, 75(4): 850－855.

[42] Bester H. The role of collateral in credit markets with imperfect information[J]. European Economic Review, 1987, 106: 60－75.

[43] Besanko D, Thakor A V. Collateral and rationing: sorting equilibria in monopolistic and competitive credit markets[J]. International Economic Review, 1987, 28: 671－689.

[44] Boot A W A, Thakor A V, Udell G F. Secured lending and default risk: equilibrium analysis, policy implications and empirical results[J]. Economic Journal 1991, 101: 458－472.

[45] Jiménez G, Salas V, Saurina J. Determinants of collateral[J]. Journal of Financial Economics, 2006, 81(2): 255－281.

[46] Boot A W A, Thakor A V. Moral hazard and secured lending in an infinitely repeated credit market game[J]. International Economic Review, 1994, 35: 899－920.

[47] Cooley T, Marimon R, Quadrini V. Aggregate consequences of limited contract enforceability[J]. Journal of Political Economy, 2004, 112(4): 817－847.

[48] Boyd J H, Smith, B D. The equilibrium allocation of investment capital in the presence of adverse selection and costly state verification. Economic Theory, 1993, 3: 427－451.

[49] Berger A N, Frame W S, Ioannidou V. Tests of ex ante versus ex post theories of collateral using private and public information[J]. Journal of Financial Economics, 2011, 100(1): 85－97.

[50] Berger A N, Frame W S, Ioannidou V. Reexamining the empirical relation between loan risk and collateral: The roles of collateral liquidity and types [J]. Journal of Financial Intermediation, 2016, 26: 28－46.

[51] Cerqueiro G, Ongena S, Roszbach K. Collateralization, bank loan rates, and monitoring[J]. Journal of Finance, 2016, 71(3): 1295－1322.

[52] Inderst R, Mueller H M. A lender-based theory of collateral[J]. Journal of Financial Economics, 2007, 84(3): 826－859.

[53] Manove M, Padilla A J, Pagano M. Collateral versus project screening: a model of lazy banks[J]. RAND Journal of Economics, 2001, 32(4): 726 - 744.

[54] Jiménez G, Saurina J. Collateral, type of lender and relationship banking as determinants of credit risk[J]. Journal of Banking & Finance, 2004, 28(9): 2191 -2212.

[55] Benmelech E, Bergman N K. Collateral pricing[J]. Journal of Financial Economics, 2009, 91(3): 339 - 360.

[56] 李毅学,冯耕中,张媛媛.委托监管下存货质押融资的关键风险控制指标[J].系统工程理论与实践,2011,31(4):587 - 598.

[57] 李毅学,汪寿阳,冯耕中.物流金融中季节性存货质押融资质押率决策[J].管理科学学报,2011,14(11):19 - 32.

[58] He J, Jiang X L, Wang J, et al. VaR Methods for the dynamic impawn rate of steel in inventory financing under autocorrelative return[J]. European Journal of Operational Research, 2012(223): 106 - 115.

[59] Berger A N, Espinosa-Vega M A, Frame W S, et al. Why do borrowers pledge collateral? New empirical evidence on the role of asymmetric information[J]. Journal of Financial Intermediation, 2011, 20(1):55 - 70.

[60] 罗齐,朱道立,陈伯铭.第三方物流服务创新:融通仓及其运作模式初探[J].中国流通经济,2002(02):11 - 14.

[61] Stroebel J. Asymmetric information about collateral values[J]. Journal of Finance, 2016, 71(3): 1071 - 1112.

[62] Wuttke D A, Blome C, Foerstl K, et al. Managing the innovation adoption of supply chain finance—empirical evidence from six European case studies [J]. Journal of Business Logistics, 2013, 34(2): 148 - 166.

[63] Buzacott J A, Zhang R Q. Inventory management with asset-based financing[J]. Management Science, 2004, 50(9): 1274 - 1292.

[64] Srinivasa Raghavan N R, Mishra V K. Short-term financing in a cash-constrained supply chain[J]. International Journal of Production Economics, 2011, 134(2): 407 - 412.

[65] Chen X F, Cai G S. Joint logistics and financial services by a 3PL firm[J]. European Journal of Operational Research, 2011, 214(3): 579 - 587.

[66] Caldentey R, Haugh M B. Supply contracts with financial hedging[J]. Operations Research, 2009, 57(1): 47 - 65.

[67] Lee C H, Rhee B D. Coordination contracts in the presence of positive inventory financing costs[J]. International Journal of Production Economics, 2010, 124(2): 331 - 339.

[68] Lee C H, Rhee B D. Trade credit for supply chain coordination[J]. European Journal of Operational Research, 2011, 214(1): 136 - 146.

[69] Yang X. Trade credit versus bank credit: Evidence from corporate inventory financing[J]. The Quarterly Review of Economics and Finance, 2011, 51(4): 419 - 434.

[70] 于洋,冯耕中.物质银行业务运作模式及风险控制研究[J].管理评论,2003,15(9):45 - 50.

[71] 胡海青,张琅,张道宏.供应链金融视角下的中小企业信用风险评估研究——基于SVM与BP神经网络的比较研究[J].管理评论,2012,24(11):70 - 80.

[72] 窦亚芹,朱金福.非对称信息下供应链融资决策优化研究[J].管理评论,2012,24(9):170 - 176.

[73] 关旭,马士华,桂华明.基于资金流服务商的供应链资金运作能力研究[J].管理评论,2012,24(1):155 - 162.

[74] Draughon C. How to analyze the inventory risk in your loan portfolio (inventory as collateral) [J]. The Journal of Commercial Bank Lending, 1991, 73(11): 35.

[75] Corbett J, Hay D, Louri H. A financial portfolio approach to inventory behavior: Japan and the UK[J]. International Journal of Production Economics, 1999, 59(1): 43 - 52.

[76] Markowitz H. Portfolio selection[J]. The Journal of Finance, 1952,7(1): 77 - 91.

[77] Jondeau E, Rockinger M. The Copula-GARCH model of conditional dependencies: An international stock market application[J]. Journal of International Money and Finance, 2006, 25(5): 827 - 853.

[78] Huang J J, Lee L J, Liang H, et al. Estimating value at risk of portfolio by conditional copula-GARCH method[J]. Insurance: Mathematics and economics,

2009, 45(3): 315 - 324.

[79] Glosten L, Jagannathan R, Runkle D. On the relation between the expected value and the volatility on the nominal excess returns on stocks[J]. The Journal of Finance 1993,48(5): 1779 - 1801.

[80] Kupiec P H. Techniques for verifying the accuracy of risk measurement models[J]. Journal of Derivatives, 1995, 3(2): 73 - 84.

[81] Weiβ G N F. Are Copula-GoF-tests of any practical use? Empirical evidence for stocks, commodities and FX futures[J]. The Quarterly Review of Economics and Finance, 2011, 51(2):173 - 188.

[82] Jorion P. Value at Risk[M]. 3rd ed. New York: McGraw - Hill, 2007: 267 - 270.

[83] Bianchi C, Giuli M E D, Fantazzini D, et al. Small sample properties of copula-GARCH modelling: a Monte Carlo study[J]. Applied Financial Economics, 2011, 21(21): 1587 - 1597.

[84] Embrechts P A, McNeil A, Straumann D. Correlation: pitfalls and alternatives[J]. Risk, 1999, 12(5): 11 - 21.

[85] Palaro P H, Hotta L K. Using conditional copulas to estimate value at risk[J]. Journal of Data Science, 2006, 4(1): 93 - 115.

[86] Harris, R D F, Mazibas M. Dynamic hedge fund portfolio construction: A semi-parametric approach[J]. Journal of Banking & Finance, 2013(37): 139 - 149.

[87] Boubaker H, Sghaier N. Portfolio optimization in the presence of dependent financial returns with long memory: A copula based approach[J]. Journal of Banking & Finance, 2013(37): 361 - 377.

[88] 朱书尚,李端,周迅宇,汪寿阳.论投资组合与金融优化——对理论研究和实践的分析与反思[J].管理科学学报,2004,7(6):1 - 12.

[89] 张尧庭.连接函数(Copula)技术与金融风险分析[J].统计研究,2002,19(4):48 - 51.

[90] 刘志东.基于Copula-GARCH-EVT的资产组合选择模型及其混合遗传算法[J].系统工程理论方法应用,2006,15(2):149 - 157.

[91] 任仙玲,叶明确,张世英.基于Copula-APD-GARCH模型的投资组合有效前沿分析[J].管理学报,2009,6(11):1528 - 1535.

[92] 周春阳，吴冲锋.基于 GJR-EVT-Copula 和下偏矩的最优资产组合分析[J].系统管理学报，2011，20(3)：322－326.

[93] 冯玲，欧华宇.存在相关性风险的资产组合策略[J].系统工程理论与实践，2012，32(3)：630－639.

[94] 胡利琴，李屾，梁猛.基于组合理论的中国商业银行风险整合和资本配置研究[J].金融研究，2009(3)：119－134.

[95] Andersen T G，Bollerslev T，Christoffersen PF，Diebold FX. Volatility andcorrelation forecasting. In：Elliott，G，Granger，C W J，Timmermann，A.(Eds.). Handbook of Economic Forecasting[M]. North-Holland，Amsterdam，2006：778－878.

[96] McNeil A J，Frey R. Estimation of tail-related risk measures for heteroscedastic financial time series：an extreme value approach[J]. Journal of empirical finance，2000，7(3)：271－300.

[97] Artzner P，Delbaen F，Eber J M，et al. Coherent measures of risk[J]. Mathematical finance，1999，9(3)：203－228.

[98] Rockafellar R T，Uryasev S. Conditional value-at-risk for general loss distributions[J]. Journal of Banking & Finance，2002，26(7)：1443－1471.

[99] Zhu S S，Fukushima M. Worst-case conditional Value-at-Risk with application to robust portfolio management[J]. Operational Research，2009，57(5)：1155－1168.

[100] Krokhmal P，Palmquist J，Uryasev S. Portfolio optimization with conditional value-at-risk objective and constraints[J]. Journal of Risk，2002，4：43－68.

[101] Nelson D B. Conditional heteroskedasticity in asset returns：A new approach[J]. Econometrica，1991，59(2)：347－370.

[102] Wagner N，Marsh T A. Measuring tail thickness under GARCH and an application to extreme exchange rate changes[J]. Journal of Empirical Finance，2005，12(1)：165－185.

[103] Gençay R，Selçuk F，Ulugülyagci A. High volatility，thick tails and extreme value theory in value-at-risk estimation[J]. Insurance：Mathematics and Economics，2003，33(2)：337－356.

[104] Dowd K, Blake D, Cairns A. Long-Term Value at Risk[J]. The Journal of Risk Finance, Winter/Spring, 2004: 52 - 57.

[105] Kaufmann R. Long-Term Risk Management [D]. PhD Thesis, Zurich: ETH Zurich, 2004:61 - 83.

[106] Ghysels E, Valkanov R I, Serrano AR. Multi-period forecasts of volatility: direct, iterated, and mixed-data approaches[R]. In EFA 2009 Bergen Meetings Paper, 2009.

[107] Kinateder H, Wagner N. Multiple-period market risk prediction under long memory: when VaR is higher than expected[J]. Journal of Risk Finance, 2014, 15: 4 - 32.

[108] Baillie RT, Bollerslev T, Mikkelsen H O. Fractionally integrated generalized autoregressive conditional heteroskedasticity [J]. Journal of Econometrics 1996, 74: 3 - 30.

[109] Andersen T G, Bollerslev T. Answering the skeptics: Yes, standard volatility models do provide accurate forecasts[J]. International Economic Review, 1998, 39(4): 885 - 905.

[110] Hansen P, Lunde A. A forecast comparison of volatility models: Does anything beat a GARCH(1,1)[J]. Journal of Applied Econometrics, 2005, 20: 873 -889.

[111] Elder J, Serletis, A. Long memory in energy futures prices[J]. Review of Financial Economics, 2008, 17(2): 146 - 155.

[112] Cunado J, Gilalana L, De Gracia F. Persistence in some energy futures markets[J]. Journal of Futures Markets, 2010, 30(5): 490 - 507.

[113] Aloui C, Mabrouk S. Value-at-risk estimations of energy commodities via long-memory, asymmetry and fat-tailed GARCH models[J]. Energy Policy, 2010, 38(5): 2326 - 2339.

[114] Arouri M EH, Hammoudeh S, Lahiani A, Nguyen DK. Long memory and structural breaks in modeling the return and volatility dynamics of precious metals[J]. The Quarterly Review of Economics and Finance, 2012, 52: 207 - 218.

[115] Chkili W, Hammoudeh S, Nguyen K. Volatility forecasting and risk management for commodity markets in the presence of asymmetry and long memory

[J]. Energy Economics, 2014, 41: 1-18.

[116] Bollerslev T, Mikkelsen H O. Modeling and pricing long memory in stock market volatility[J]. Journal of Econometrics, 1996, 73: 151-184.

[117] Fantazzini D. The effects of misspecifiedmarginals and copulas on computing the value at risk: A Monte Carlo study[J]. Computational Statistics and Data Analysis, 2009, 53: 2168-2188.

[118] Hurst H E. Long-Term storage capacity of reservoirs[J]. Transcations of American Society of Civil Engineers, 1951, 116: 770-779.

[119] Lo A W. Long-term memory in stock market prices[J]. Econometrica, 1991, 59(5): 1279-1313.

[120] Geweke J, Porter-Hudark S. The estimation and application of long memory time series models[J]. Journal of time series analysis, 1983, 4: 221-238.

[121] Shimotsu K, Phillips P C B. Exact local Whittle estimation of fractional integration[J]. Annals of Statistics, 2005, 33(4): 1890-1933.

[122] Shimotsu K. Exact local Whittle estimation of fractional integration with unknown mean and time trend[J]. Econometric Theory, 2010, 26(2): 501-540.

[123] Davidson J E. Moment and memory properties of linear conditional heteroscedasticity models, and a new model[J]. Journal of Business & Economic Statistics, 2004, 22: 16-29.

[124] Lux T, Morales-Arias L. Relative forecasting performance of volatility models: Monte Carlo evidence[J]. Quantitative Finance, 2013, 13: 1375-1394.

[125] Granger C, Ding Z. Varieties of long memory models[J]. Journal of Econometrics, 1996, 73(1): 61-77.

[126] Charfeddine L. True or spurious long memory in volatility: Further evidence on the energy futures markets[J]. Energy Policy, 2014, 71: 76-93.

[127] Mendes B V, Kolev N. How long memory in volatility affects true dependence structure[J]. International Review of Financial Analysis, 2008, 17(5): 1070-1086.

[128] Beltratti A, Morana C. Breaks and persistency: macroeconomic causes of stock market volatility[J]. Journal of Econometrics, 2006, 131(1): 151-177.

[129] Perron P, Qu Z. Long-memory and level shifts in the volatility of stock

market return indices[J]. Journal of Business and Economic Statistics, 2010, 28(2):275 - 290.

[130] Inclan C, Tiao G C. Use of cumulative sums of squares for retrospective detection of changes of variance[J]. Journal of the American Statistical Association, 1994, 89: 913 - 923.

[131] Sansó A, Aragó V, Carrion J L. Testing for change in the unconditional variance of financial time series[J]. Revista de Economía Financiera, 2004, 4: 32 - 53.

[132] Shimotsu K. Simple (but effective) tests of long memory versus structural breaks[R]. Working paper, Queen's University, 2006.

[133] Phillips P C B, Perron P. Testing for a unit root in time series regression [J]. Biometrika, 1988, 75: 335 - 346.

[134] Kwiatkowski D, Phillips, P C B, Schmidt P, Shin Y. Testing the null hypothesis of stationarity against the alternative of a unit root: How sure are we that economic time series have a unit root[J]. Journal of Econometrics, 1992, 54: 159 - 178.

[135] Batten J, Ciner C, Lucey B. The macroeconomic determinants of volatility in precious metals markets[J]. Resources Policy, 2010, 35(2): 65 - 71.

[136] 何娟,王建,蒋祥林,等.基于 Copula-CVaR-EVT 方法的供应链金融质物组合优化[J].系统工程理论与实践,2015,35(1):1 - 16.

[137] Engle R, Rangel J. The Spline GARCH model for unconditional volatility and its global macroeconomic causes[J]. Review of Financial Studies, 2008, 21: 1187 - 1222.

[138] Ghysels E, P Santa-Clara, R Valkanov. The MIDAS touch: Mixed data sampling regression models[R]. Working paper, UNC and UCLA,2002.

[139] Ghysels E, P Santa-Clara, R Valkanov. Predicting volatility: getting the most out of return data sampled at different frequencies [J]. Journal of Econometrics, 2006, 131: 59 - 95.

[140] Engle R, Ghysels E, Sohn B. Stock market volatility and macroeconomic fundamentals[J]. Review of Economics and Statistics, 2013, 95(3): 776 - 797.

[141] Asgharian H, Hou A, Javed F. The importance of the macroeconomic

variables in forecasting stock return variance: a GARCH-MIDAS approach[J]. Journal of Forecasting, 2013, 32(7): 600-612.

[142] Conrad C, Loch K. Anticipating long-term stock market volatility[J]. Journal of Applied Econometrics, 2015, 30(7): 1090-1114.

[143] 郑挺国,尚玉皇.基于宏观基本面的股市波动度量与预测[J].世界经济,2014(12):118-139.

[144] Campbell S D, Diebold F X. Stock returns and expected business conditions: half a century of direct evidence[J]. Journal of Business and Economic Statistics, 2009, 27: 266-278.

[145] He J, Wang J, Jiang X L. The Effects of Long Memory in Volatility on Portfolio Optimization of Supply Chain Finance[J]. Journal of Mathematical Finance, 2016, 6(1): 134-155.

[146] Patton A. Volatility forecast comparison using imperfect volatility proxies[J]. Journal of Econometrics, 2011, 160(1): 246-256.

[147] Diebold F X, Mariano R S. Comparing predictive accuracy[J]. Journal of Business and Economic Statistics, 1995, 13(3): 253-263.

[148] West K D. Asymptotic inference about predictive ability[J]. Econometrica, 1996, 64: 1067-1084.

[149] Andersen T G, Bollerslev T, Diebold F X, et al. A framework for exploring the macroeconomic determinants of systematic risk[J]. American Economic Review, 2005, 95(2): 398-404.

[150] Baker S D. The financialization of storable commodities[R]. Working paper, University of Virginia, 2015.

[151] Tang K, Zhu H X. Commodities as collateral[R]. Working paper, 2016. Available at SSRN: http://ssrn.com/abstract=2355674.

[152] Patton A. A review of copula models for economic time series[J]. Journal of Multivariate Analysis, 2012, 110: 4-18.

[153] Cheng I H, Xiong W. Financialization of commodity markets[J]. Annual Review of Financial Economics, 2014, 6: 419-441.

[154] Cologni A, Manera M. Oil prices, inflation and interest rates in a structural cointegrated VAR model for the G-7 countries[J]. Energy Economics,

2008, 30: 856 - 888.

[155] Engle R F. Autoregressive conditional heteroscedasticity with estimates of the Variance of United Kingdom inflation[J]. Econometrica, 1982, 50(4): 987 -1007.

[156] Engle R, Lee G. A permanent and transitory component model of stock return volatility, R. Engle and H. White (ed.) Cointegration, Causality, and Forecasting: A Festschrift in Honor of Clive W J Granger[M]. Oxford University Press, 1999: 475 - 497.

[157] Ghysels E, P Santa-Clara, R Valkanov. The MIDAS touch: Mixed data sampling regression models[R]. Working paper, UNC and UCLA, 2002.

[158] Ghysels E, P Santa-Clara, R Valkanov. Predicting volatility: getting the most out of return data sampled at different frequencies [J]. Journal of Econometrics, 2006, 131: 59 - 95.

[159] Andreou E, Ghysels E, Kourtellos A. Should macroeconomic forecasters use daily financial data and how? [J]. Journal of Business & Economic Statistics, 2013, 31(2): 240 - 251.

[160] Engle R, Ghysels E, Sohn B. Stock market volatility and macroeconomic fundamentals[J]. Review of Economics and Statistics, 2013, 95(3): 776 - 797.

[161] Asgharian H, Hou A, Javed F. The importance of the macroeconomic variables in forecasting stock return variance: a GARCH-MIDAS approach[J]. Journal of Forecasting, 2013, 32(7): 600 - 612.

[162] Conrad C, Loch K, Rittler D. On the macroeconomic determinants of long-term volatilities and correlations in U. S. stock and crude oil markets[J]. Journal of Empirical Finance, 2014, 29: 26 - 40.

[163] Conrad C, Loch K. Anticipating long-term stock market volatility[J]. Journal of Applied Econometrics, 2015, 30(7): 1090 - 1114.

[164] Alizadeh A, Nomikos N, Pouliasis P. A Markov regime switching approach for hedging energy commodities[J]. Journal of Banking and Finance, 2008, 32(9): 1970 - 1983.

[165] Lee H. Optimal futures hedging under jump switching dynamics[J]. Journal of Empirical Finance, 2009, 16(3): 446 - 456.

[166] Conlon T, Cotter J, Gençay R. Commodity futures hedging, risk aversion and the hedging horizon[J]. The European Journal of Finance, 2015, 1: 1-27.

[167] Fernandez V. Multi-period hedge ratios for a multi-asset portfolio when accounting for returns co-movement[J]. Journal of Futures Markets, 2008, 28(2): 182-207.

[168] Colacito R, Engle R, Ghysels E. A component model for dynamic correlations[J]. Journal of Econometrics, 2011, 164(1): 45-59.

[169] Engle R. Dynamic Conditional Correlation: A simple class of multivariate generalized autoregressive conditional heteroskedasticity models[J]. Journal of Business and Economic Statistics, 2002, 20(3):339-350.

[170] Patton A. Volatility forecast comparison using imperfect volatility proxies[J]. Journal of Econometrics, 2011, 160(1): 246-256.

[171] Hansen P R, Lunde A, Nason J M. The model confidence set[J]. Econometrica, 2011, 79(2): 453-497.

[172] Wang Y D, Wu C F, Yang L. Hedging with futures: Does anything beat the naïve hedging strategy? [J]. Management Science, 2015, 61(12): 2870-2889.

[173] Lence S H. Relaxing the assumptions of minimum-variance hedging[J]. Journal of Agricultural and Resource Economics, 1996, 21: 39-55.

[174] Jurado K, Ludvigson S C, Ng S. Measuring uncertainty[J]. American Economic Review, 2015, 105: 1177-1216.

[175] Baker S R, Bloom N, Davis S J. Measuring economic policy uncertainty [J]. NBER working paper, 2015: 21633.

[176] Bernanke B S, Boivin J, Eliasz P. Measuring the effects of monetary policy: A factor-augmented vector autoregressive(FAVAR) approach[J]. Quarterly Journal of Economics, 2005, 120(1):387-422.

[177] Taylor S J. Modeling financial time series[M]. Chichester: John Wiley and Sons, 1986.

[178] Hansen L P. Large sample properties of generalized method of moments estimators[J]. Econometrica, 1982, 50(4): 1029-1054.

[179] Geman D, Geman S. Stochastic relaxation, gibbs distributions and the

Bayesian restoration of images[J]. IEEE Transactions on Pattern Analysis & Machine Intelligence, 1984, 6(6): 721-741.

[180] Kim S, Shephard N, Chib S. Stochastic volatility: Likelihood inference and comparison with ARCH models[J]. Review of Economics Studies, 1998, 65(3): 361-393.

[181] Shephard N, Pitt M. Likelihood analysis of Non-Gaussian measurement time series[J]. Biometrika, 1997, 84(3): 653-667.

[182] Parzen E. On estimation of a probability density function and mode[J]. Annals of Mathematical Statistics, 1962, 33(3): 1065-1962.

[183] Fernald J, Spiegel M M, Swanson E T. Monetary policy effectiveness in China: Evidence from a FAVAR model[J]. Journal of Internationall Money and Finance, 2014, 49:83-103.

附　表

附表　衡量宏观经济不确定性和行业不确定性的相关指标

	类　别	指标名称
宏观基本面指标	实际产出类	工业增加值
		原煤产量
		焦炭产量
		粗钢产量
		钢材产量
		乙烯产量
		十种有色金属产量
		工业锅炉产量
		金属集装箱产量
	物流类	沿海主要港口货物吞吐量
		外贸货物吞吐量
		货运总量
		民航货邮运输量
	实际投资类	第一产业固定资产投资完成额
		第二产业固定资产投资完成额
		第三产业固定资产投资完成额
	房地产类	房地产开发企业房屋建筑施工面积
		房地产开发企业房屋建筑竣工面积
		房地产开发企业新开工面积
		房地产开发企业商品房销售面积
		房地产开发企业商品房销售额
		商品房价格指数(销售额/销售面积)
		全国房地产开发景气指数(国房指数)

续 表

	类　别	指标名称
宏观基本面指标	实际消费类	消费者信心指数
		消费者预期指数
		消费者满意指数
		社会消费品零售总额
	外汇类	官方储备资产:外汇储备
		EUR/CNY 月平均汇率
		100JPY/CNY 月平均汇率
		HKD/CNY 月平均汇率
	进出口类	进出口金额
		进口额:石油、石油产品及有关原料
		出口金额
		进口金额
		出口价格指数(HS2):总指数
		进口价格指数(HS2):总指数
		出口数量指数(HS2):总指数
		进口数量指数(HS2):总指数
		贸易条件(出口价格指数/进口价格指数)
		出口数量占进口数量的比例
	期货类	郑州商品交易所期货成交量
		郑州商品交易所期货成交额
		郑州商品交易所期货平均价格(成交额/成交量)
		大连商品交易所期货成交量
		大连商品交易所期货成交额
		大连商品交易所期货平均价格(成交额/成交量)
		上海期货交易所期货成交量
		上海期货交易所期货成交额
		上海期货交易所期货平均价格(成交额/成交量)
	股市类	上证综指
		深指
		上证所市盈率
		深交所市盈率

续　表

	类　别	指标名称
宏观基本面指标	股市类	股票成交量
		股票成交额
		A 股市场换手率
		B 股市场换手率
		A 股市场溢酬因子
		A 股市值因子
		A 股账面市值比因子
		B 股市场溢酬因子
		B 股市值因子
		B 股账面市值比因子
	财政收支类	公共财政支出
		公共财政收入
		财政收支比例
	货币和信贷类	金融机构:各项贷款余额
		金融机构:各项存款余额
		存贷差(存款余额/贷款余额)
		金融机构:短期贷款余额
		金融机构:中长期贷款余额
		社会融资规模
	价格类	CPI:食品
		CPI:衣着
		CPI:交通和通信
		工业生产者购进价格指数 PPI
		PPI:采掘工业
		PPI:原材料工业
		PPI:加工品
		PPI:生活资料
		PPI:食品类
		PPI:衣着类
		PPI:一般日用品
		PPI:耐用消费品

续 表

	类 别	指标名称
宏观基本面指标	价格类	企业商品价格指数 CGPI
		CGPI:农产品
		CGPI:矿产品
		CGPI:煤油电
		工业生产者购进价格指数 PPIRM
		PPIRM:有色金属材料
		PPIRM:燃料、动力类
		PPIRM:黑色金属材料类
		PPIRM:化工原料类
		PPIRM:木材和纸浆类
		PPIRM:建筑材料及非金属矿类
		PPIRM:其他工业原材料及半成品类
		PPIRM:农副产品类
		PPIRM:纺织原料类
		PMI:生产
		PMI:产成品库存
		PMI:主要原材料购进价格
		PMI:供货商配送时间
		PMI:采购量
		PMI:产成品库存
	利率类	银行间同业拆借利率:加权平均 1 天
		银行间同业拆借利率:加权平均 7 天
		银行间同业拆借利率:加权平均 21 天
		银行间同业拆借利率:加权平均 1 个月
		银行间同业拆借利率:加权平均 2 个月
		银行间同业拆借利率:加权平均 3 个月
		再贴现利率
		再贷款利率(对金融机构贷款利率):20 天以内
		再贷款利率(对金融机构贷款利率):3 个月以内
		再贷款利率(对金融机构贷款利率):6 个月以内
		再贷款利率(对金融机构贷款利率):1 年

续 表

	类 别	指标名称
宏观基本面指标	利率类	贷款利率:5 年以上
		贷款利率:1 年至 5 年(含 5 年)
		定期存款利率:2 年
		定期存款利率:3 年
	债市类	中债国债到期收益率:0 年
		中债国债到期收益率:1 个月
		中债国债到期收益率:3 个月
		中债国债到期收益率:6 个月
		中债国债到期收益率:9 个月
		中债国债到期收益率:1 年
		中债国债到期收益率:3 年
		中债国债到期收益率:5 年
		中债国债到期收益率:10 年
		期限利差(10Y-3M)
		中债综合指数
		中债总指数
		中债固定利率债券指数
		中债浮动利率债券指数
		中债长期债券指数
		中债中短期债券指数
		中债银行间债券总指数
		中债国债总指数
		中债金融债券总指数
		上证基金指数
	国际大宗商品类	波罗地海干散货指数
		CRB 指数:食品
		CRB 指数:工业原料
		CRB 指数:纺织
		CRB 指数:家畜
		CRB 指数:油脂

续 表

	类 别	指标名称
行业经济不确定性指标	内生、外生性冲击因素	精铜出口量
		精铜进口量
		国内精铜产量
		国内精铜消费量
		废铜进口金额
		废铜进口量
		粗铜产量
		发电量
		汽车产量
		铁路货运量
		公路货运量
		人民币:实际有效汇率指数
		USD/CNY 月平均汇率
		居民消费价格指数 CPI
		中国制造业采购经理指数 PMI
		CRB 指数:现货
		CRB 指数:金属
		现铜粗炼费 TC
		现铜精炼费 RC
		申万行业指数:铜市盈率
		SHFE 期铜库存
		LME 期铜价格
		COMEX 黄金期货价格
		伦敦布伦特原油期货价格
		NYMEX 轻质原油期货价格
		铜投机头寸多头持仓数量(张)
		铜投机头寸空头持仓数量(张)
		固定资产投资完成额
		房地产开发企业投资完成额
		房地产开发投资完成额:住宅
		房地产开发企业新增固定资产

续　表

	类　别	指标名称
行业经济不确定性指标	内生、外生性冲击因素	存款准备金率
		1 年以内短期贷款利率
		活期存款利率
		3 个月定期存款利率
		6 个月定期存款利率
		1 年定期存款利率
		货币供应:(M0)流通中现金
		货币供应:(M1)
		货币供应:(M2)